# 臺灣歷史與文化<sub>研究輯刊</sub>

二 編

第 26 冊

澎湖古典詩研究（下）

陳愫汎 著

花木蘭文化出版社

國家圖書館出版品預行編目資料

澎湖古典詩研究（下）／陳愫汎 著 — 初版 — 新北市：花木
蘭文化出版社，2013〔民102〕
目 4+184 面；19×26 公分
（台灣歷史與文化研究輯刊 二編；第 26 冊）
ISBN：978-986-322-250-7（精裝）
1. 臺灣詩 2. 詩評
733.08　　　　　　　　　　　　　　　　　　102002856

ISBN-978-986-322-250-7

9 789863 222507

台灣歷史與文化研究輯刊
二 編 第二六冊　　　　　　　ISBN：978-986-322-250-7

## 澎湖古典詩研究（下）

作　　者　陳愫汎
總 編 輯　杜潔祥
出　　版　花木蘭文化出版社
發 行 所　花木蘭文化出版社
發 行 人　高小娟
聯絡地址　235 新北市中和區中安街七二號十三樓
　　　　　電話：02-2923-1455／傳真：02-2923-1452
網　　址　http://www.huamulan.tw 信箱 sut81518@gmail.com
印　　刷　普羅文化出版廣告事業
初　　版　2013 年 3 月
定　　價　二編 28 冊（精裝）新臺幣 56,000 元　　版權所有・請勿翻印

# 澎湖古典詩研究（下）

陳愫汎　著

# 目

# 次

# 第二章　人文海洋書寫

　　加入人類的情感，海洋不再僅僅是物質現象的存在而已。人類思維的元素滲入其中，海洋不再是單純的海洋。

　　海洋文學之書寫成篇者，自六朝以來，詩與賦獨多，唐歐陽詢《藝文類聚》卷八〈海水〉，清張英《淵鑑類函》卷三十六〈海五〉，載存謝靈運、謝朓、沈約、隋煬帝等望海詩九首，唐太宗、李嶠、獨孤及、李白、張說、高迪、王維等望海、觀海、詠海詩十首，蘇軾、楊萬里所作海市、渡海、望海詩四首等，不一而足。〔註1〕然從詩題觀之，望海、觀海之作多，遊海、渡海之行較少。可見唐代以前之海洋文學多置身海畔，作海洋想像之敘寫；涉身海中，遊海、渡海之實臨感發，並不普遍。〔註2〕唐張若虛著名的〈春江花月夜〉：「春江潮水連海平，海上明月共潮生。灩灩隨波千萬里，何處春江無月明。」〔註3〕聞一多稱之為：「這是詩中的詩，頂峰上的頂峰。」詩人乘坐扁舟，擺盪在江流出海口之間，觀看江水、海浪與明月，描繪春天夜晚江畔的景色，抒發自身對時光流逝的感嘆與離人愁緒。詩中呈現出明月自東邊的大海湧現，與波瀾相映的美景，然亦僅是詩人近海遊歷所見。

　　清朝以前，中國歷代從未有長期經營、統治遠海島嶼的經驗，所統轄者

---

〔註1〕　參見張高評：〈海洋詩賦與海洋性格——明末清初之臺灣文學〉（《臺灣學研究》第 5 期，2008 年 6 月），頁 3～4。

〔註2〕　張高評〈海洋詩賦與海洋性格——明末清初之臺灣文學〉一文認為此情形可能受限於航海技術，與海上交通。筆者認為與中國歷代政權，以陸權為發展重心有關；文人未參與海外航行有關。據章巽編《中國航海科技史》研究，周朝以來，中國不斷向海外拓展，造船技術也不斷提升，有遠至印度洋、南洋一帶，只是這些航海家不是文人，未能將經驗行諸詩文。

〔註3〕　參見《全唐詩》第一冊（臺北市：文史哲出版，1987 年），頁 267。

皆近海島嶼，如海南島、秦皇島等等，其險未若橫渡臺灣之洋。明鄭時期，臺灣方有較多文人至此，開啓臺灣海洋文學書寫。至清康熙二十二年（1683），施琅越海攻克澎湖，鄭克塽投降，將臺灣納入版圖，因應治理之需要，清廷官吏渡海來臺，形成一批具有渡海經驗的遊宦文人。在長久的統治期間，產生迥異於中國歷代的海洋書寫，它不再限於岸上觀海，或是近海遊歷，而是身歷橫洋的渡海書寫。渡海來臺的過程，對久居內陸的詩人而言，是一項新體驗。不論是新奇的感受或是對汪洋浩翰的畏懼，詩人一一形諸吟詠，創作質量皆可觀的詩歌。遊宦詩人經歷於此，他們如何感受這一行程？如何閱讀這一空間？他們關心的主題爲何？詩人運用了那些元素來書寫他所涉歷的海洋？反映怎樣的歷史意義？值得探討。

　　下就詩中題詠，析出（一）廈澎臺渡海經驗書寫；（二）神秘的海神信仰（三）；海洋神話傳說、歷史涉海事蹟；（四）船務素描；（五）熱絡的海洋經濟活動，五節論述之。

# 第一節　渡海經驗書寫

　　早期臺灣方志所錄古典詩，和澎湖相關的議題，清一色集中在渡海經驗的書寫，且質量皆可觀。這和臺澎當時的政治背景，以及交通工具有著密切的關係。康熙二十二年（1683），於臺灣置臺灣府，下轄三縣，翌年宣布解除「海禁」。清廷聽從施琅之議，於廈門設置海關，除管理對外的進出口貿易外，亦管理國內沿海貿易，並將福建總兵官改爲水師提督，駐守廈門，設「臺廈兵備道」，管轄廈門與臺灣，而廈門亦是清康熙、雍正兩朝中唯一與臺灣鹿耳門的官方對渡港口。遲至乾隆四十九年（1784），清政府才增開了泉州蚶江口與臺灣彰化鹿仔港對渡。〔註4〕澎湖還是主要往來臺閩之要衝以及中濟站，官員至臺灣就職，經常過境此地。〔註5〕這樣的生活經驗，是遊宦文人的一種新體驗。王必昌《重修臺灣縣志》載清朝由廈門前往臺灣鹿耳門的海道：

〔註4〕　參見陳家煌：〈康熙時期臺灣詩中的海洋感受——以《赤嵌集》爲討論中心〉。
　　　　（「多重視野的人文海洋——海洋文化學術研討會」）
〔註5〕　臺、澎、廈，這是清朝核准的航線。據王必昌《重修臺灣縣志》載：「週來海不揚波，凡舟彭仔、三板頭等小船，每由北路笨港、鹿仔港等處，乘南風時徑渡廈門、泉州，自東徂西，橫過澎湖之北，名叫透西。例禁甚嚴，趨險者猶如騖也。」官員至臺、澎任職，還是循廈經澎轉鹿耳門這一航線。（參見王必昌：《重修臺灣縣志》，頁61。）

> 自廈渡臺，出大擔門，南風自大擔門外或浯嶼放洋；北風自遼羅放
> 洋。以風信之大小，卜舟行之遲速。每先日午間或夜靜時開駕，次
> 早遙望東南碧波中一線若黛，知爲澎湖。或順風透洋而過，不用收
> 泊。但恐夜抵鹿門耳，難以進港，多暫泊澎湖澳內。〔註6〕

帆船自廈渡臺，如果是南風則從大擔門外或浯嶼出海；若是北風則由遼羅出
海。於中午或夜靜時開航，隔天早上遙望東南方，可見澎湖一線若黛。如果
順風，就可直抵鹿耳門，但是擔心夜間不易進港，多停泊澎湖澳內。《廈門志・
臺澎海道考》亦載廈、臺航線，以澎湖爲要津：「廈門距臺灣，重洋浩浩七百
里，號曰橫洋，往來船隻，必以澎湖爲要津。」〔註7〕《赤嵌筆談》亦載由浯
嶼或大嶝經澎湖至鹿耳門的航行狀況：

> 放洋全以指南爲信，認定方向，隨波上下，曰針路。船由浯嶼或大
> 嶝放洋，用羅經向巽巳行，總以風信計水程遲速：望見澎湖西嶼頭、
> 猫嶼、花嶼可進。若過黑水溝，計程應至澎湖，而諸嶼不見，定失
> 所向，仍收泊原處候風信。由澎湖至臺灣，向巽方行，近鹿耳門隙
> 仔，風日晴和，舟可泊；若有風，仍回澎湖。〔註8〕

船從浯嶼或大嶝放洋，透用羅經往巽巳方向航行，越過黑水溝〔註9〕，就會到
澎湖。首先會望見西嶼頭，再見猫嶼、花嶼。如果過黑水溝，計程該見澎湖
却未見，代表航向有誤，此時能做的就是停泊原處等待風信再行。回到澎湖
後，再往巽的方向航行，抵鹿耳門隙仔進港。如果遇風，進不了港，只好回
頭，再泊澎湖。從方志、筆記所載，大概就可想見這不是一趟簡單的行程，
驚怖不免，故在文人的紀錄中，渡海經驗遂爲其關注的焦點。

　　以澎湖爲中點，廈臺航程分三段：（一）抵廈門島與出廈門港；（二）廈
門港至澎湖；（三）澎湖至鹿耳門。遊宦詩人如何閱讀、書寫這三段不同的空
間？詩風流變，與時消息，透過閱讀其詩作，再回溯詩人從出發到抵達目的
地，以何心情呈現所歷？下文即就此三段行程分別來探討。

## 一、抵廈門島與出廈門港

　　清初郁永河《裨海紀遊》卷上清楚記錄由福建廈門來臺灣的過程：

---

〔註6〕　參考王必昌：《重修臺灣縣志》，頁54。
〔註7〕　參見周凱：《廈門志》，頁137。
〔註8〕　轉引自林豪：《澎湖廳志》，頁32。
〔註9〕　此「黑水溝」就文意判斷，所指爲澎、廈間的黑水溝，非澎、臺間的黑水溝。

正月二十九：渡洛陽橋，至泉郡……晚宿郡城。二月朔日，宿沙溪。初二日，行四十里，至劉五店，即五通渡也。渡實支海，廣十餘里。登舟，颶風驟至，巨浪如山。帆掠水三尺，傾斜欲覆，浪入舟中，衣冠盡溼。抵岸即廈門地，顧視日影，已墮崦嵫；復行三十里，抵水仙宮，漏下已二十刻。旅舍隘甚，無容足地，姑就和鳳宮神廟，坐以待曉。明日（初三日），假水師禪將公署館焉。晤蕭山來子衡，爲余覓舟，爲渡海計。〔註10〕

此段文字，翔實地記載時人因公務來臺，先至廈門島候船的過程。所經路線渡洛陽橋→泉郡（夜宿郡城）→沙溪（夜宿）→劉五店（五通渡）→渡實支海→抵廈門→渡海至臺。正月二十九日從洛陽橋出發，至二月初二夜方抵廈門，連可棲身的客棧都無，不得不至和鳳宮暫棲，待至天亮再覓舟渡海至臺。此番折騰便已耗去三、四天行程。而中間渡實支海，僅是內陸與廈門相隔的內海水道，就已是颶風巨浪，文中所述「帆掠水三尺，傾斜欲覆，浪入舟中，衣冠盡溼」，足以令人喪膽，況乃橫越臺灣海峽。康熙四十四年（1705）任臺灣府同知孫元衡的渡海經驗，從其一連串的作品中不難讀出他渡海時心中的恐懼。《赤嵌集》中抵廈門島候船至出廈門港這段期間，賦詩八題十二首：〈除臺灣郡丞，客以海圖見遺，漫賦一篇寄諸同學〉、〈書懷〉二首、〈寄耀州牧陳二濂村〉、〈洛陽橋〉、〈渡浯通支海〉、〈望洋〉、〈守風廈門排悶〉四首、〈登舟〉。〔註11〕〈洛陽橋〉是描寫經泉州洛陽橋景緻，與郁永河一樣，皆由北邊福州蒲陽道南越洛陽橋進入泉州地區，出泉州後，到劉五店搭渡船到五通渡，〈渡浯通支海〉便是描寫廈門灣水道的風浪：

不毛絕塞幾經年，又到文身海國邊。帆掛逆風舟宛轉，浪翻危嶼岸流連。坐傾北苑先春露，臥展南華第一篇。我與輕鷗同泛泛，未知何處是桑田。

首聯寫己卸下四川漢州知州後，又必須千里渡海赴臺任職。四川漢州是少數民族聚集之處，遂稱其爲「不毛絕塞」，今又要到八荒里外「文身海國」，在孫氏眼中，兩處皆未開化，其實也是諸多清人共同的認知，詩中不難見到孫氏的哀怨無奈。如此心情又遇上風浪，真把人心情打落谷底。人在舟中隨風

---

〔註10〕 參見郁永河：《裨海紀遊》，頁3。
〔註11〕 除此，孫元衡有關渡海之作還有〈乙酉三月十七夜渡海遇颶天曉覓澎湖不得回西北帆屢瀨於危作歌以紀其事〉、〈海波夜動燄如流火天黑彌爛亦奇觀也〉、〈危舟得泊晚飯書懷〉、〈抵澎湖澳〉、〈黑水溝〉等。

宛轉，頭暈目眩見浪翻危嶼岸流連，自己就如輕鷗般飄飛，不知何處是可落腳的桑田？那種於海上漂蕩無依的恐懼可知，而這還只是由廈門渡海來臺的前奏！王必昌《重修臺灣縣志》記：

> 臺海潮流，止分南北；臺、廈往來，橫流而渡，號曰橫洋；自臺抵
> 澎爲小洋；自澎抵廈爲大洋；故亦稱重洋。〔註12〕

臺、廈間，因橫海而渡，叫橫洋。澎、廈間稱大洋，澎、臺間稱小洋。《廈門志》記：「大擔門以外，汪洋大海，金門鎮標所專管。南北沿海各汛，近處謂之內洋，外海深處，謂之外洋。」〔註13〕到達廈門後，得等候越橫洋的大船，並等待風力適當時，方可啓航。郁永河於康熙三十六年（1697）二月二日夜抵廈門島，遲至二月十六日風暫止，才啓航，〔註14〕孫元衡於康照四十四年（1705）三月初，亦在廈門候風超過十日方登舟赴臺。郁永河在候船的半個月期間，遊歷廈門名勝，有詩曰：「何年月黑風狂夜，吹落□岈覆一谿。詩裏未經摩詰畫，袖中難倩米顛攜。雲流石蟀疑天近，瀑濺衣裙識洞低。盤礡不知春日永，欲尋歸路幾番迷。」詩前記：「聞萬石、虎谿二巖爲廈門山水之勝，拉石君、董君、王君往遊，至萬石巖，……，相共踏月歸。」藉候風遊名勝，增添一份悠閒。又：「絕頂多奇石，巑岏聚一叢。懸崖臨巨壑，疊嶂吼長風。展折危欄轉，笻支曲磴通。扶桑遙在望，落日晚潮紅。」詩前記：「初四日，復偕往虎谿巖，……，與萬石巖各擅其奇。」〔註15〕萬石巖、虎谿巖因詩人的閒情浪遊更添一份文人氣息；然此美景亦當閒者方能領略，孫元衡於廈門守風，似未如此隨興，從〈守風廈門排悶〉四首，見其不耐煩的神情。詩曰：

> 島嶼浮空天地青，舟人束手坐郵亭。風威豫識逡巡月，潮信真隨長
> 短星。天留我作中原客，方便毋勞乞孟婆。不道鄉關無覓處，望雲
> 何地著旁羅。（時慈大人自西川買舟東下）心解天發巨浪邊，蘇蘭樵桂對
> 茶煙。會尋魚鳥逍遙理，先探陰晴掉闥篇。苗地殘山根榦黑，黏天
> 遠海色光肥。長風十日無休息，不遣鷄鷗自在飛。〔註16〕

〔註12〕參見王必昌：《重修臺灣縣志》，頁52。
〔註13〕參見周凱：《廈門志》，頁123。
〔註14〕參見郁永河《裨海紀遊》：「十六日，小瘥，風亦暫止，舟人促行，遂登舟。」（臺銀本，卷上，頁4。）
〔註15〕參見郁永河：《裨海紀遊》。
〔註16〕參見孫元衡：《赤嵌集》。

苦等的無奈，外加聽聞中的臺灣是個未開化處，心情自是低落，「束手」二字道盡候風不到，無策可施的無力感。〈除臺灣郡丞客以海圖見遺漫賦一篇寄諸同學〉〔註17〕正是其心情的宣洩：

> 中原十五州，無地託我足。銜命荷蘭國（臺灣本荷蘭地），峭帆截海腹。
> 披茲瀛壖國，島嶼紛可矚。回身指南斗，東西日月浴。颶風怒有聲，
> 駭浪堆篷幅。滌汔終古心，潢瀁萬里目。毫釐晰舟輿，梯米辨巖谷。
> 道犈裸體人，市莽連雲竹。覽者睫生芒，聞之肌起粟。寄語平生親，
> 將毋盡一哭。

起句感嘆中原十五州，竟無他託足處，銜命越洋到那「荷蘭國」。自註「臺灣本荷蘭地」，康熙時已領臺灣，但他仍把臺灣視為域外之邦，於此可見。想起傳言中的臺灣是「道犈裸體人，市莽連雲竹」，不禁令人「覽者睫生芒，聞之肌起粟」，又加航行時「颶風怒有聲，駭浪堆篷幅」，可想見一般清朝官員任職臺灣，心中之不願。〈登舟〉云：「波水涔雲片席張，情懷氣味孰相當。美人一去投龍塞，猛士相將赴敵場。」至臺灣任職竟有如王昭君出塞、猛士相將赴敵場，一去不復返的悲涼。但這樣的心情，並非每一位來臺仕宦者皆然，錢琦乾隆十六年（1751）二月任巡臺御史，在廈門遇到的風浪，讓其大開眼界，然其神情卻非驚恐，而是嘖嘖稱絕，〈泛海〉一詩，洋洋灑灑九十句長歌，歌如賦體，極盡鋪排之能事，從出海至澎湖所歷所感，一氣呵成，氣勢磅礴。面對同樣的大海空間，卻因抒情自我的不同，有人害怕，有人豪情萬千。錢琦渡海前聽聞：「渡海此最險，呵噝下有蛟鼉藏。去年太守誤落溙，鶄如飛鳧失侶天外周翱翔。今年將軍復遭毒，有如曹兵百萬赤壁遇周郎。羅經巽己偶錯位，北去弱水東扶」但是他卻毫不畏懼的言：「我聞此語了無怖，俗子所見皆粃糠。男兒桑弧懸矢志四方。徑須腰懸斗印提干將，出入玉門走沙場，直探虎穴掃攙槍，名勒鐘鼎勳旂常，回手扶漢分天章。不然翻身跳出塵埃外，跨鼇騎鶴驂鸞鳳，朝遊碧落暮滄溟，須彌大界隨相羊。誰能瑟瑟縮縮如寒螿？坐令顏鬒凋秋霜。況聞蓬萊方丈咫尺塵隔斷，世乏仙骨誰梯航？因風誤到更可喜，底用禍福先周防？」氣宇非凡，並言：「臺陽一番島，宛在水中央。古稱毘舍耶，或云婆娑洋。自從歸入版圖後，穿胸儋耳咸循良。我來啣命持羽節，要將帝德勤宣揚。兼死奇材遺海外，一一搜採貢明堂。」一副身賦國家

---

〔註17〕 《重修臺灣府志》、《重修鳳山縣志》、《澎湖紀略》題作〈客以海圖見遺漫賦一篇寄諸同學〉。

重任到荒州播皇恩的強烈使命感，充塞字裏行間。詩末言：「水程志更更十一，蠡窺管測畢竟繩尺難參量。何奇有怪不儲，且復耳目恣探詳。茲遊之奇平生冠，東坡快事吾能償。舟師喘定笑絕倒，喜色轉露眉間黃。天雞一聲曉色白，百怪照影爭逃亡。不見澎湖見飛鳥，鳥飛多處山雲長。三十六島鬱相望，漁莊蟹舍紛低昂。收篷暫寄泊，呼童滿引觴。爾時頹然不足身與世，恍惚栩栩瞬息歷九州、徧八極，徜徉於無何有之鄉。」經過漫長的航程，抵達澎湖見漁莊蟹舍紛低昂，遂收篷寄泊，此時有飄飄然與天地同化之感。這是澎湖特有的空間，觸起詩人深刻的感受。

王必昌《重修臺灣縣志》載：「黑水溝為澎廈分界處，廣約六、七十里，險冠諸海：其深無底，水黑如墨，湍激悍怒，勢似稍窪。舟利乘風疾行，亂流而渡，遲則波濤衝擊，易致針路差失。」〔註 18〕面對此景，錢琦展現不可一世的豪情壯志，唧命持羽節，要將帝德勤宣揚於這塊「番島」。「番島」一詞，顯見他以由上往下的視角定義臺灣。雄赳赳氣昂昂的霸氣，與之孫元衡的「挂冠神武蹤已邁，願乞骸骨還山谿。讀書有兒織有妻，春深烟雨把鋤犁」，實是天差地別。且看錢琦事蹟：

> 字相人、湘純，號璵沙、述堂，晚號耕石老人，浙江仁和人。清乾隆二年（1737）進士，改庶吉士，授編修，歷官河南道御史、江蘇按察使、福建布政使。乾隆十六年（1751）二月任巡臺御史。臺灣舊例，生番殺人，地有官處分，比熟番加重。是年有彰化生番殺內凹莊兵民二十九人，錢琦據實奏聞，總督徇庇武員，所奏與錢氏異。清廷嚴旨責其覆奏。或勸琦改前奏，以順督臣之意，錢琦不可，執前奏益堅。會斷獄者需取回生番所獵人頭定案，飭地方官入山取頭，而彰化知縣乃另剖棺取新死人頭以充。繼其任者崔應階據實上聞，番案始定。乾隆十七年（1752）六月初四日交部議處。乾隆三十二年（1767）復任福建布政使。錢氏生平好吟詠，與袁枚相交五十年。著有《澄碧齋詩鈔》十二卷，《別集》一卷。〔註 19〕

從錢琦乾隆十六年（1751）二月初任巡臺御史時，處理彰化生番殺內凹莊兵民二十九人，據實以報，而與總督不同，清廷嚴旨責其覆奏。有人勸他改前奏，以順督臣之意，錢琦執意不可，且執前奏益堅。此人性格剛直，遇事不

---

〔註 18〕參見王必昌：《重修臺灣縣志》，頁 56。
〔註 19〕參考彭國棟：《廣臺灣詩乘》；楊永智撰〈錢琦個人簡介〉（《全臺詩》）。

屈，詩中屢見。《晚晴簃詩匯》云：「袁簡齋序璵沙詩，稱其『立朝有風節，仕外多惠政，雖官尊，雅好爲詩，其神清，其韻幽，曲致而不晦於深，直言而不墜于淺。』又爲作志銘，言其海外諸詩尤爲雄偉。」彭國棟評《澄碧齋詩鈔》：「各體皆勝，雅堂謂足與九池、鷺洲頡頏，誠非虛語。」又論其〈臺陽八景詩〉：「自來詠八景者，多作村語，璵沙殊不爾，亦可爲臺陽生色也。」〔註20〕可謂知音。

再看乾隆三十一年（1766）往任澎湖通判的胡建偉，其心情又是如何？其〈渡海紀行〉云：

> 時維二月中和節，天氣晴明浪澄徹。鷺門待濟匝月餘，一朝理楫心怡悅。鳴鑼擊鼓舟師迎，拔碇許許歡同聲。抓桅整繚候風信，四面飄飄揚旗旌。港繞山回指大嶝，兩峰對峙如門徑。絮絮鐘磬出雲端，共言此地頗幽勝。探奇未暇躡屐登，訂遊約爽虎溪僧（虎溪僧曾約余舟過，遊大嶝山）。好山看遍且觀海，眼界開豁心神凝。

「鷺門待濟匝月餘」再次以詩證史：清至乾隆三十一年（1766），廈門仍是與臺、澎對渡的港口。胡氏在廈門候風達一個多月，至二月中和節，天氣方晴朗浪澄澈，遂理楫準備出航，詩云：「鳴鑼擊鼓舟師迎，拔碇許許歡同聲。抓桅整繚候風信，四面飄飄揚旗旌。」一幅歡天喜地，熱鬧非凡的景象湧現。「港繞山回指大嶝，兩峰對峙如門徑。絮絮鐘磬出雲端，共言此地頗幽勝。」快樂出航的神情可見。「探奇未暇躡屐登，訂遊約爽虎溪僧（虎溪僧曾約余舟過，遊大嶝山）」本計舟過大嶝島時，約好虎溪僧要共遊大嶝山，看來出廈門港風順，遂未再停留大嶝島。「好山看遍且觀海，眼界開豁心神凝」見胡建偉是以壯遊的心情，開啓這一段航程。

## 二、廈門港至澎湖

由廈門與鼓浪嶼之間的廈門港上橫洋船之後，若海潮風信適宜，則渡洋至澎湖，暫泊澎湖，再越過黑水溝進鹿耳門隙仔，靠泊安平鎮，最後換乘小船（□仔、三板、舢板船），進入赤崁城。若海象不佳，則隨時以廈門南邊的大擔島（或稱爲大胆、大担、大旦、大嶝）、浯嶼、遼羅作爲撤航，暫時停靠，再候風而行。

船從浯嶼或大嶝放洋，透用羅經往巽巳方向航行，經過黑水溝會到澎湖。

---

〔註20〕同上註。

如果過黑水溝，計程該見澎湖西嶼頭、猫嶼、花嶼，却未見，代表航向有誤，此時能做的就是停泊原處等待風信再往回航。孫元衡渡海時，就因遇颶風而迷航，未見澎湖，再回西北帆，〈乙酉三月十七夜渡海遇颶天曉覓澎湖不得回西北帆屢瀕於危作歌以紀其事〉記之。

　　詩中運用許多上古傳說之典故來描摹渡海經歷，水神「天吳」、「飛廉」、「鯨鯢」、水中神怪「馬銜」、海神「罔象」等，其中尤以《山海經》所列者最為常見。孫元衡何以大量使用上古傳說之典故，不難推見其由。概因臺灣為中國歷史上首次納入版圖之外海島嶼，對於文人來說，渡海之舉如同至千古未至之境，猶「乍闢之乾坤」般的洪荒世界，由清詩中常言「番島」可見。其次，這些上古傳說典故的由來，乃出自先民對難以掌握的自然所產生的奇幻想像，而孫元衡渡海時，就與古代《爾雅》、《山海經》之撰述者，書神怪事物之心境相契，遂於詩中大量採用這些典故。〔註21〕據林豪轉引臺灣舊志云：

> 臺郡往來船隻，必以澎湖為關津，從西嶼頭入，或寄泊嶼內、或媽宮、或八罩、或鎮海嶼，然後渡東吉洋，凡四更。船至臺灣，入鹿耳門。行舟者皆以北極星為準；黑夜無星可憑，則以指南車按定子午格巽向而行。倘或子午稍錯，南犯呂宋或交趾，北則飄蕩莫知所之。〔註22〕

行舟以北極星為準，若黑夜無星可觀，就以指南車按定子午格，往巽方向而行。若子午有所偏差，往南尚幸飄至呂宋或交趾；若不幸往北，就不知將飄向何處。因此在該看到澎湖而未見時，環顧闐暗的茫茫大海中，心中之驚惶可知。孫元衡也不得不發出「此事但蒙神鬼力，窅然大地真浮稊」的敬畏，更想起家中的妻小。「讀書有兒織有妻，春深烟雨把鋤犁」，多安詳的畫面，何苦來哉受此折磨，寧可「挂冠神武蹤已邁，願乞骸骨還山谿」。風濤稍穩，得以泊舟吃一頓飯，實堪記之，孫元衡〈危舟得泊晚飯書懷〉云：

> 大海狂瀾驚轉舵，金山到似解重圍。此生不道有來日，欲往何如成獨歸。糲糒儒餐初定痛，蕭疏旅鬢忽知非。百年好是雙行腳，夢繞湖山舊翠微。

〔註21〕參考李知灝：〈蛟鯨宮闕龍伯國——清代游宦文人渡臺書寫中的海洋想像〉。（「多重視野的文人海洋——海洋文化學術研討會」），頁11。
〔註22〕參考林豪：《澎湖廳志》，頁31～32。

「大海狂瀾驚轉舵」，那驚惶之情可見，料此生大概無來日，想想還是用雙腳繞湖光山色較踏實！這是孫元衡面對海洋巨濤的心情。而臺、廈橫洋，最為險厄處是黑水溝，薛氏《臺灣縣志》載：

> 黑水溝有二：其在澎湖之西者，廣可八十餘里，為澎、廈分界處，水黑如墨，名曰大洋；其在澎湖之東者，廣亦八十餘里，則為臺、澎分界處，名曰小洋。小洋水比大洋更黑，其深無底。大洋風定時，尚可寄椗；小洋則不可寄椗，其險過於大洋。

就薛氏《臺灣縣志》所載，黑水溝有二處，一是澎、廈間的分界處，水黑如墨，叫大洋；一是臺、澎間的分界處，水比大洋更黑更深更險，叫小洋。孫元衡〈黑水溝〉記錄著舟過黑水溝的驚險：

> 氣勢不容陳茂罵，犇騰難著謝安吟。十洲徧歷橫洋險，百谷同歸弱水沉。黔浪隱檣天在臼，神光湧櫂日當心。方知渾沌無終極，不省人間變古今。

孫元衡所寫黑水溝到底所指何處？是大洋？抑是小洋？於詩中不易辨識。《赤嵌集》云：「臺嶼廈藏岸七百里，號曰橫洋中有黑水溝，色如墨曰黑洋，險冠諸海；或言順流而東則為弱水，自來浮去之舟無一還者。」〔註23〕亦未加細分，只言橫洋中有黑水溝，色如墨，險冠諸海。然就〈赤嵌筆談〉所載：「若過黑水溝，計程應至澎湖」，〔註24〕推孫元衡詩中之「黑水溝」，應指澎、廈間的黑水溝。詩中或言有傳聞順著黑水溝而東是弱水，只要舟流至此，無一還者。果若無一生還者，當然也就沒人可知那萬水所歸的弱水的實際狀況；但可篤定的，那必是極危險的海域，方有此傳說。就清朝的航海技術，彼處如黑洞，深邃而不可知。面對威及生命的情景，人類自然心生恐懼，而起敬畏之情，〈黑水溝〉即表現這樣的心情。一路驚險終抵澎，孫元衡〈抵澎湖澳〉云：

> 孤島如稊一葦航，情懷跋扈與相羊。身隨雲鳥投清墲（洋少淺，曰清水墲），夜鼓天風過黑洋。翠蟳胎魚堪入饌（海蟳翠色，沙魚胎生），竹灣花嶼（俱澎湖山名）有飛觴。此間未是埋憂地，貫月浮查正渺茫。

詩前半，寫出身如浮萍隨波飄蕩大海的無依；後段寫經夜之風浪，終見澎

---

〔註23〕參見孫元衡：《赤嵌筆談》。
〔註24〕參見黃叔璥：《臺海使槎錄》。

湖竹灣、花嶼，心中大石頓落。乾隆十年，范咸渡臺，〈二十六日晚泊澎湖〉
云：

> 計程問澎湖，取道疑已遠。沿洄逾七更，花高杳難辨。金烏已西落，
> 風微柁欲轉。黑溝驚狂瀾，橫洋畏屯蹇。傳聞弱水近，東去不復返。
> （桐城孫元衡「赤嵌集」『臺嶼廈藏岸七百里號曰橫洋中有黑水溝色如墨曰黑洋險
> 冠諸海或言順流而東則為弱水自來浮去之舟無一還者』）豈必鮑魚腹，竊自經
> 軒晃。藤緪數百尺，用試水深淺。（大洋中欲下碇用鉛錘試水檣藤草三緪約
> 長六七十丈）俄見白鳥飛，色喜定殘喘。（「臺海使槎錄」云『近島嶼則先見
> 白鳥飛翔』）澳島三十六，卷石非絕巇。潮聲覺已平，欠伸求息偃。收
> 篷且寄泊，努力進餐飯。

綜觀全詩，范咸所云「黑溝」，所指為澎、廈間之黑水溝，「東去不復返」後
引註孫元衡黑水溝之說，足見康、乾期間清人所認知之黑水溝為廈、澎間的
黑水溝，亦見孫元衡之說對後人的影響。乾隆十七年（1752）任臺灣府學教
授，謝家樹的詩：

> 由來黑水出梁州，大海無端劃此溝。可是三危分舊派，胡為一道獨
> 中流。巨鼇折足元黃混，角燕揚鰓日月幽。萬斛塵心都蕩盡，蓬萊
> 咫尺浪颼颼。

《裨海紀遊》云：「澎湖黑水溝最險，自北流南，不知源出何所。水黑如墨，
勢又稍窪，廣約百里，湍流汛駛；舟師至此，喘喘屏息，懼或順流而南，不
知所之。」〔註25〕清代之風帆船隻，過黑水溝之顛簸狀，可想而知。謝家樹
經此感嘆「大海無端劃此溝」，好端端的，大海為何要劃出此黑溝，怪嚇人
的，將人萬斛塵心都蕩盡。從歷任官員對渡海的書寫，足見辛苦萬狀，與
畏懼之情。「黑水溝」真是清朝人行駛廈、澎間，心中的惡夢。胡建偉〈渡
海紀行〉，由出航時的「一朝理楫心怡悅」至經黑水溝的「睹此爽然翻自
失」，到最後的「坎險如夷履平地，丈夫如此亦豪雄」，渡海心情的轉變，清
晰可見：

> 好山看遍且觀海，眼界開豁心神凝。停橈忽向寮羅（地名）掉，呀呻
> 無風亦簸瀧；更兼海氣湧臊腥，重暈頭眩輕也備。守風七日藉風
> 便，倏忽千里茫無邊。島嶼青青四山失，只見上天下水相膠連。渾
> 淪囊括地軸逸，洗濯星辰浴日月；有如混沌未分之兩儀，朔南何方

---

〔註25〕參見郁永河：《裨海紀遊》。

東西暗。餘皇巨艦輕於毛，一葉泛泛隨波濤；後船瞥見前船底，彷彿露出鯤魚屄。形形色色見未見，灼灼爍爍閃流電。似燐非燐磷非磷，云乃鹹氣浮光夜炫煽。認副駕（渡洋官船為正駕，餘船為副駕），招鄰舟，火號高燒明星流。天雞未鳴天已白。茫茫飛渡黑水溝（海中有黑水如溝）；黑水之溝黑逾墨，蛟鯨宮闕龍伯國。任爾銅船鐵梢公，每每過之生喘息。我曾泛歷江與湖，自謂大觀難為徒。睹此爽然翻自失，川渟瀆渚等盃盂。浩浩落落有如此，一腔豪氣何時已。酒酣夜半擊楫歌，刮起黃頭盡傾耳。最憐徐福三千人，昔年過此曾問津；求仙採藥那可得，至今漆齒作文身。八十年前驅鯤戰（謂平鄭逆也），兇人革心先革面；九州之外又九州，盡入版圖要荒甸。置官命吏滄溟東，捧檄萬里乘長風。坎險如夷履平地，丈夫如此亦豪雄。〔註26〕

胡建偉抱著「好山看遍且觀海，眼界開豁心神凝」的心情渡海，所見之景隨其開豁的心情，而有不同於他人的體悟。守風七日今將藉風便，開拔出航，倏忽千里便四望無邊。「島嶼青青四山失，只見上天下水相膠連。渾淪囊括地軸逸，洗濯星辰浴日月；有如混沌未分之兩儀，朔南何方東西暗」，人置身其中如王必昌《重修臺灣縣志》所言：「徘徊四顧，天水混連，孤舟蕩漾，若纖芥在明鏡中（舟中獨坐，舷際皎月未上，水波不動，星光滿天，與波底明星相映，上下二天，合成圓器，身處其中，頓覺宇宙皆空。）」〔註27〕當過黑水溝時，又黑又深的特殊海域，胡氏想像這為海怪、龍神的宮闕，雜揉中國古代神話傳說與民間傳聞來詮釋這一海域，使其顯現神秘色彩，並敬畏謙虛的說：「我曾泛歷江與湖，自謂大觀難為徒。睹此爽然翻自失，川渟瀆渚等盃盂。浩浩落落有如此，一腔豪氣何時已。」但想想身奉朝廷的重責大任，乘萬里長風來到這八荒九垓處宣揚德化，即便坎險亦能如履平地，大丈夫修為至此亦稱豪雄。處處可以感受胡建偉敦厚篤實的性情，亦不難看到他會是一位勤政愛民的父母官。這番心情與諸多到澎湖任官者殊異，道光九年（1829）的通判丁霽亭，就充滿無奈與抱怨。劉伯琛〈來鶴〉詩序云：「己丑荔夏，丁霽亭司馬權篆澎湖別駕。予相偕東渡，謬司記室一席。其安硯處湫隘沮洳，絕無花木竹石之趣。且歲多鹹雨狂飆，居恒鬱鬱不樂。」序中可見丁霽亭面對

---

〔註26〕 參見胡建偉編纂：《澎湖紀略》，頁274～275。
〔註27〕 參見王必昌：《重修臺灣縣志》，頁59。

窮鄉僻壤，毫無花木竹石的澎湖，心中鬱卒萬分，如此焉能與澎民同甘共苦？而隨同丁霽亭東渡任記室的劉伯琛，[註28]〈渡海歌〉反映的心情與之截然不同：

> 天風浩浩波茫茫，餘皇曉發趨扶桑。撾金伐鼓辭鷺島，欻如鵬翼凌霄翔。水天一碧渺無際，振衣四顧心彷徨。渾淪囊括包六合，千檣萬檝同秕糠。平生胸臆俗塵貯萬斛，到此甫得一滌冰雪腸。管窺蠡測笑鄙陋，縱目不覺嗟望洋。馮夷鎮靜飛廉藏，黿鼉偃伏虹垂梁。方壺員嶠彷彿見，蛟宮蜃市豈盡言荒唐？徐福、田橫久已逝，聲消跡泯誰能詳？但見金烏玉蜍浴萬古，呼吸近欲通天閶。紅溝水霞赭，黑溝波沸湯。鬼蝶妖蛇闇瞰伺，日星慘澹腥風颺。嗟哉落漈之舟一往不可返，鷁首簸蕩隨低昂。遙從秭米辨巖谷，涉險默默邀神光。澎湖列島五十五，田田蓮葉花中央。形勝居然控臺廈，天設鎖鑰資巖疆。曾聞昔年探丸客作逋逃鄉，負嵎亦復驕夜郎。鯨刳犀截散烏合，天戈一指消欃槍。方今清宴八　靜，獻贐絕域來梯航。洪纖悉約涵萬派，颱颶永息波不揚。查乘貫月一葦航，十洲三島恣徜徉。他日歸田頗足自矜炫，川渟瀆渚何啻漚泡浮坳堂！

起句「天風浩浩波茫茫」，狀海天之遼闊與滄茫，透過對海洋空間的描寫，便與人壯闊之感。而由海天壯闊無邊，相對浮於上的船隻，與乘坐在上的人，大小空間的對比，顯得人藐小如秕糠。這樣的空間感受，讓劉伯琛驚覺「平生胸臆俗塵貯萬斛，到此甫得一滌冰雪腸。」至此方知「管窺蠡測笑鄙陋」，方笑自己的鄙陋；「縱目不覺嗟望洋」，方知天地之遼闊。同是渡海，這一趟澎湖行，劉伯琛帶著是壯遊的心情，故感受迥異於通判丁霽亭。行於大海，劉伯琛方知以前所見川渟瀆渚，簡直是浮於坳堂的漚泡，不足為觀。竊喜有此難得經驗，他日回故里足以矜炫。

清初吳桭臣隨臺灣知府馮協一渡臺，[註29]〈閩遊偶記〉記舟行至澎湖停泊之港：

> 海道往來船隻，必以澎湖為關津。西嶼頭入，或寄泊嶼內、或媽祖宮（二者北風寄泊最穩處也），或入八罩、或鎮海嶼（二者南風寄泊最穩處也）；然後渡東吉洋，凡二更船至臺灣，入鹿耳門；則澎湖乃臺之門

---

〔註28〕　參見劉伯琛〈來鶴〉詩序。（見蔣鏞《澎湖續編》、林豪《澎湖廳志》）
〔註29〕　馮協一，康熙五十二年（1713）至五十四年（1715）任臺灣知府。

戶而鹿耳門又臺灣咽喉也。行舟者皆以北極星為準；黑夜無星可
憑，則以指南車按定子午，以天門測海道。稍或子午稍錯，南犯呂
宋或暹羅、交趾，北則飄蕩無復人境，甚至無力水而莫知所止：此
入臺者平險遠近之海道也。〔註30〕

海道往來船隻，必以澎湖為關津。從西嶼頭入，若是北風宜寄泊嶼內或媽祖
宮；南風宜寄泊八罩或鎮海嶼。澎湖有諸多澳嶼，有宜北風寄泊，有宜南
風寄泊，但是各島星羅碁布，遠近錯列，港道紆迴，礁汕隱伏水中，非熟
悉夷險者不敢輕進；〔註31〕若遇颶風，風沙相激，怒濤狂飛，鹹雨橫掃，常
使久居內地的官員瞠目結舌。若子午稍錯，偏南可能就飄到呂宋或暹羅、
交趾；偏北可能就飄到無人境，甚至飄到「無力水」，不知會飄到何方。就
其描述，「無力水」概一般所指之「弱水」。歷重洋實是冒生命危險，卻無他
途可代，最令人生懼。一路簸盪，安全越過黑水溝，往東南望去，海上一
橫如黛，那便是澎湖。歷九死回生，最後得以泊澎湖，不僅大石頓落，大塊
假我以文章，抵澎湖又是另一番景象，值得大書特書一番。季麒光，康熙二
十三年（1684）八月由閩清縣移知諸羅縣事，抵臺任職途中夜泊澎湖，記載
所見：

> 為問澎湖舊有山，當年設險此稱碩。秋風戰伐人何在，夜雨波濤水
> 正潺。幾片降帆殘照外，數家炊火亂崗間。我來拭目頻驚眺，天自
> 茫茫鳥自閒。〔註32〕

前四句由史事入筆，言曾經於此地發生的戰伐，如今這些歷史人物今在何處？
興起世事無常之感，況味近楊慎〈臨江仙〉：「滾滾長江東逝水，浪花淘盡英
雄。是非成敗轉頭空，青山依舊在，幾度夕陽紅。白髮漁樵江渚上，慣看秋
月春風。一壺濁酒喜相逢，古今多少事，都付笑談中。」今所見則是「幾片
降帆殘照外，數家炊火亂崗間」，展現世外桃源之境。最後以己之「驚眺」，
對比鳥之「閒」作結，意蘊深遠。張湄〈泊澎湖〉：

> 大擔門外渡橫洋，群山滅影流湯湯。天水相交上下碧，中間一葉凌
> 波颺。少焉紅溝暎霞艷，倏忽黑蛟龖怒墨。陸離班駁異彩騰，繪畫
> 乾坤須五色。針盤遠指天南交，蒼茫四矚心惆勞。直上桅尖索西嶼，

---

〔註30〕 參見《臺灣輿地彙鈔》，頁25。
〔註31〕 參見林豪：《澎湖廳志》，頁12～13。
〔註32〕 參見季麒光：《蓉洲詩文稿選輯》（上海圖書館藏，康熙三十三年刻本），頁
34。

亞班趫捷如飛猱。澎湖環島三十六，歷歷人烟出漁屋。未須滄海成
桑田，結網臨淵食粗足。我來收泊媽宮灣，舳艫屹立凝邱山。三夜
驚濤舂客枕，夢魂跌宕雷霆間。是時望雨憂如渴，極目圍疇斷餘藥。
北風可但濟行船，喚起癡龍驅旱魃。

乾隆六年（1741）四月十二日，張湄由翰林院遷巡臺御史，兼理提督學政。
〔註33〕此詩爲張湄乾隆六年（1741）巡視臺灣，由大擔門出洋，經澎湖，
再至臺灣。一出航，由原來的海天交相碧，行經紅溝還暎霞艷，尚風平浪
靜，一至黑水溝則景致全然不同。詩人將怒濤洶湧想像爲黑蛟生氣，飜攪成
墨，生動得刻劃了黑水溝的驚濤駭浪。近澎湖嶼首見西嶼頭，因此亞班爬上
桅尖搜索西嶼，找到定點目標，再往媽宮灣前進。詩中寫到的澎湖是「歷
歷人烟出漁屋。未須滄海成桑田，結網臨淵食粗足」，景致不差，但在乾隆
八年（1743）四月秩滿，十月丁憂回籍時，又泊澎湖，情趣大異。〈再泊澎
湖〉云：

橫風北來阻歸檣，海水起立魚龍嘯。澎湖浮嶼出雲濤，留我重宿來
時。一過再過豈所期，人生去住殊難料。六代山川江以南，峰堪結
屋磯堪釣。欲置閒身入畫圖，如箭風帆虛遠眺。此處青天淪白波，
鯨眼搖光日無曜。稀微煙火幾漁家，寸樹不生人罕到。前年寄碇西
嶼頭，旱氣蟲蟲沙石燥。今年復此枕潮聲，墨雲頽頽風雨暴。往來
行路只艱難，我實不德躬自悼。萬里君親旅夢殘，水禽格磔啼神廟。
明朝天意復何若，霽月忽從舷際照。屛軀縱便得生還，一夜驚愁髮
爲皓。〔註34〕

張湄心中期待能夠一帆風順就回到廈門，怎奈卻橫風北來，海水屛立，阻擋
了歸帆，只好暫泊澎湖。白浪滔天，一片陰霾，漁村煙火稀疏，寸樹不生，
人跡罕到，亦一片荒涼。急返家中，又被風阻於荒地，想見張湄心情是壞透
了！想到前年要到臺灣時，寄碇澎湖西嶼頭，見此旱氣蟲蟲沙石燥，今年又
得再此停留，想到自己往來行路都艱難，竟歸咎於自己不德，方遭此境。「萬

〔註33〕張湄在臺期間著有吟詠風物之作《瀛壖百詠》，乃其自廈門至澎湖，自澎湖至
臺灣，及其在南、北兩路之作。每首四句，詩後皆附詁釋。臺灣道劉良璧推
崇其作：「山川景物歷歷如繪，令觀者如閱山海經，如讀水經注。光燄陸離，
千態萬狀，皆於斯集見之」，並將之與蘇軾的海外奇文並論。連橫在《臺灣詩
乘》讚云：「張鷺洲之《瀛壖百詠》，蜚聲藝苑，傳播東瀛。」
〔註34〕此詩收於《柳漁詩鈔》。

里君親旅夢殘」，見其心中之急切。問起老天爺明天不知要不要讓他走，想著霽月忽然從舷際照來，想必明天可啟程了。應該開心才是，但是張湄卻說：「孱軀縱便得生還，一夜驚愁髮爲皓」，心情鬱結萬分，移情作用下，景色也一片淒涼。

## 三、澎湖至鹿耳門

　　若由澎湖到臺灣，則朝異方向前行。天氣風和日麗，則停泊在鹿耳門隙仔港口（在鹿耳門外之北），〔註35〕若進港時風向不順，則仍須返回澎湖。《重修臺灣縣志》記：「海洋行舟，無櫓搖棹撥理，祇藉一帆風耳。風有東西南北之不同。」〔註36〕見清朝船隻，行於岸邊以搖櫓棹前進，行於大洋中則靠帆風前進。又云：「自廈來臺，以西北風爲順；自臺抵廈，以東南風爲順。但得一面之風，非當頭逆頂，皆可轉帆餒駛。故兩舟並行，一往一來，不聞阻滯，僅分遲遠。惟鹿耳門進港忌東風，出港忌西風。而臺灣風信，與內地迥異：清晨必有東風，午後必有西風，名曰發海。西去來諸舟乘之以出入，乃天造地設之奇。時或反是，則颶風將作，去者未可遽去，來者必亟收回云。」〔註37〕將當時臺、廈往來行駛帆船，如何利用風向行駛，記載頗清楚。進鹿耳門時，若遇東風，不易停泊，需亟收回，收回何處？如《赤嵌筆談》所言，收回澎湖。澎湖北風、南風皆有可泊之處，南風宜泊水垵澳，北風宜泊網澳、內塹、外塹等澳。〔註38〕而澎、臺間還有一「黑水溝」，若遇上颶風，危險不下於前段航行。

　　楊廷理，乾隆五十五年（1790）至澎湖賑災遇風，賦〈庚戌暮秋，赴澎湖賑恤風災，遇颶折至東吉洋，默禱於神，始抵澎之嵵裏澳，詩以誌險〉：

> 風急難爲定，縱橫東吉洋。驚人千頃浪，撫己九迴腸。雲氣倏開爽，天心幻混茫。不波殊可慶，戀闕敢相忘！（之二）

> 利涉惟忠信，媿修無一能。望洋情緒怯，飛渡眼花騰。宦海原如此，驚心得未曾。嗒然何所恃？方寸實堪憑。（之三）

楊廷理乾隆五十二年（1787）、嘉慶十二年（1807）、嘉慶十四年（1809），三度來臺，前後十六年，即使日後宦海浮沉，其心思始終不離臺灣，可說是

---

〔註35〕參見王必昌：《重修臺灣縣志》，頁52。
〔註36〕同上註，頁75。
〔註37〕參見王必昌：《重修臺灣縣志》，頁75～76。
〔註38〕同上註，頁52。

清代治臺官員中，熟悉臺灣事務者。〔註39〕楊廷理著作甚豐，〔註40〕詩鈔每卷皆清楚地載明時間，且詩註甚詳，或引前人之詩、佛典、道書等，或記個人生活瑣事，種種豐富的生活經驗，皆在其詩註中毫無隱瞞；而卷名以「西來」、「東歸」、「南還」、「北上」、「東游」為題，更表明了他的官轍無定，四方奔馳的浮宦生涯。〔註41〕於是有著詩所云的「宦海原如此」的感觸。

此題之二，書寫從臺灣至澎湖遇颶風折回東西吉，驚人的千頃浪，盪亂五臟六腑。突然雲氣開朗，海波回穩。水波不興實可喜，心中仍掛念著君主託負赴澎湖賑恤風災的重任。之三，再次表明自己除了忠信外，無一能，即使面對大洋心生怯，乘風飛渡眼花騰，仍甘冒危險前往。想想仕宦生涯如大海，載浮載沉，有起有落，失意沮喪時該如何是好？「方寸實堪憑」。念轉一切轉，萬事唯心修，這是楊廷理渡海時所體悟的人生哲理。

林豪《澎湖廳志》言澎、臺間還有一「黑水溝」，其凶猛不下廈、澎間的「黑水溝」，誠非虛言。而對於萬事萬物，總以獵奇心情觀之的錢琦，經過千辛萬苦的航行，抵達臺灣時，仍是一派如至仙境般的喜悅，〈抵任〉云：

> 四溟中斷早潮迴，鐵板沙礁面面開。天設鹿門嚴鎖鑰〔註42〕，地疑
> 〔註43〕蜃氣幻樓臺。使槎遠載春光到，官府喧傳上界來。合是前身

〔註39〕　參見許喬林《知還書屋詩鈔》序（楊廷理《知還書屋詩鈔》，南投縣：臺灣省文獻委員會，1996年）；余美玲整理楊廷理生平（《全臺詩》）。

〔註40〕　楊廷理（1747～1816），字清和，一字半緣，號雙梧，晚號更生。廣西柳州府馬平縣（今柳州市）人。清乾隆四十二年（1777）拔貢生，次年朝考一等一名。初任福建侯官知縣。乾隆五十二年（1787）十月初陞任臺灣知府，隨即主持歲試，並委由海東書院掌教曾中立編輯優等文章，親自校訂，以為課藝，計有《臺陽試牘》初集、二集、三集，並重刻《柳河東先生集》，著作有《東瀛紀事》一卷、《議開臺灣後噶瑪蘭節略》一卷及《敍刊年譜》。生前自刊詩集九種，包括《西來草》、《東歸草》、《南還草》、《北上草》、《再來草》、《雙梧軒詩草》、《東游草》，另有未刊本《候蟲吟》，於林爽文之役中佚去。道光十六年（1836），楊廷理第五子楊立亮請許喬林據各集重加匯輯刊刻，稍刪其涉應酬者訂為《知還書屋詩鈔》十卷，內含《西來草》三卷、《西來賸草》一卷、《東歸草》一卷、《南還草》一卷、《北上草》一卷、《東游草》一卷、《拾遺草》一卷及附錄楊廷理自撰年譜《勞生節略》一卷，其中《拾遺草》三十首是他從書篋中拾得《候蟲吟》的片稿。（參見余美玲整理楊廷理生平。）

〔註41〕　參見余美玲整理楊廷理生平。（《全臺詩》）

〔註42〕　「門」，余文儀《續修臺灣府志》作「壹」。

〔註43〕　「疑」，余文儀《續修臺灣府志》作「凝」。

香案吏，江山管領到蓬萊。〔註44〕

從廈門到澎湖，再進鹿耳門，錢琦還是一貫的豪邁，詩句充滿快樂歡愉的氣氛。末聯化用唐元稹〈以州宅誇於樂天〉詩句：「我是玉皇香案吏，謫居猶得住蓬萊。」稱己前身合是香案吏，才會到蓬萊，與孫元衡所認知的未開化，滿是文身的臺灣迥異。

清人對渡海經驗的書寫，反映清朝臺、廈間的海上交通狀況，並見澎湖是臺、廈間重要的轉運站。多少清朝的人物、事件在此交會，皆成遊宦詩人筆下珍寶，諸作中有其共同關懷的主題，常用的詞彙，相近的書寫技巧等，歸納其特色有：（一）黑水溝的書寫；（二）弱水的書寫；（三）遇颶風浪的書寫；（四）海洋生物的書寫；（五）夜光波動的奇異海景書寫；（六）神話傳說的遊仙書寫；（七）海洋詩情的書寫；（八）特有的海洋詞彙；（九）以澎湖特有的地名、景物入詩；（十）以賦體寫詩，極盡海景之鋪排等。然詩作當需注入創作者「心靈世界騰飛的力量，對人類命運做有力的呈現」，〔註45〕方能不朽。

連橫《臺灣詩乘》評孫元衡，云：「〈颶風歌〉、〈海吼行〉、〈日入行〉諸作，健筆凌空，蜃聲海上，足為臺灣生色。」許俊雅云：「其詩作對臺灣風俗民情有極深刻的反映，藝術性極高，題材之奇險，在詩史上別具一格，蓋得之於臺灣山海之助。」〔註46〕誠如蘇轍〈上樞密韓太尉書〉云：「轍生十有九年矣。其居家所與游者，不過其鄰里鄉黨之人。所見不過數百里之間，無高山大野，可登覽以自廣。百氏之書，雖無所不讀，然皆古人之陳跡，不足以激發其志氣。恐遂汩沒，故決然捨去，求天下奇聞壯觀，以知天地之廣大。過秦漢之故鄉，恣觀終南、嵩、華之高；北顧黃河之奔流，慨然想見古之豪傑。至京師，仰觀天子宮闕之壯，與倉廩府庫、城池苑囿之富且大也，而後知天下之巨麗。」走出自己的世界，才知道天地之廣大。大海之澎湃、遼闊、清晏諸景，不無開闊這些渡海官員的眼界，亦提供他們前所未有的寫作題材。不僅是孫元衡得之臺灣山海之助，錢琦寫來亦不遑多讓，詩中展現之豪氣、

〔註44〕 此詩收於王必昌：《重修臺灣縣志‧藝文》；又載余文儀：《續修臺灣府志‧藝文》。

〔註45〕 參見廖宏昌老師：〈神仙‧帝王‧海：秦漢帝王入海求仙之風潮〉（《海洋文化論集》，高雄市：國立中山大學人文社會科學研究中心、國立中山大學文學院出版，2010年，頁82。）

〔註46〕 參考許俊雅撰：〈孫元衡個人簡介〉（《全臺詩》）。

霸氣勝於孫元衡。而胡建偉詩詩豪氣中蘊涵著平和、通透的人生哲理，又是另一風貌。劉伯琛則言：「他日歸田頗足自矜炫，川淳瀆渚何會漚泡浮坳堂」，然後知清朝海洋文學聚乎此！

到了日治時代，臺廈航海線沒落；戰後，國共分家，對岸的廈門成為禁區，因此臺廈渡海經驗的題詠就成絕響。有關渡海的書寫，大概僅餘日治時期，澎湖詩人搭船從臺灣本島返鄉而作，或零星偶見搭船到澎湖旅遊所作。清時大量題詠海洋的榮景不再。

# 第二節　神秘的海神信仰

廣袤的大海，廣不可知，深不可測，即便今日科學昌明，對它亦是一知半解，更何況古人。面對神秘難知的大海，變幻莫測的大海，古人相信有神靈居之，唯有神靈才具有這樣的法力可激起如山狂濤。《山海經》記載著司掌大自然的各類神靈，與水、風相關的神靈，都成為後代海洋文學的滋養。

隨著海洋活動的昌盛，人類積極迎向海洋，海神逐漸人格化、人像化，並形成一套功利的海神信仰系統。藉由人格化海神的幫助，人類主觀相信能局部支配海洋，並從中得到預期利益。因為這樣的解釋，使得自然屬性的海洋，充滿濃厚的人文色彩。

出現在澎湖古典詩中的海神，可分成兩大類型。第一類型，因海洋本體而生，如祝融、陽侯、天吳、海若等，自然屬性明顯，與航海者的祈願距離較遠。這類海神代表海洋的無窮力量，因此在海洋文學中，常出現令人恐懼的形象。第二類型，以昌盛的海洋活動為其發展的外緣條件，應航海者的功利需求，而具有人格化、人像性的特質，澎湖古典詩中最常出現的海神是天妃媽祖，她是慈悲的化身，能應聲救苦，海神與人的距離更為接近。〔註47〕

## 一、海洋神靈

### （一）祝融

古人認為四方各有掌管的神明，《尚書大傳》卷三：「東方之極，自碣石東至日出榑木之野，帝太皞神勾芒司之。」《山海經·海外東經》說：「東方勾芒，鳥身人面，乘兩龍。」《山海經·海外南經》中說：「南方祝融，獸身

---

〔註47〕參考陳清茂：《宋元海洋文學研究》，頁347。

人面，乘兩龍。」《山海經‧海外西經》：「西方蓐收，左耳有蛇，乘兩龍。」《山海經‧大荒北經》：「北海之渚中，有神，人面鳥身，珥兩青蛇，踐兩赤蛇，名曰禺彊。」李昉《太平御覽》據古籍記載，云：「南海之神曰祝融，東海之神曰勾芒，北海之神曰玄冥，西海之神曰蓐收。」〔註48〕禺彊字玄冥，即李昉所言的北海之神。四海各有神靈統領，其中統領南海之神祝融，因清朝海洋活動重心在東南沿海一帶，臺海屬東南沿海，故較常出現在作品中。孫元衡〈颶風歌〉：「飛廉狂癡肆其虐，祝融表裡夫誰要。」〔註49〕寫風神飛廉、海神祝融興風作浪的可怕形象。

## （二）陽侯

《山海經‧海外東經》：「大波之神曰陽侯」宋朝王應麟《玉海》云：「陶淵明集《聖賢羣輔錄》：金提主化俗，鳥明主建福，視默主災惡，紀通爲中職，仲起爲海陸，陽侯爲江海。」〔註50〕王應麟引陶潛言「伏羲六佐」，陽侯由大波之神轉爲主江海之事，故後世謂陽侯爲海神，能興起海濤。陽侯被尊爲海神後，爲人類解釋海面風濤興起的成因，故成爲海洋文學援引的套語。〔註51〕清謝聲鶴，福建詔安人，〈送吳生往東寧〉云：

> 吳生手攜一囊書，步行別我九鯉湖。嗟哉吳生何好游，扁舟欲上紅毛樓。君不聞廈門七更到澎口，天風噴潮如雷吼。幽靈秘怪爭呈奇，撐持銀屋滿江走。柁師到此亦改顏，陽侯弄舟如跳丸。側柁欹帆入鹿耳，舟人始得慶平安。吳生胡爲亦踏此，問之不答祇長歎。吳生吳生不須歎，世途何處不波瀾。〔註52〕

詩中描繪吳生帶著一囊書來臺灣，謝聲鶴不明白爲何他要冒著生命危險前往。從「君不聞」起到「慶平安」句，可以看到清內地對於橫渡臺灣的可怕傳聞。詩人也很想勸他別去，只見吳生長歎不答，其中必有隱情，才甘冒此險。詩末詩人轉而勸慰他：世途何處沒有風波？要他經得起世間事的風波和海上的風波。詩中描繪廈門到澎湖，天風噴潮怒吼如雷鳴，連走過大江南北的柁師，來到這裡也都顏色大變，因爲陽侯在此處「弄舟如跳丸」，令人

---

〔註48〕宋‧李昉：《太平御覽》（《文淵閣四庫全書電子版》，卷882）。
〔註49〕孫元衡：《赤嵌集》。
〔註50〕宋‧王應麟：《玉海》（《文淵閣四庫全書電子版》，卷120）。
〔註51〕參考陳清茂：《宋元海洋文學研究》，頁348。
〔註52〕參見連橫：《臺灣詩乘》。

怯步！

### （三）天吳

《山海經‧海外東經》：「朝陽之谷，神曰天吳，是爲水伯。……其爲獸也，八首人面，八足八尾，皆青黃。」天吳是水神，海水當然也是屬其管轄。孫元衡〈乙酉三月十七夜渡海遇颶天曉覓澎湖不得回西北帆屢瀕於危作歌以紀其事〉云：「滿張雲帆夜濟海，天吳鎮靜無纖翳。」寫水神天吳不作怪，海波不揚。陳肇興〈由港口放洋望海上諸嶼尋臺山來脈處放歌〉：「果然天吳海若不相負，驅遣百怪來雙眸。」〔註53〕以壯遊的心情寫天吳、海若激起浪濤，讓其大開眼界。范咸〈三月二十五日渡海紀所見〉：「天吳與紫鳳，野火春風燒。萬頃蕩金碧，蛟鼉爭潛逃。」鳳甲骨文寫作風，古來爲風的代表。紫鳳，傳說中的神鳥，常用來象徵祥瑞。在海洋文學中常與天吳連用，表示風平浪靜。不論從正面寫浪平，或反面寫大浪，表示著水神天吳有著主宰的力量。

### （四）海若

《莊子‧秋水》云：

> 順流而東行，至於北海，東面而視，不見水端，於是焉河伯始旋其
> 面目，望洋向若而歎，……天下之水，莫大於海，萬川歸之，不知
> 何時止而不盈；尾閭泄之，不知何時已而不虛；春秋不變，水旱不
> 知。此其過江河之流，不可爲量數。〔註54〕

北海若雖是海神，但在《莊子》中的形象，卻展現哲人的面貌，不見其神通；而出現在後代海洋文學的形象，則具有威猛的神力，可喚起大浪。孫元衡〈乙酉三月十七夜渡海遇颶天曉覓澎湖不得回西北帆屢瀕於危作歌以紀其事〉云：「飛廉倏來海若怒，積飆鼓銳喧鯨鯢。」飛廉古來代稱風神，在海洋文學中常與海若連用，表現海上狂風怒吼、波濤屏立的可怕景象。林豪〈重陽前二日同澎湖諸生遊太武山謁盧牧洲遺墓〉云：「兩地精靈颯往還，海若山魈氣皆懾。」將海若與山魈並稱，凸顯其可怕的形象。

### （五）馬援

澎湖古典詩中，常被文人歌詠的人格化海神，有伏波將軍馬援、天妃媽

---

〔註53〕陳肇興：《陶村詩稿》卷四，己未年（1859）作品。
〔註54〕清‧郭慶藩：《莊子集釋》（臺北市：華正書局，1985年），頁561、563。

祖。《後漢書・馬援列傳》：「援將樓船大小二千餘艘，戰士二萬餘人，進擊九真賊徵側餘黨都羊等，自無功至居風，斬獲五千餘人，嶠南悉平。」唐・李賢注引《廣州記》曰：「援到交趾，立銅柱，爲漢之極界也。」漢朝伏波將軍馬援（西元前14～西元49），敉平交趾，有功於嶺南百姓，百姓立祠祭祀。唐僖宗乾符二年（875），詔封馬援爲靈昭王；宋神宗元豐五年（1082）封忠顯王；宋徽宗宣和二年（1120）封誥爲雷州忠顯王。相傳伏波將軍馬援，能順風伏波，助人濟海，故航海者啓航前，常祝禱於伏波廟。蘇軾〈伏波將軍廟碑〉〔註55〕，詳記海神馬伏波有濟渡之功。海神馬伏波信仰，因航海祝禱之需，流行於廣東海康、徐聞等地，爲地區性海神。〔註56〕

　　清澎湖蔡廷蘭到福建應鄉試，回程遇風飄至交趾，後著《海南雜著》，書其所歷。施鈺〈書蔡香祖掌教海南雜著後〉（《滄溟紀險》、《炎荒紀程》、《越南紀略》，周芸皋觀察爲之序）六首之四云：「孔雀朝飛桂樹森，鬼門關側日華沈。輶軒偶憩看銅柱，太息伏波戰伐深。」〔註57〕援引伏波將軍南征事典，與蔡廷蘭飄至交趾事互涉。

## （六）天妃媽祖

　　媽祖，俗名林默娘，福建莆田湄洲人，生於宋太祖建隆元年（960）三月二十三日，於宋太宗雍熙四年（987）九月九日昇化。〔註58〕《東西洋考》有關於林默娘的傳奇記載：

> 生而地變紫，有祥光異香。幼時通悟秘法，預談休咎，無不奇中。鄉民以疾告輒愈。長能坐席，亂流而濟，人呼神女，或曰龍女。雍熙四年二月十九日昇化。蓋是時，妃年三十餘矣。厥後常衣朱衣，飛翻海上。里人祠之，雨暘禱應。〔註59〕

林默娘出生時，湄洲土地出現變紫的瑞象。長而有神靈，能預言人之休咎，能坐席往來於蒼海島嶼之間。林默娘昇化後，常著朱衣雲遊海上。生爲異人，死而爲通天女神的林默娘，具有改變海上風濤的神能，被航海者尊奉爲海神，

---

〔註55〕宋・蘇軾：《蘇東坡全集》（臺北市：河洛出版社，1975年），頁629。
〔註56〕參考陳清茂：《宋元海洋文學研究》，頁351～352。
〔註57〕參見施鈺：《臺灣別錄》（原有兩卷，現僅存卷二）（《臺灣文獻》第28卷第2期）。
〔註58〕關於媽祖的生卒年，眾家說法不一。本文採用李玉昆〈媽祖信仰的形成和發展〉（《世界宗教研究》，1988年，頁124）的說法。
〔註59〕明・王起宗、張燮：《東西洋考》（臺北市：西南書局，1973年），頁125。

凡航行前必先祝禱，以求海靖風順。航海者於海上遇險，只要誠心祝禱，媽祖必循聲解危。〔註60〕宋、元兩代，朝廷敕封媽祖的封號，共21次，封號則由宋朝的「夫人」、「妃」，提升到元朝的「天妃」位階。元惠宗至正十四年（1354），敕封媽祖「輔國護聖庇民顯佑廣濟福惠明著天妃」的封號，已多達16字，顯示倚賴海漕運輸、海外貿易的元朝，對於媽祖信仰的重視。〔註61〕元朝王敬方〈褒封水仙記〉云：「國朝漕運，爲事最重，故南海諸神，有功於漕者皆得祀，唯天妃功大號尊，在祀最貴。」（《海寧州府志》卷十四）文中特別明指只要有功於漕運的南海諸神，都得祀奉，濃厚的現實利益考量。而元代獨尊天妃的原因，又在於祂的功勞最大。靈驗程度的多寡，成爲香火鼎盛與否的要因。

　　臺澎對於媽祖的信仰特別興盛，即來自於救拯海難的靈驗神蹟頻傳。媽祖是渡臺移民的守護神，《海上紀略》謂海神以媽祖最靈，凡海船危難時往往有禱必應，又言大洋中風雨晦暝，夜黑如墨時，就在檣端現神燈示祐。當船中出爝火如燈光，升檣如滅者，舟師謂是媽祖火，去必遭覆敗，無不奇驗。船中例設媽祖棍，凡值大魚、水怪欲近船，以媽祖棍連擊船舷，即遁去。有詩爲證，康熙時，孫元衡海上遭遇大風浪，幾至翻覆，也拿出天妃神杖，驅走海上惡靈，〈颶風歌〉云：

> 遭此四面風，溯滂無由避。連山陂合遠埋空，涌嶂劃開驚裂地。木龍冥鬱叫幽泉（海船下用直木稱僞木龍，神實棲之。忽有異聲，則云木龍叫，主凶），桅不勝帆柁出位。閃閃異物來告凶，鬼蝶千群下窺伺。赤蛇逆浪掉兩頭，白鳥掠人鼓雙翅。天妃神杖椎老蛟，攘臂登檣叱魔祟（名媽祖棍，可驅水怪）。

人類一邊鼓足勇氣航向大海，一邊卻畏懼大海的變化多端難掌握。此詩記載著一段神異性的經驗，讓我們窺見清時航海的民間信仰。人們認爲神明棲在木龍，木龍發出異聲，主凶。海上出現閃閃的異物，來警示有鬼蝶千群窺伺著。海上風浪是鬼怪作祟所致，因而請求諸神協助驅怪，遂產生驅怪的宗教儀式。在海上突然四面遭風，生命危在旦夕，孫元衡擺起陣勢，開始祈求天地神明保佑，「天妃神杖椎老蛟，攘臂登檣叱魔祟」拿起天妃神杖，驅逐水中妖怪。人們深信慈悲的天妃，顧念眾生，只要航海者遇難，誠心祝禱，媽祖

---

〔註60〕參考陳清茂：《宋元海洋文學研究》，頁355。
〔註61〕同上註，頁355。

會前來營救。

郁永河〈臺海竹枝詞〉十二首之十一云：「肩披鬒〔註62〕髮耳垂璫，粉面紅〔註63〕唇似女郎。馬〔註64〕祖宮前鑼鼓鬧，侏離唱出下南腔。」載著臺民祭祀媽祖迎神賽會的情景。澎湖「馬公」原稱「媽宮」。地名的由來，源於澳口前有一座全臺澎最古老的媽祖廟。施琅在澎湖外海打敗劉國軒，還稱說得天妃媽祖之助，見媽祖在人們心中的地位高。吳玉麟〈渡海歌〉：「馮夷無驚濤不怒，扶桑初掛日瞳瞳。上香酹酒拜媽祖，割牲焚楮開艨艟。」〔註65〕寫著出航前準備牲禮，上香酹酒拜媽祖，祈求天妃為遠航賜福。

劉伯琛〈渡海歌〉：「紅溝水霞赭，黑溝波沸湯。鬼蝶妖蛇闇瞰伺，日星慘澹腥風颺。……遙從稊米辨巖谷，涉險默默邀神光。」雖未明言請何神尊幫忙，但從詩句「鬼蝶妖蛇闇瞰伺」，見人類對大海深邃難知的畏懼，與諸多的想像，總覺得底下就暗藏著鬼蝶妖蛇，虎視眈眈的想迫害人類，心中不由得生懼，而祈請擁有超能力的神光來護佑。

### （七）水仙尊王

早期的臺、澎、廈間航海技術落後，海難時有所聞，靠海維生者眾多，不可能因畏懼而不出海，只得求神靈護佑。但是除祈海上守護神媽祖外，「水仙尊王」亦備受航海的貿易商人、船長、船員仰賴。水仙尊王，簡稱水仙王，是中國海神之一。

早期往來中國和臺灣之間的帆船，在海上遇到風浪，為求水仙尊王的救助，而有「划水仙」的儀式。郁永河《采硫日記》中曾描述其景：「划水仙者，眾口齊作鉦鼓聲，人各挾一匕箸，虛作棹船勢，如午日競渡狀。凡洋中危急，不得近岸則為之。」船困於水中時，船員們要眾口齊聲，模仿鑼鼓聲喊叫，每人手拿羹匙和筷子死命地划，像在端午龍舟比賽般，就可以得到水仙王的救助，順利靠岸。孫元衡〈颶風歌〉云：

〔註62〕「鬒」，《裨海紀遊》粵雅堂刻本、黃叔璥《臺海使槎錄》、范咸《重修臺灣府志》〈藝文〉、余文儀《續修臺灣府志》〈藝文〉、薛志亮《續修臺灣縣志》〈藝文〉、盧德嘉《鳳山縣采訪冊》〈藝文〉、連橫《臺灣詩乘》作「鬢」。

〔註63〕「紅」，黃叔璥《臺海使槎錄》作「朱」。

〔註64〕「馬」，黃叔璥《臺海使槎錄》、范咸《重修臺灣府志‧藝文》、王瑛曾《重修鳳山縣志‧藝文》、余文儀《續修臺灣府志‧藝文》、薛志亮《續修臺灣縣志‧藝文》、盧德嘉《鳳山縣采訪冊‧藝文》、連橫《臺灣詩乘》皆作「媽」。

〔註65〕參考連橫：《臺灣詩乘》。

事急矣，<u>划水求仙</u>，披髮執箸虛搖船。牛馬其身蹄其手，口銜珠勒
加鞍韉。雷霆一震黃麻宣，金雞放赦天所憐。扶歔盡仗六丁力，中
原一髮投蒼烟。芒刺在背鉗在口，自量歸渡霜盈顛。爲舉一杯酹南
斗，胡爲乎職司喉舌而箕張其口？

語調承襲楚辭中巫師祭天的口吻，將遇難時划水仙的情形描繪的極傳神。

　　各地供奉的水仙尊王各有不同，多以善於治水的大禹爲主，配祀伍子胥、
屈原、王勃、李白四位爲合神，俗稱「一帝、二王、二大夫」。臺灣的水仙王
廟，計有 11 座，以澎湖最多。

　　澎湖四面環海，全年降水不及需水量，且風速大土壤貧瘠，農業的發展
受到自然環境極大的限制。因此，漢人移墾澎湖，大多從事海洋性質的產業，
宗教信仰也與海洋神明息息相關，「水仙尊王」即爲最典型的海洋信仰。澎湖
的寺廟以水仙爲主神的有馬公市中央里的水仙宮、馬公市崎裡水仙宮、馬公
市虎井水仙宮、湖西鄉潭邊村水仙宮、白沙鄉大倉村水仙宮等。澎湖的水仙
尊王是大禹、伍子胥、屈原、項羽與魯班。其中，馬公水仙宮還是臺澎地區
最早建立的，於康熙三十五年（1696），由水師游擊薛奎所建，爲清澎湖水師
官兵、郊商航戶、漁夫水手所崇拜。清代媽宮的水仙宮與媽宮天后宮、觀音
亭、城隍廟、關帝廟等，都受到官府的勒宮祀典、春秋二祭，見其受重視之
程度。《澎湖紀略・地理紀》也記載划水仙的信仰：「其法在船諸人，各披髮
蹲舷，以空手作撥棹勢、假口作鉦鼓聲，如五月競渡狀；即檣傾柁折，亦可
破浪穿風，疾飛抵岸。其靈應如響，亦甚殊絕矣哉！」所載與《采硫日記》、
孫元衡〈颶風歌〉稍有不同，他不是拿匙、箸，而是空手作撥棹的動作。說
來也神奇，即使是檣傾柁折，也可破浪穿風，疾飛抵達岸邊。靈驗之蹟令人
稱奇，水仙尊王也因此深受人們信仰。

# 第三節　神話傳說與涉海事蹟

　　世界無奇不有，從古籍中看到諸多今人未遇的事蹟。古人言之鑿鑿，今
人視爲傳說。〔註 66〕古籍中載有許多海洋方面的神話傳說，不論科學的眞
實性與否，這些都成爲文學創作的資糧。在澎湖古典詩中常見的有鮫人居

---

〔註66〕今人將諸多科學尚未應證的說法，視爲人們想像的，非眞實存在，名爲神
　　　　話、傳說。筆者認爲或眞有其事，就像傳言已久的飛碟、ET 外星人，今已被
　　　　證實。

海底織綃，蓬萊仙山、精衛塡海、仙人乘槎等。另一進入詩作的還有歷史涉海事蹟，我國五千年歷史，雖以陸地生活爲主，亦有數則廣爲人知的涉海事蹟，如徐福入海求仙、田橫義士避居海島等。因爲離陸地而活動，更顯其特殊，故常被海洋文學所引用，澎湖古典詩亦見多處援引入詩。茲論述如下：

## 一、海洋神話傳說

### （一）鮫人織綃

干寶《搜神記》云：「南海之外，有鮫人，水居如魚，不廢織績，其眼泣，能出珠。」〔註67〕《太平御覽》引張華《博物志》云：「鮫人從水出，寓人家，積日賣絹，將去，從主人索一器，泣而成珠，滿盤以與主人。」記著南海之外的海底有鮫人居住，手能織綃，常上岸賣綃，眼還能泣珠滿盤送給主人。南海鮫人織綃泣珠的美麗傳說，使海洋多一分浪漫色彩，也成歷來寫作海洋文學常用的典故。

林豪〈將之澎湖書別〉：「蜑女波中出，鮫人水底眠。」〔註68〕魏潤庵〈澎湖文石歌〉：「吾聞澎湖位置大瀛西，浪花亂打鮫入宅。」〔註69〕引用大海有鮫人居之的傳聞。

范學珠〈澎湖三十六島歌〉云：「南嶼原有鮫人住，後以風濤居始遷。」所賦內容頗特別，就其文意看並非傳說，而是眞有鮫人居住在澎湖的南嶼，因風濤過大而遷往他處。這是一則頗令人震驚的史料。

乾隆年間，澎湖通判張湄〈澎湖暮春課士〉：

> 珊瑚網下鮫人窟，蚌蛤珠胎夜月中。爲語芸窗勤講肄，菁莪樂育望無窮。

以澎湖海產珊瑚，及海底鮫人居泣珠，詠澎湖珠貝豐盈、物產豐美，稱指自己所作育的澎湖士子，當亦如此地物產，前途一片看好。

陳廷憲〈澎湖雜詠〉二十首之十四云：

> 裙布終身旣富饒，翻嫌羅綺太輕飄。桑麻機杼渾多事，自有鮫人會織綃。

---

〔註67〕晉・干寶：《搜神記》（臺北市：里仁書局，1982年），卷12，頁154。

〔註68〕此詩收於《誦清堂詩集》卷八《澎海草》。

〔註69〕此詩收於《潤庵吟草》。

寫澎湖男男女女，居家穿著素樸的青布衣裙，習俗勤儉，不尚華麗，很有唐魏遺風。又澎湖地不適宜種桑麻，當然就無紡績之事。陳廷憲不直說原因，卻打趣的說「自有鮫人會織綃」，「桑麻機杼」都是多餘的。

## （二）蓬萊諸仙山

蓬萊神話起源於山東沿海一帶，自春秋、戰國時期開始發展，於秦皇、漢武時達到高峰。蓬萊諸仙山的神話傳說，《列子・湯問》如是記載：

> 渤海之東不知幾億萬里，有大壑焉，實惟無底之谷，其下無底，名曰歸墟。八絃九野之水，天漢之流，莫不注之，而無增無減焉。其中有五山焉：一曰岱輿，二曰員嶠，三曰方壺，四曰瀛洲，五曰蓬萊。其山高下周旋三萬里，頂平處九千里。山之中間相去七萬里，以為鄰居焉。其上臺觀皆金玉，其上禽獸皆純縞。珠玕之樹皆叢生，所居之人皆仙聖之種；一日一夕飛相往來者，不可數焉。而五山之根無所連著，常隨潮波上下往還，不得暫峙焉。仙聖毒之，訴之於帝。帝恐流於西極，失群仙聖之居，乃命禺彊使巨鼇十五舉首而戴之。迭為三番，六萬歲一交焉。五山始峙而不動。而龍伯之國有大人，舉足不盈數步而暨五山之所，一釣而連六鼇，合負而趣歸其國，灼其骨以數焉。於是岱輿員嶠二山流於北極，沈於大海，仙聖之播遷者巨億計。〔註70〕

《列子・湯問》這段資料，載著渤海中原有岱輿、員嶠、方壺、瀛洲、蓬萊五座仙山，各自差距七萬里，底不並無根相繫，常隨著潮汐上下。漂浮不定的仙山，令眾仙往來各島苦不堪言。天帝擔心仙山流到西極，於是命令海神禺彊，派十五隻巨鼇，分為五組，每組三隻，負責頂著一座仙山，每六萬年輪班一次。漂浮海上的五座仙山，終於固定於海上。但是一次龍伯國的巨人，舉足不到數步，便到了五山之所，竟一釣釣走了六隻鼇，使得岱輿、員嶠無巨鼇可頂，流到北極，沉入深海，五座仙山就剩下三座。

《史記・封禪書》的記載如下：

> 自威、宣、燕昭使人入海求蓬萊、方丈、瀛洲。此三神山者，其傳在勃海中，去人不遠，患且至則船風引而去。蓋嘗有至者，諸僊人及不死之藥皆在焉。其物，禽獸盡白，而黃金、銀為宮闕。未至，

---

〔註70〕列禦寇：《列子》（臺北市：金楓出版社，1998年），頁149。

望之如雲，及到，三神山反居水下。臨之，風輒引去，終莫能至云。世主莫不甘心焉。及至秦始皇并天下，至海上，則方士言之不可勝數。始皇自以爲至海上，而恐不及矣，使人乃齎童男女入海求之。船交海中，皆以風爲解，曰未能至，望見之焉。其明年，始皇復游海上，至琅邪，過恆山，從上黨歸。後三年，游碣石，考入海方士，從上郡歸。後五年，始皇南至湘山，遂登會稽，並海上，冀遇海中三神山之奇藥。不得，還至沙丘崩。〔註71〕

《史記·封禪書》與《列子·湯問》共同記載著（一）仙山所在地：在渤海中。但《史記》所載去海岸不遠，卻難以登臨。《列子·湯問》所載是去渤海東不知幾億萬里遠。（二）仙山居住環境：宮闕金碧輝煌、禽獸盡爲白色、仙人出入神山。《史記》載仙山有長生不死仙藥，《列子》未載。

　　此外，尚有幾點不同，（一）《列子》載有仙山原有五座，底部不相連，隨潮上下，天帝命禺彊派巨鼇頂著，固定著。後被龍伯國的巨人釣走六隻鼇，漂走岱輿、員嶠二座，遂剩三座。《史記》未載。二書記神山名稱亦稍異，《列子》稱方壺、瀛洲、蓬萊，《史記》稱蓬萊、方丈、瀛洲。（二）《史記》載著仙山的存在樣態，異於尋常海島。尋仙者未至仙山，遠望如雲；接近仙山，三神山竟沉入水中；抵達仙山，「風輒引去」。仙山存在形態因人之探訪而變動，與人類保持著若即若離的距離，更增加其神秘感。《列子》未載。（三）《史記》載有人、帝王求仙的舉動。《列子》則無。仙山的夢幻華麗和長生不死藥，誘引著一心企求仙境及長生不死藥的君王。齊威王、齊宣王、燕昭王皆曾派人入海求三神山。秦始皇併天下，巡行到海，方士在旁大加宣說，秦始皇也起尋訪仙山的念頭，不得，後還遣徐福〔註72〕率童男童女入海求訪。然仙山沒這麼容易被尋得，秦始皇尋訪多次，到死仍不得見。帝王求仙的舉動，更強化了海上蓬萊諸仙山的神秘性，以及人類嚮往此境，對蓬萊諸仙山抱著夢幻般的期待。

　　蓬萊諸仙山就在海上，故成爲書寫神秘夢幻海洋時，常用的典故。臺澎與內地遙隔大海，清人總把它想像成是古書所載的蓬萊仙島。清詩中常將臺灣、澎湖、弱水等環水之島嶼，稱爲蓬萊仙處。乾隆十四年（1749），諸羅

---

〔註71〕瀧川龜太郎：《史記會注考證》，頁502。

〔註72〕《史記·秦始皇本紀》云：「齊人徐市等上書，言海中有三神山，名曰蓬萊、方丈、瀛洲，僊人居之，請得齋戒，與童男女求之。於是遣徐市，發童男女數千人，入海求僊人。」

知縣周芬斗〈金雞曉霞〉云：「得瑞先鳴澎靄浮，朝朝彩綺擁滄洲。望同旭日臨仙掌，疑是祥雲護曉籌。卅六煙波烘赤澳，萬千氣象照紅樓。蓬萊有客披星採，五色霞光載滿舟。」寫金雞嶼的曉霞時，即以蓬萊指稱澎湖。乾隆十七年（1752），臺灣府儒學教授謝家樹〈黑水溝〉云：「萬斛塵心都蕩盡，蓬萊咫尺浪颼颼」以蓬萊稱臺灣。乾隆十六年（1751）巡臺御史錢琦，〈泛海〉云：

> 況聞蓬萊方丈咫尺塵隔斷，世乏仙骨誰梯航？因風誤到更可喜，底用禍福先周防？臺陽一番島，宛在水中央。古稱毘舍耶，或云婆娑洋。

錢琦歷海時遭遇大風，心中還想著若非仙骨焉能到蓬萊，今若因風誤打誤撞，那豈不是人間一大快事，所以凡事也就不必那麼快斷論是福，或是禍了。詩中見其豁達的心胸。

日治時楊爾材（1882～1953）〈歸鄉舟中作〉云：「民國三十三年，三月二十三日。春風拂柳堤，一輪紅日出。高雄買棹歸，旗鼓壯帆疾。……俄頃渡黑水，乘船騎馬似。船身覺動搖，濤翻波浪起。古說渡飛仙，蓬萊弱水是。未幾黑水過，波平浪亦止。」〔註73〕這一首楊爾材離開家鄉三十載，時年六十二之作。通篇以途中風光地名入詩，寫出歸鄉雀躍之情。經過黑水溝時，濤翻波浪起，船身晃動，心想這大概就是古來傳說的蓬萊弱水吧！亦以蓬萊寫故鄉澎湖。

對於蓬萊的想像，原是美麗漫妙的，但親臨時，或因心性的修養，或因俗事的干擾，可能與心中的期待有所落差，而感到失望。吳性誠來到澎湖，從〈澎湖九日登高〉可看到他對人們口中的蓬萊仙島，失望之情，詩云：

> 曾聞海外有仙山，無那蓬萊是此間。斷嶺排衙分遠近，平岡列障抱灣環。幾人蠟屐堪遊展，何處雲深可扣關。島嶼縱橫三十六，扶筇指點且開顏。

怎麼人人口中的海外仙山，竟是如此？另一首〈入山歌〉寫臺灣高山住民，詩云：「莫認蓬萊可訪仙，荒煙蔓草翠微巔。……寄語番奴休殺人，殺人天譴不可測。」〔註74〕同樣表現他踏入人們口中的蓬萊仙山，失望至極。眼看盡是荒煙蔓草、人未開化。從諸詩中可見傳言中的臺、澎仙山的兩樣情。

---

〔註73〕　此詩收於楊爾材：《近樗吟草》。
〔註74〕　此詩收於周璽：《彰化縣志‧藝文》。

## （三）精衛填海

《山海經・北山經》載有精衛銜西山木石填東海的淒美傳說：

> 又北二百里，曰發鳩之山，其上多柘木。有鳥焉，其狀如烏，文
> 首、白喙、赤足，名曰精衛，其鳴自詨，是炎帝之少女，名曰女
> 娃。女娃遊于東海，溺而不返，故爲精衛，常銜西山之木石，以堙
> 于東海。〔註75〕

炎帝的女兒遊於東海，卻溺斃，說明了人類涉海的危險。炎帝之女死後魂魄化成像烏鳥，文首、白喙、赤足的精衛鳥，常銜西山的木石，要將東海填平。這無疑是蚍蜉撼大樹，卻展現人類一心想征服大自然的渴望。人們同情精衛，欽佩精衛，而將這悽美的傳說，化進詩句。

盧若騰〈將士妻妾汎海遇風不任眩嘔自溺死者數人作此哀之〉：

> 少婦登舟去，風濤不可支。眩眸逢蝍蛆，豔質嫁蛟螭。盡室爲遷客，
> 招魂復望誰。化成精衛鳥，填海有餘悲。〔註76〕

此詩藉用精衛涉海身亡寫出那些爲了渡海來台與丈夫相會，卻不敵無情風浪，不任眩嘔自溺死者的悲哀。當時金、廈地區人民冒著風浪渡海來臺，尋找生活的出路，有不少葬身魚腹，「盡室爲遷客，招魂復望誰」，想是人間最大的悲哀無奈。

盧若騰悲將士妻妾，林豪悲盧若騰。在風雨飄搖的明末，盧若騰最後也決定東渡臺灣，蒼天捉弄卻客死澎島。林豪〈詠臺陽古蹟十二首〉副題〈軍門墓〉〔註77〕，云：「千山木石移難去，精衛心長誰汝助。淒風苦雨吹扁舟，流到東南天盡處。」〔註78〕詩中哀盧若騰，駕著扁舟，淒風苦雨來到東南天盡處，卻葬於澎島。「千山木石移難去，精衛心長誰汝助」以精衛微薄的力量，是難移千山木石，將東海填平的；以少數人微弱之力，是難將大明江山收復的。其間流露著明末遺臣流亡海外忿懣之痛。〈重陽前二日同澎湖諸生遊太武山謁盧牧洲遺墓〉又云：「靖海營空水氣腥，霞關兵撤閩事去。精衛心長可若何，剩水殘山莽飛絮。年年航海欲何歸，回頭望斷西陵樹。海風瑟瑟吹

---

〔註75〕 袁珂校注：《山海經校注》（臺北市：里仁書局，1982 年），頁 92。

〔註76〕 此詩收於《島噫詩》，又載《留庵詩文集》。《留庵詩文集》題作〈哀溺海〉，詩序云：「將士妻妾汎海遇風，不任眩嘔，自溺死者數人；作此哀之」。

〔註77〕 詩序云：「明金門盧中丞若騰，號牧州，避地至澎，卒葬太武山上，著述甚富。詳《廳志》。」

〔註78〕 此詩收於《誦清堂詩集》卷七《臺陽草・下》。

扁舟，吹到東南天盡頭。」〔註 79〕以同樣的基調寫復明難成，孤塚流落他鄉之悲。

嘉慶十七年（1812），澎湖通判吳性誠〈澎湖九日登高〉六首之二云：「天際微雲一抹青，石啣精衛滿煙汀（澎島皆石結成）。波喧鼉鼓潮聲息，風過魚梁水氣腥。」則以澎湖島都是由石結成，聯想起澎湖島莫非是精衛銜石塡海而成。

精衛塡海的神話原型，在海洋文學中，透過作家的浪漫想像，藝術加工，具有豐富的意象。作家或記精衛的不幸遭遇及其遺恨寫人間悲情，或取其塡海成地寫澎島之來由，展現出多樣丰采，豐富海洋文學的內涵。

### （四）乘槎傳說

澎湖居海中，環境極易引起詩人聯想乘槎的傳說，屢見於詩，蘊含深厚的文化意義。

乘槎傳說起於魏晉時期，傳說的主體定型於北朝，盛於唐代。乘槎傳說概可歸爲兩大主線：(1)浮槎泛海傳說；(2)溯河源與張騫傳說的結合。〔註 80〕二說均見於澎湖海洋古典詩中，以下就此分論之。

#### 1. 浮槎泛海傳說

關於乘槎泛海傳說的詳細記載，主要有兩處。一爲秦代方士王嘉《拾遺記》卷一，云：

> 堯登位三十年，有巨查浮於西海。查上有光，夜明晝滅，海人望其光，乍大乍小，若星月之出入矣。查常浮繞四海，十二年一周天，周而復始，名曰貫月查，亦謂挂星查。羽人棲息其上，羣仙含露以漱，日月之光則如暝矣。虞夏之季，不復記其出沒，遊海之人，猶傳其神偉也。

一爲晉張華《博物志》卷十，載：

> 舊說云天河與海通。近世有人居海渚者，年年八月有浮槎去來，不失期。人有奇志，立飛閣於查上，多齎糧，乘槎而去，十餘日中猶觀星月日辰，自後茫茫忽忽亦不覺晝夜。去十餘日，奄至一處，有城郭狀，屋舍甚嚴。遙望宮中多織婦，見一丈夫牽牛渚次飲之。牽牛人乃驚問曰：「何由至此？」此人具說來意，并問此是何處，答曰：

---

〔註 79〕 此詩收於《誦清堂詩集》卷八《澎海草》。

〔註 80〕 趙炳祥〈乘槎傳說的文化史意義考察〉（《新疆師範大學學報》（哲學社會科學版），第 1 期，1997 年）一文，針對此議題有詳細的論述。

「君還至蜀都訪嚴君平則知之。」竟不上岸，因還如期，後至蜀，問君平，曰：「某年月日有客星犯牽牛宿。」計年月，正是此人到天河之時。

《博物志》與《拾遺記》關於浮槎的記載，雖有差異，但仍有共通的基礎：一爲巨大的浮槎，二爲浮槎具有神異性，三爲往來大海不失期。

孫元衡詩中常用仙人乘槎事典，表達其複雜的情緒。〈抵澎湖澳〉：「此間未是埋憂地，貫月浮槎正渺茫。」也擬乘槎到仙境。另一首〈戲成示客〉云：「瀛南曾見幾浮槎，望古多才似尚誇。文祭鱷魚悲瘴嶺，賦成鵩鳥哭長沙。一身絕國眞逢鬼，萬里滄溟浪憶家。最笑青衫白司馬，九江便道是天涯。」〔註81〕孫元衡來到臺灣這「絕島」，眞是碰到鬼，茫茫萬里滄溟，那有古人說的仙人浮槎，古人未免太誇大了！看到臺灣的環境，孫元衡牢騷滿腹。又〈秋日雜詩〉，二十首之二云：「八月潭如夏，冰紋枕簟斜。渴虹淹潦暑，毒霧荠風沙。破夢無名鳥，傷心未見花。自憐情漫浪，更擬著浮槎」〔註82〕再寫臺灣秋日惡劣的環境，一點都不美，讓人失望透頂，自憐是位浪漫的人，擬泛浮槎求仙去。浮槎成爲對美好事物的想望與追求。

另一詩作是由美好事物興起乘槎的浪漫懷想，如余文儀〈自題渡海圖〉二首之一云：

一舟似芥託波瀾，水立風馳洶大觀。日月吐吞成四照，江河羞澀等微湍。舉頭但覺星辰近，放眼從知天地寬。便欲乘帆〔註83〕溯牛斗，珠光龍氣試回看。〔註84〕

余文儀題渡海圖詩，寫一舟如芥行於波瀾，浪屛立，風馳騁，江河不足觀。舉頭星辰如近在咫尺，但放眼望去，才知天地寬闊無垠。面對此景，也讓余文儀浪漫地想像如果眞有靈槎可駕馭，他也要乘槎長往渺遠的雲漢，殷勤探看那兒的珠光龍氣。胡建偉〈十三澳詩〉副題〈嵵裏澳〉云：「四邊無樹浪爲花，豬母雲趨落水涯。看徧魚龍思結網，蕩搖星斗快乘槎。」也是由眼前美景，而起乘槎之興。當然，景色美醜端看心情，角度不同，自有不同體會，陳廷憲〈澎湖雜詠〉二十首之六云：「重驛難通異地賓，與臺陪隸是比鄰。不逢徐福求仙至，那有乘桴訪戴人。」寫到澎湖並沒碰到徐福，更沒有浮槎仙

---

〔註81〕 此詩收於孫元衡《赤嵌集》。
〔註82〕 此詩收於孫元衡《赤嵌集》。
〔註83〕 「帆」，連橫《臺灣詩乘》作「槎」。
〔註84〕 此詩收於余文儀《續修臺灣府志・藝文》。

人，沒什麼特別。

日治時代楊爾材〈秋槎〉云：「乘槎軼事杳悠悠，天上飛行喜有舟。欲上銀河尋織女，私心生恐犯牽牛。」〔註85〕詩句幽默逗趣，寫搭乘飛機的經驗。另〈飛行機〉二首之二云：「果然一葉會凌空，博望乘槎竟不同。」〔註86〕也引用乘槎典故。天上行舟與海上行舟比對一番，讓我們看到科技的進步，與新題材展現的時代意義。

### 2. 溯河源與張騫傳說的結合

關於溯河源與張騫傳說的記載，見於《太平御覽》卷五十一〈地部十六·石上〉：

> 《荊楚歲時記》曰：張騫尋河源，得一石，示東方朔。朔曰：「此石是天上織女支機石，何至於此？」

《太平御覽》記著張騫尋河源，得到一石，東方朔告訴他說，這是天上織女的支機石，怎麼會到這兒？這樣的一則傳說，後常為詩人浪漫的聯想。錢琦〈後渡海詩〉，則是面對澎湖的海景，有著如下浪漫的聯想：

> 島嶼灣灣三十六，孤篷夜向灣頭宿。……三三兩兩漁舟聚，習水如飛導前路。漢使秋乘斗畔槎，漁人春入桃源渡。萬家煙火畫圖中，沙礁鐵線鎖重重。〔註87〕

澎湖島嶼眾多，港灣曲繞，錢琦孤舟要夜宿灣頭，三三兩兩的漁舟靠近，因習水性，輕盈如飛的引導他前進。錢琦自船上望向澎湖灣的夜景，萬家煙火畫圖中，讓他浪漫地想像自己真如張騫乘槎，隨著漁人如入桃源。

謝家樹〈放洋〉：「眼底澄清身入鏡，胸中灑落艦飛花。分明絕景人難識，枉羨張騫泛月槎。」寫自己放洋的經歷不比張騫泛槎差。

楊爾材〈張騫〉三首之三云：「聞道君家佳〔註88〕海邊，浮槎軼事至今傳。行人爭說成都觀，尚有支機石一拳。」〔註89〕楊爾材以張騫為題，起句寫的是自己，就住在海邊，後緊扣著張騫浮槎事書寫，言傳說至今仍流傳著，流傳著成都觀，現在還有支機石。張騫浮槎與行舟有關，故海洋文學書寫放洋

---

〔註85〕 此詩收於楊爾材《近樗吟草》。
〔註86〕 此詩收於楊爾材《近樗吟草》。
〔註87〕 此詩收於彭國棟《廣臺灣詩乘》，又載吳幅員《臺灣詩鈔》、陳漢光《臺灣詩錄》。《臺灣詩鈔》、《臺灣詩錄》題作〈後渡海歌〉。
〔註88〕 《近樗吟草》原刊本作「佳」，應是「住」字之誤。
〔註89〕 此詩收於楊爾材《近樗吟草》。

常會與之聯結在一起。

## 二、涉海歷史事蹟

### （一）徐福入海求仙

關於徐福入海求仙事，《史記》卷六〈秦始皇本紀〉載：

> 齊人徐市等上書，言海中有三神山，名曰蓬萊、方丈、瀛洲，僊人
> 居之，請得齋戒，與童男女求之。於是遣徐市，發童男女數千人，
> 入海求僊人。

齊國人徐市（徐福）〔註90〕等上書秦始皇，稱說海中有三座神山，名叫蓬萊、方丈、瀛洲，有仙人居住，請皇上齋戒，帶童男女求之。秦始皇二十八年，於是派遣徐市，率領童男童女數千人，入海求仙人。對於徐市所帶童男女，最後到了何處？是否就停留該處？傳言版本甚多。但不論真實為何，每當詩人歷海時，總會聯想起徐市帶童男女入海求仙的事。胡建偉〈渡海紀行〉云：「酒酣夜半擊楫歌，刮起黃頭盡傾耳。最憐徐福三千人，昔年過此曾問津。求仙採藥那可得，至今漆齒作文身。」渡海時便想起秦時的徐福曾帶著三千童男女也涉此海。胡建偉認為求仙採藥是不可能的，落得漆齒文身，回不了中原。此為臺灣原住民來源說之一。劉伯琛〈渡海歌〉云：「方壺員嶠彷彿見，蛟宮蜃市豈盡言荒唐。徐福田橫久已逝，聲消跡泯誰能詳。但見金烏玉蜍浴萬古，呼吸近欲通天閽。」渡海也想起了徐福入海求仙事。劉伯琛認為神山傳說、蛟宮蜃市是可信的，在他航海過程似乎也遇到不可思議事。

道光二十九年（1849），臺灣府學任訓導劉家謀賦〈哀澎民〉，四首之二云：

> 姹女童男滿載來，翻疑徐福十洲回。……（飢民載男女鬻於郡，徐廉訪喻
> 官紳捐貲收養之，未有以應也。余力薄言輕，商諸都人士，頗有踴躍者，亦以費多
> 為難。）〔註91〕

寫他看到飢民載著男女鬻於府城臺南，從反面書寫這是不是徐福帶著數千童男女從十洲回來了。徐福入海提供了文人各自不同面向的寫作元素。

---

〔註90〕陳士元《名疑》卷四云：「秦方士徐市，《漢書》作徐福。按字書「市」即古「巿」字。漢時「福」、「巿」字通用。」「巿」、「市」、「福」三字因音近而通用，典籍多作徐福。

〔註91〕收於《觀海集》卷四。

## （二）田橫義士

田橫五百士的故事最早見於司馬遷的《史記·田儋列傳》，記載著田橫帶領部下五百餘人，避難入海居島中（此島今謂田橫島，在山東），不受劉邦招降，全自刎的一則悲壯故事。〔註92〕這種不屈的精神與忠烈的行徑，與明末遺臣不願投降，隨鄭成功渡海到臺灣的處境，極為相似。鄭成功〈復臺〉云：「開闢荊榛逐荷夷，十年始克復先基（太師會兵積糧于此，出仕後為紅毛荷蘭夷酋弟揆一王竊據）。田橫尚有三千客，茹苦間關不忍離。」〔註93〕亦以田橫自比，身邊也有茹苦間關不忍離的義士。

清時以田橫島指稱臺灣，蓋與鄭成功率軍以臺灣為反清復明的基地相關，趙翼〈海上望臺灣〉即云：「極目蒼茫浪接天，中藏掌大一山川。當年曾比田橫島（舊為海逆鄭成功所據），今日重煩楊僕船。」〔註94〕吳德功〈詠史七律三首〉副題〈明延平王〉：「樓船航海渡東寧，戰退紅毛闢赤城。擊楫渡江同祖逖，屏居絕島效田橫。」〔註95〕林臥雲〈鄭成功開臺三百年紀念聯吟大會賦呈紀盛〉云：「暗掬孤臣淚，深懷故國情。忠堪侔信國，義不愧田橫。父老欽貞烈，崇祠次第營。開台尊鼻祖，巍鎮荊桐城。」諸詩記載著鄭成功到臺灣的這段史事，但明顯可見對鄭成功的觀感不同，趙翼小註中稱鄭成功為「海逆」，貶意可見。吳德功以之比擬祖逖、田橫，林臥雲稱其義不愧田橫，為開臺鼻祖，褒意可見。不論褒貶，自此臺、澎古典詩中常見田橫事典。

齊體物泊舟澎湖，寫下〈澎湖嶼〉云：「海外遙聞一島孤，好風經宿到澎湖。……登臨試問滄桑客，猶有田橫義士無。」登臨澎湖島，遙想當年田橫不受投降的屈辱以及義士殉主的精神，不禁發出深深的一問——猶有田橫義

〔註92〕　田橫（前250～前202年）是秦末齊國舊王族，齊王田氏的後裔，繼田儋之後為齊王。陳勝、吳廣起義抗秦，四方豪傑紛紛響應，田橫一家也是抗秦的部隊之一。漢高祖消滅群雄，統一天下後，田橫同他的戰友五百人入海。漢高祖聽說田橫深得人心，擔心日後為患，便下詔令：若田橫投降，便可封王或侯；若不來，便派兵去把島上的人通通消滅。田橫為了保全島上五百人的生命，便帶了兩個部下，離開海島，前往洛陽。但到了離洛陽三十里的地方，田橫便自刎而死，囑同行的兩個部下拿他的頭去見漢高祖，表示自己不受投降的屈辱，也保全了島上五百人的生命。劉邦用王禮葬他，並封那兩個部下做都尉，但那兩個部下在埋葬田橫時，也在田橫塚旁挖一穴，自刎倒於穴中。劉邦派人去招降島上的五百人，但他們聽到田橫自刎，便都自殺而死。

〔註93〕　此詩收於《延平二王遺集》。

〔註94〕　收於《甌北集》。

〔註95〕　收於《瑞桃齋詩稿》。

士無？問古亦問今。

　　同治八年（1869），受淡水同知陳培桂之聘，纂修《淡水廳志》的楊浚（1830～1890），〈澎湖弔古歌〉云：

> 河山半壁足千古，海上孱王留片土。三十六嶼邸苑開，蠣灘咫尺生
> 風雨。憶昔千艘金廈來，七年監國胡爲哉。將軍騎鯨去不返，空令
> 賦手歌大哀。吁嗟乎，田橫穿冢五百人，至今絕島爭嶙峋。桑田三
> 淺無復道，付與漁郎來問津。〔註96〕

澎湖在明末清初所擔任的角色，與漢高祖消滅群雄後，田橫率戰友五百餘人入海島，頗相似，因此憑弔澎湖時，詩人常遙想起田橫義士，與之聯結書寫。林豪〈澎湖弔古歌〉云：「鷺門老將昔傳兵，十道戈船拜表行。橫海百年開樂土，乘風一戰下東瀛。……此地滄桑感廢興，夕陽故壘弔田橫。惟有忠魂消未得，年年嗚咽怒潮聲。」〔註97〕將明末渡臺遺臣與田橫義士相扣，寫這歷史上令人可歌可泣的忠臣義士。時間雖已逝，然忠魂不滅，年年藉由嗚咽的潮聲訴說著他們的故事。

# 第四節　船務素描

　　海中航行，有船有人，船中工具，有帆、櫓、碇、舵、指南針、探水器、沙漏等；最重要的船中有人，亞班、舵公等，各司其職，船方能行走。一趟航行需具備諸多元素，這在詩人眼中都是了不得的。以下即論述詩人眼中的船上，大大小小的人與物。

## 一、亞班

　　在海洋文學中最常被詩人歌頌描繪的，就是在桅杆上爬上爬下的亞班。「亞班」，又名阿班、鴉班，負責整修船帆、帆索、掛旗、軸艫、航行中爬上船桅望白，判別方向的重要人物。其身手矯健，在桅杆上忽上忽下，動作極富藝術形象，最易吸引他人目光，因此常成爲詩人筆下的素材。劉家謀〈海舶雜詩〉四首之三云：

> 西北風來信不差，鴉班桅頂語聲譁。三帆張盡嫌難飽，更帶雙行小
> 插花（登桅望向、整理篷索者曰「鴉班」。風順，三帆並張，兩旁加

---

〔註96〕收於《冠悔堂詩鈔》。
〔註97〕收於《誦清堂詩集》卷八《澎海草》。

布帆曰「插花」）。〔註98〕

詩自註登上桅頂望向，整理篷（帆）索的人，稱曰「鴉班」。此詩描寫鴉班爬上桅頂，整理帆索的情形，讓我們得以想像帆船時代是如何操作篷索的。林樹梅〈渡臺紀事〉「亞班登桅巔，整帆虞風折（亞班，海舟理帆繩者。）」寫亞班爬上桅杆整帆以防被風折斷。沈金榮〈丁巳九月二十日泊澎湖即景〉：

> 海水連天沸千斛，夜半風平較蠡伏。亞班同上舵樓看，澎湖一點烟中卜。少焉日出扶桑頭，峭帆飛指西嶼麓（臺、廈往來之船，皆視西嶼為標準）。

載亞班上舵樓眺望西嶼頭情形。看到西嶼頭，代表航行方向正確，接著船隻繼續前進，會看到貓嶼、花嶼，張湄詩云：

> 浩瀚乾坤不見山，水晶圓城覽周環。憑誰探取貓花嶼，桅末飛騰兩亞班。

在海天相連如水晶的圓城，只見浩瀚海水不見山，東西南北在何方？誰來探取貓、花嶼？憑靠著飛騰桅末的兩位亞班。詩以飛騰形容亞班俐落身手，並見當時橫洋船上有亞班兩人，沈金榮詩亦云「亞班同上舵樓看」，足證。張湄另一詩〈泊澎湖〉：「針盤遠指天南交，蒼茫四矚心惘勞。直上桅尖索西嶼，亞班趫捷如飛猱。」詩將趫捷的亞班喻為飛猱，形象地表現其身手俐落。錢琦〈泛海〉云：「出海與亞班，神色俱倉皇。飛身上桅杪，指南憑鍼芒。」亞班在晃動不已的船上，飛身迅捷地上下桅杆，令人嘖嘖稱讚，又為其捏一把冷汗。在茫茫大海中，大家心惘勞時，亞班是指引方向，安定人心的重要角色。

## 二、帆

海洋文學中，帆又作蒲帆、蓬、篷，皆指平衡折疊竹篾帆。宋、元以後的大型海舶，都採用多桅多帆、帆面寬闊的平衡折疊竹篾帆。清時臺廈航線，需越大洋，故採用大型海舶。帆的設計精良，代表馭風能力的提升，使船能驅八方之風，連續航行。甲板上高聳的船帆，是海舶最易辨識的視覺印象，尤其船身半隱沒於海水，帆便成為辨識遠方海舶的明顯標誌，〔註99〕因此也成為詩人筆下最常提及的物件，甚且代稱整艘「船」的意象，如「孤帆遠影碧山盡」即是。

---

〔註98〕此詩收於《觀海集》卷一。
〔註99〕參考陳清茂：《宋元海洋文學研究》，頁389。

　　澎湖海洋作家筆下，帆除實指帆外，常常亦是船舶意象的代表，常見於各作品中，如孤帆、舟帆、千帆、雲帆、征帆，「又擊中流楫，孤帆一葉輕。……怒潮掀白馬，地軸翻籠鯨。舟帆來往斷，緩急阻水程。」（吳性誠〈初到澎湖歌〉），「千帆標倒影，一抹夕陽斜」（婁廣〈西嶼落霞〉），「滿張雲帆夜濟海」（孫元衡〈乙酉三月十七夜渡海遇颶天曉覓澎湖不得回西北帆屢瀕於危作歌以紀其事〉）「一鈎新月隨帆轉，萬點眾星印水明」（烏竹芳〈漏夜放舟之澎湖〉），「征帆西指幾回還，天險孤懸島一灣」（沈長棻〈壬辰春，來澎隨辦賑務；臨行賦此，爲蔣懌荃刺史誌別〉）。

　　部分作家對帆的操作加以描寫，如(1)揚帆、挂帆，準備啓航：「只合乘潮討海爲新畬，揚帆掉槳爲犁鋤」（胡建偉〈澎湖歌〉）、「我從廈口挂帆來」（周凱〈留別八首和徐幼眉大令（必觀）見贈韻〉），篷帆高挂取風，才能快速航行於海洋。(2)落帆，將桅頂繩索解開，帆落甲板：「東趨鹿耳四更餘，帆落龍門端暫息」（董相），篷帆有一定的重量，收篷時放掉繩索，即可快速落下，堆疊在一起，故收篷帆又曰「落篷」，此爲船隻準備靠岸、停船的動作，范咸〈二十六日晚泊澎湖〉：「收篷且寄泊，努力進餐飯」，所云即是。胡建偉〈到澎湖境〉云：「七更洋走十二時，白鳥翻飛鞭然喜（使槎錄云：近島嶼則有白鳥飛）。漁火星星漸漸明，到境不過三十里。風微卸蓆下櫓搖，齊心協力力足恃。引緪探淺復量深，恐防沙線與礁址。大船進港本來難，恰值今宵好潮水。」寫將抵澎湖時，看到白鳥翻飛，漁火點點，離岸不過三十里，當時風微弱，遂卸下篷帆，改以搖櫓方式進港。據詩句描寫，透露著幾個訊息：(1)航行看見白鳥飛翔，代表近島嶼。(2)進港前若遇風微，齊力改以搖櫓進港。(3)放慢船速，用緪線探水的深淺，並測知沙線與礁址，以防船擱淺或觸礁。(4)臺廈航線行駛大型海舶。

　　亦有描寫帆的具體結構，如劉伯琛〈南天夕照〉「數家漁網蘋洲外，十幅蒲帆翠靄中」，詩句所描寫的船帆，有兩個重點：(1)多達十幅的船帆，說明當時海舶噸位之大。(2)帆的材質爲竹篾夾蒲葉的平衡折疊竹篾帆。作家對帆的具體描寫，見清時帆之設計與宋、元時期海舶的主流設計相同。〔註100〕另外帆的外型高聳，因此常用「峭」字修飾，如沈鑅〈丁巳九月二十日泊澎湖即景〉：「峭帆飛指西嶼麓（臺、廈往來之船，皆視西嶼爲標準）」、孫元衡〈客以海圖見遺漫賦一篇寄諸同學〉：「銜命荷蘭國，峭帆截海腹」，描繪帆在海上

───────────────
〔註100〕參考陳清茂：《宋元海洋文學研究》，頁389。

的俊俏樣。

## 三、碇

　　收篷之後，就準備下碇。碇錨爲固定船隻的重要器物，有石碇、木石碇、鐵碇之分，重量要夠重，足以將船穩穩地捍住於萬丈深波。形狀有八爪型、單尖型，不論何種造型，最基本的概念就是要能牢牢抓住海底，讓船隻不會隨流漂走。

　　臺廈之間是屬深洋，帆船時代在大洋中要下碇，先用鉛錘試水，綁以椶藤草三緪，長約六、七十丈，探知底下是沙或是礁石，若是礁石就得避開，以防下碇後無法收回。林豪《澎湖廳志》記載著鹿耳門經澎湖到廈門，船上使用鉛錘的情形：

> 若島嶼可望，令望白者（曰亞班）登桅遠望：如無島嶼，則用棉紗爲繩，長六七十丈，繫鉛錘，塗以牛油，墜入海底，粘起泥沙，辨共土色，可知舟至某處。倘鉛錘粘不起泥沙，非甚深即石底，不可寄泊矣。〔註101〕

范咸〈二十六日晚泊澎湖〉詩云：「藤緪數百尺，用試水深淺（大洋中欲下碇，用鉛錘試水，椶藤草三緪，約長六、七十丈）。」小註也記載了以藤緪繫鉛錘試水。

　　文人書寫碇，常出現在啓航和靠岸時。胡建偉〈渡海紀行〉：「鷺門待濟匝月餘，一朝理楫心怡悅。鳴鑼擊鼓舟師迎，拔碇許許歡同聲。」寫在廈門候風等了足足一個月，終於待到適宜出航的日子，鳴鑼又擊鼓，鑼鼓喧天，開心的同聲歡慶齊拔碇，準備啓程航向澎湖。

　　林樹梅〈渡臺紀事（道光四年，家君署臺灣安平副總兵官，樹梅侍行。越二年歸，作〈渡臺記〉一篇。意有未盡，復成紀事詩，鴻爪雪泥，有不堪回首者已。）〉云：「拔碇出料羅，浪湧長空沒。」此二句爲林樹梅回憶道光四年（1824），其父署臺灣安平副總兵官，他陪侍同行，在廈門拔碇，航出料羅灣的情景。

## 四、舵（柁）與舵公

　　舵是調整航向的重要組件之一。在大海遇狂瀾，需迅速轉舵，改變航行方向，船頭順乘著浪，方不致翻覆，「大海狂瀾驚轉舵」（孫元衡〈危舟得泊晚飯書懷〉）。宋、元、清海船幾乎都採用轉向效能高的大型垂直舵。爲了避免行到水淺處，舵可能卡住或損壞，舵又具有升降功能。水淺或入港時，將

---

〔註101〕參考林豪：《澎湖廳志》，頁31。

舵提高，以免損壞。大洋航行時，將舵放入水線以下，可以避開船尾的渦流，提高轉向效能，又可減少橫向漂移，增加航行穩定度。

掌舵者稱舵公或舵工，在舵樓控制舵的方向。周凱〈道光壬辰三月十七日放洋〉云：「朝暾未起早開船，舵工轉舵日中昃。猶恐太蚤不見山（凡渡臺者以天明見澎湖山爲準，遲早皆誤）」舵公必須要掌控好時間轉舵，航行才不會有所偏差。

舵於航行中損壞時，是非常危險的事。周凱〈撫卹六首，答蔡生廷蘭〉云：「折桅與斷舵，傾覆尤堪虞（臺灣於十一月即委三君勘災，皆因風色不順，屢次折回，二月始到）。」記載道光年間十一月，從臺灣派至澎湖勘災的官員，因風色不順，深恐桅折、舵斷，船有翻覆的疑慮，屢次折回臺灣。遂見舵在航海中，也是扮演很重要的角色。

亞班望向、舵工掌舵、水手弟兄各有其專長，帆、碇、舵、櫓、指南針、探水器等航海工具，各以其精妙的功能，實現人類探索海洋的意志。這些人物以及航海工具，在詩人眼中是海洋意象的代表。周凱〈十八日抵澎湖，潮退風作，不能進口，收泊嵵裏〉蓋將船上這些重要的角色一一細說，云：「夜渡黑水溝（即黑水洋，其水獨窪，故又稱溝），朝見澎湖山。小奚先拍手，喜得履人寰。忽地東風狂似虎，竹篙灣前難轉彎。我帆力與風力持，自辰及午力漸屛。欲進不能退不可，裏頭弟兄（水手呼弟兄）汗潸潸。舵公無計問斗手（斗手能至桅頂望風色），出海失聲呼亞班。西嶼吼門不可到，山寮花嶼胡能灣（泊船一稱灣船）！桶盤頭、風櫃尾（澳名），石齒巉巉如豺豻；四角仔、八卦水（澎湖潮水四流，名八卦水），濤頭簇簇如刀鐶。惟有嵵裏差可泊，對面虎井尤兕頑。去冬臺灣陳大令，身落水櫃浮潺湲（嵵裏即陳杰峯同年失事處，〔坐〕水櫃中得救免）。其下須防礜确石，醫繩斷椗藏陰姦。倉黃議論卒無定，舵工轉柁如轉環。賴有偏神號黃九，力持大議帆重扳（水師外委黃金創議將帆扳高數尺）。飛廉稍怯我船入，隱然茅茨見闤闠。須臾下椗風亦殺，人鬼相懸呼吸間。時也余獨艎中愬，告天無罪憐痌瘝。邪許聲息心顫定，迴顧僕從顏非顏。不然一帆出外塹（地名），中落溧水無時還。」一幕幕的重現清時帆船時代，從廈門到澎湖的交通情形。吳玉麟〔註102〕〈渡海歌〉亦以詩筆記錄著由廈門經澎湖到鹿耳門的

〔註102〕吳玉麟（？～？），字協書，號素村，福建侯官人，乾隆二十四年（1759）舉人。歷任龍溪、惠安、同安等縣教諭。嘉慶二年（1797），調鳳山，悉心造士。有《素村小草》十二卷。（參考連橫：《臺灣詩乘》）

航程，詩云：

> 大嶝門内山蠶叢，大嶝門外海空濛。馮夷無驚濤不怒，扶桑初掛日
> 瞳瞳。上香酹酒拜媽祖，割牲焚楮開艨艟。桅竿百尺亞班上，布爲
> 巾頂箬爲篷。舵工神閒火長喜，羅盤乾巽南與東。船如箭發檣如馬，
> 不覺破浪乘長風。橫洋浩瀚渺無際，琉璃萬頃含蒼穹。前有一溝湧
> 赤水，長鯨噓吸成長虹。乍疑火龍翻地軸，回看眼底尚搖紅。復有
> 一溝黑如墨，湍流迅駛更不同。日光黯黯慘無色，毒蛇滾滾腥氣沖。
> 海道嘗聞此最險，下趨直與尾閭通。每遇陰霾天色惡，颶風引去無
> 終窮。習坎既出心猶悸，雲間忽見白鳥胂。澎湖島嶼可指數，排衙
> 六六環蔥蘢。夜景蒼涼潮正上，明珠十斛散虛空。星斗低垂銀漢近，
> 蛟龍潛伏水晶宮。天明水碧變深黑，露晞霧霽薄煙籠。漸而變藍漸
> 變白，赤嵌彷彿在目中。鯤身七曲斷復續，乍隱乍現微沙蟲。片帆
> 紆迴向晚入，盪纓遙辨鉦鳴銅。舟人皆言此行好，風力不雌亦不雄。
> 十二更洋二日過，邀神之福皆由公。諸君之言吾豈敢，濟險實賴眾
> 和衷。量水下碇傍北線，安平更鼓聲逢逢。〔註103〕

詩史互證，諸詩爲清朝臺海交通盛況，留下歷史的見證。爾後澎湖的海上
交通，隨著臺澎割讓給日本，與空運的興起，題詠涉歷澎湖海的書寫，漸趨
稀少。

## 第五節　海上經濟活動

俗云：「靠山吃山，靠海吃海」，澎湖四面環海，不管日常所需食物或對
外交通，都極依賴海洋，因此漁業活動、海洋貿易等主題，常出現於澎湖古
典詩中。

### 一、漁業活動

一方土養一方民，海與澎民生活密切。澎湖是標準看天吃飯的地方，然
自施琅起，便要漁民每年規禮一千二百兩，許良彬到任後，以此項歸公爲提
督衙門公事之用。賦稅自古有之，但因行家任意苛求，漁人多受剝削，以之
爲苦，幸得乾隆二年（1737）四月下諭免澎湖魚船規禮：

---

〔註103〕此詩收於連橫《臺灣詩乘》，又載林文龍《臺灣詩錄拾遺》、許成章《高雄市
　　　　古今詩詞選》。

上諭：朕查閩省澎湖，地係海中孤島，並無田地可耕；附島居民，咸置小艇捕魚，以糊其口。昔年提臣施琅倚勢霸佔，立爲獨行，每年得規禮一千二百兩。及許良彬到任後，遂將此項奏請歸公，以爲提督衙門公事之用；每年交納，率以爲常。行家任意苛求，漁人多受剝削，頗爲沿海窮之苦累。著總督郝玉麟宣朕諭旨，永行禁革。其現在捕魚船隻，飭令該地方官照例編號，稽查辦理。此項陋規既經裁除，若水師提督衙門有公用必不可少之處，著郝玉麟將他項銀兩酌撥數百金補之。欽此。〔註104〕

此爲清乾隆皇，體恤澎湖居民之德政。清詩中有許多以澎民海上活動爲主題者，概與其經驗異而感新鮮。周凱寫了一系列出產於澎湖海域的魚、貝類，代表著澎湖水產豐富，其中數首也記錄海鮮的烹調方式，展現澎湖的飲食文化。

澎湖八景的〈案山漁火〉：「群峰環繞案山橫，點點漁燈一望平。沙際誰爲垂釣者，江干獨有羨魚情」〔註105〕、「瀰漫春水連天碧，次第漁燈隔岸紅」〔註106〕與〈籧火〔註107〕宵漁〉：「絕島潮迴夜色清，滿船風月釣竿輕」〔註108〕，正書寫著清時澎湖漁業風貌。寫夜間船上掛著用竹籠子罩著的燈火，在海上垂釣的樣貌。周凱〈澎湖雜詠二十首和陳別駕（廷憲）〉二十首之四云：

一篷駛出大洋中，絕小瓜皮不畏風。溷入波心捕鱠鯉，求財直欲到龍宮。

此詩描繪了漁夫冒著風浪，張開篷帆前往大海，小小一艘，一點也不畏風，直搗龍宮捕魚去的勇猛。二十首之五又云：

山頭看得獨分明，陣陣魚花水面輕。指點鳴榔打圍去，漁人齊説好先生（老漁踞山頂看魚，指麾眾漁環捕，呼爲魚先生。魚來水紋生花，稱魚花）。

此詩又記錄著清時澎民另一種捕魚方式。經驗豐富的老漁夫站在山頂看魚，若水紋生花，表示有魚群，便指麾眾漁夫鳴榔環捕。林豪〈撾鼓毆魚〔註109〕〉

---

〔註104〕參見劉良璧：《重修福建臺灣府志》，頁34～35。
〔註105〕呂成家詩作，收於蔣鏞：《澎湖續編》，頁113。
〔註106〕劉伯琛詩作，收於蔣鏞：《澎湖續編》，頁121。
〔註107〕「籧火」：籧，音ㄍㄡˋ。用竹籠子罩著的燈火。
〔註108〕林豪詩作，收於林豪：《誦清堂詩集‧卷八‧澎海草》（菲律濱宿務市市隱山莊藏版），頁17～18。
〔註109〕「撾鼓毆魚」：撾，音ㄓㄨㄚ，鞭打、敲擊。毆，音ㄑㄩ，驅逐、驅趕。此指擊鼓驅趕魚群。

云：「伐鼓聲喧過怒流，迢迢韻落海天秋。」〔註110〕也記錄著擊鼓驅趕魚群的捕魚方式。周凱〈澎湖雜詠二十首和陳別駕（廷憲）〉二十首之十二又云：

> 人人海底作生涯，雙眼紅於二月花。最怕北礁礁畔過，雄關鐵板鎖
> 長沙（漁人眼皮多紅，澎湖之北不可行舟，漁人亦罕至，謂之鐵板
> 關，澎、臺險要）。

此詩描繪漁民擔風破浪潛入海中，捕獲水中生物的辛苦生活。首二句寫漁人討海過生活辛勞的一面。風裡來，浪裡去，雙眼比二月花還紅。末二句寫澎湖之北多暗礁，漁人罕至，狀海上行舟的危險。澎民擅於潛水，漁夫因長期潛在海水中，眼皮多紅。二十首之十云：「陰陽嶼對吉東西，近接婆娑洋面低。來去不須舟楫恃，跳身直可學鳧鷖（陰嶼、陽嶼、東吉、西吉皆在澎之東。婆娑洋臺灣洋面。澎湖水勢獨高，四面皆低。數處人尤能鳧水數十里）。」特別記載著陰嶼、陽嶼、東吉、西吉數處的人，來往不需船，能鳧水數十里。知澎民水性佳。

除魚產外，海中的貝類亦是澎民一大資產。陳廷憲〈澎湖雜詠〉之十五云：

> 近水生涯海當田，吐餘螺殼尚論錢。燒成不獨塗牆好，還與舟人補
> 漏船（海產珠螺如指大，海人拾取盈筐，以針挑肉，食之味最甘美。其殼雜蠣房
> 燒灰，利賴無窮了）。

此詩寫螺類的經濟價值不斐，除肉可食外，其殼尚可賣錢讓人磨成粉，用以塗牆以及補漏船，無怪陳廷憲直呼「利賴無窮」。

新任此地的官員，常被這新奇迷漾的漁村風光吸引，吳性誠〈初到澎湖歌〉四十八韻，云：

> 新秋來澎島，風挂紫瀾旌。……四面枕浩瀚，波濤洶湃聲。人家田
> 是海，繒網夕陽桁。蟳蠘罃海月，瑣管螺蛤蟶。瑤柱西施舌，鮭菜
> 几案呈。龍腸龍蝨類，水族萬千縈。男女競採捕，蠡甊供飪烹。

寫新秋時節，初到澎湖所見，其中「人家田是海，繒網夕陽桁」最能道出澎湖的生活特色。以海為田，夕陽西下，彩霞滿天時，漁夫繒網捕魚，美不勝收。緊接著呈現各式各樣的海產，蟳蠘罃海月，瑣管螺蛤蟶，瑤柱西施舌，鮭魚龍腸龍蝨，水族萬千縈，蠡甊供飪烹，這就是上天賜予澎湖的海洋資源。

---

〔註110〕收於林豪：《誦清堂詩集・卷八・澎海草》，頁 17～18。

## 二、海洋貿易

在航空時代尚未開啟，陸與島的交通，端賴海上航運。在漢民族未開發臺灣前，澎湖早就是中國大陸通往日本、東南亞的重要轉運站。直至清朝經營臺、澎，海峽兩岸的海上交通更臻熱絡。西嶼頭、八罩澳、馬宮港，因處於交通要衝，成為當時帆檣雲集的港灣，從澎湖古典詩中可見其端倪。

### （一）西嶼頭

范學洙〈澎湖三十六島歌〉：「中為內外二塹地，往來舟艦若雲屯」，描寫西嶼頭內、外塹（今內垵、外垵）的港灣，來來往往的舟艦像雲一般匯聚著。胡建偉〈西嶼澳〉：「塹分內外帆檣集，共訝泉臺百貨齊」，見當時往來內、外塹船隻繁多，海上交通鼎盛，泉臺百貨齊全。胡建偉〈創建西嶼義祠記〉記載著乾隆間一次颶風引發嚴重的船難，當時灣泊於澎湖西嶼內、外塹船隻，不下三十餘艘，淹斃一百二十餘人之多，可為佐證。此外，周凱〈西嶼塔燈〉云：「撐空一塔夜燈青，西嶼峰頭照杳冥。欲使賈帆歸淼淼，不同漁火散星星。」寫著西嶼燈塔指引著來來往往商船，也正透露著當時海上貿易之繁盛。今則此貌不復，所見僅為二村居民之漁船。

### （二）媽宮港

沈鑅〈丁巳九月二十日泊澎湖即景〉：「迤邐繞過紅毛城，雲立千檣接平陸。」這是沈鑅丁巳九月二十日泊澎湖媽宮灣，所看到之景。從紅毛城到灣前平地，一路看過去的灣內，千檣雲集。周凱〈新城〉（在媽宮澳。建築無考，疑偽鄭所遺）：「賈帆葉葉灣前泊，戍鼓聲聲夜半鳴（今設汛兵守之）」寫商船一艘艘停泊在媽宮灣，汛兵駐守灣前新城的情景，透露著媽宮灣重要之軍、商地位。

### （三）八罩澳

范學洙〈澎湖三十六島歌〉云：「其西八罩名最傳；周環僅匝三里餘，迤左迤右皆人烟。衡宇周密居相錯，雅有書聲曉夜喧。於今英俊多遊泮，澎島人文莫之先」，見當時八罩人烟稠密，而且文風頗盛，遊泮居全澎之冠，蓋因清時八罩商船雲集，是媽宮澳以外，另一處商業繁榮區，有足夠的經濟能力可學文。

范學洙〈澎湖三十六島歌〉詩末總結澎湖云：「今日山青水綠外，處處商泊與漁船」，辛齊光〈澎湖秋興〉：「島嶼縈迴窮水際，帆檣浩蕩挂雲頭」，

見當時澎湖港邊商業、漁業之榮景。諸詩為清時的澎湖群島留下珍貴的生活影像。

　　廖宏昌老師〈神仙・帝王・海：秦漢帝王入海求仙之風潮〉一文云：「海是一個寬大舞臺，能讓人類盡情地揮灑展示自己的才華、勇氣、和夢想。或許海洋只有經過人主體精神的強大輻射，才能成為精神的廣闊載體，成為審美的對象，並與人的命運、希望發生密切的關係。這也就是說，海洋必須進入人的內心世界，經過心靈的浸潤重組，形成一個被再創造之新的海洋，其存在的意義和價值，方能顯現出來。」〔註111〕清朝文人渡海，將他們的心靈浸潤在這大海，除客觀描繪風物外，詩人展現各自的審美觀與生命力，讓臺灣海峽更加澎湃洶湧！

---

〔註111〕參見劉石吉、王儀君、林慶勳主編：《海洋文化論集》（高雄市：國立中山大學人文社會科學研究中心、國立中山大學文學院出版，2010 年），頁 82。

# 第三章　災難書寫

　　澎湖群島四面環海，在航空運輸未來前，端賴海上交通與外界往來，航行廣袤大海上，常因颶風大浪發生船難，造成人員的傷亡；又強烈颱風從海上吹來的鹹雨，造成農作物損傷無數；以及低緩的平臺地形，不易凝聚水氣，降雨量極少，久旱不雨造成農作物欠收；有時旱災、風災、鹹雨災接踵而至，饑荒連連，人民之苦，百倍於臺灣本島。與本土文人相較，遊宦文人較少關注臺地災變的議題，[註1] 相較而言，遊宦文人對澎地的災情，投以較多的關懷。在詩歌中可見到他們以悲天憫人的襟懷記載橫渡海洋的風災船難、從海上來的鹹雨災、苦等不雨的旱災以及賑災的情形。下文即就此議題，探討詩人的描繪。

## 第一節　橫渡海洋的風災船難

　　海浪的形成，除受潮汐影響外，最可怕的滔天巨浪，主要還是來自於險惡的海底地形外加大風。清時航海科技大不如今，無數船隻因颱風、巨浪來襲而覆沒大海，人葬魚腹。整理自《澎湖廳志・雜記・祥異》所載船難如下：

---

[註1]　參考許惠玟：《道咸同時期（1821～1874）臺灣本土文人詩作研究》（國立中山大學中國文學系博士論文，2007 年 1 月），頁 377。

### 表 下編 3-1：清代澎湖海域嚴重船難資料表

| 時間（農曆） | 災　　　情 |
|---|---|
| 乾隆二十二年冬十二月 | 哨船綏字十三號赴臺運米，遭風飄沒，淹斃戍兵二十二名。 |
| 乾隆二十三年春正月 | 哨船寧字十四號赴臺灣運米，在大嶼洋面遭風擊碎。 |
| 乾隆三十年丙戌（按：應是乙酉）九月二十三日 | 大風，覆沒商船。 |
| 乾隆三十一年丁亥（按：應是丙戌）秋八月 | 大風，覆溺多船。 |
| 乾隆五十一年 | 澎湖把總蔡得恩、貓霧捒巡檢陳慶在澎湖洋面遭風淹沒。 |
| 嘉慶十八年癸酉，秋七月二十夜 | 大風，海水驟漲五尺餘，壞民廬舍，沉覆海船無算。 |
| 道光十二年秋八月二十二日 | 大風，海水漲五尺餘，覆舟溺人無數。 |
| 道光二十年庚子 | 大風，吉貝嶼洋船擊碎。 |
| 咸豐二年六月 | 大風颶，臺灣鄉試船壞於草嶼，溺人甚多。 |
| 咸豐九年己未夏 | 大風，海面覆船無數。 |
| 咸豐十年庚申秋八月 | 颶風，海船擊碎甚多。 |
| 同治五年冬 | 澎協吳奇勳紅單艇在八罩遭風擊碎。 |
| 同治十年八月十六日 | 風颶大作，港口船隻皆碎。 |
| 光緒二年丙子四月十五、十六等日 | 洋面颶風大作，覆舟無數，右營臺字一號銅底戰船在洋擊壞。 |
| 光緒十八年壬辰夏六月，大風雨三日平 | 地水深三尺，壞衙署、房屋、商船、五穀無數。 |

（筆者據《澎湖廳志》整理製表）

從史料所載，有清一代在澎湖洋面淹溺的人無數，貨物無數。幽魂飄泊，故清朝常在水隈處建祠宇，招溺者亡魂而祀。胡建偉〈創建西嶼義祠記〉記載著乾隆三十年（1765）一次嚴重的船難：

> 國家於郡邑地方，咸建設無祀壇祠，每歲致祭，所以慰幽魂也。況風師鼓浪沒命於波臣者，可不有以妥侑之乎？乙酉九秋二十三日，颶風陡發，浪同山湧，擊碎通洋船隻，數不勝指；而灣泊於澎湖西嶼內、外塹被難者，不下三十餘船，淹斃人口至一百二十餘人之多。此誠歷年來所未有之奇災異厄也。孤魂渺渺，永與波濤相上下，誰

實祀之？

總戎戴君，特興義舉，於西嶼內塹、外塹適中之地，創建祠宇，招
溺者之孤魂而普濟。由是靈有所依鬼無餒，而非仁人君子之用心
而能若是乎？余於今歲仲春，始來分守斯土，聞之適恰予懷；遂
與護協鎮林君共贊成之。鳩工庀材，閱兩月而告成。從此昭茲來
許，厥祀克綿；而戴君惻隱之懷，不且與祠宇常存勿替耶？是為
記。〔註2〕

臺灣、澎湖四面環海，內地與之交通，常因天候不佳，海難頻繁。乾隆三十
年（1765）九月二十三日，在澎湖西嶼內塹（今內垵）、外塹（今外垵）二村
交接海域，有三十餘船因颶風翻覆，淹斃一百二十多人，清以來罕見的厄難。
清常於郡邑建設無祀壇祠，每歲祭拜無祖的幽魂。此次船難嚴重，戴福〔註3〕
提議在西嶼內塹、外塹中間山坡地創建祠宇，招溺者孤魂祭拜，使其有安魂
之所。適值胡建偉乾隆三十一年（1766）春二月任澎湖通判，遂與護協鎮林
雲共同完成。〔註4〕此次船難的發生，還是灣泊於內、外塹二村交界海域，即
已造成如此大的傷亡，若是在大洋中，原本風浪已大，再遇颶風，傷亡勢必
甚於此，航行其中的驚恐可想而知。而臺、廈橫洋，最為險厄處是黑水溝，
其深無底。薛氏《臺灣縣志》載：

黑水溝有二：其在澎湖之西者，廣可八十餘里，為澎、廈分界處，
水黑如墨，名曰大洋；其在澎湖之東者，廣亦八十餘里，則為臺、
澎分界處，名曰小洋。小洋水比大洋更黑，其深無底。大洋風定時，
尚可寄椗；小洋則不可寄椗，其險過於大洋。

就薛氏《臺灣縣志》所載，黑水溝在清朝有二處，一是澎、廈間的分界處，
水黑如墨，叫大洋；一是澎、臺間的分界處，水比大洋更黑更深更險，叫小
洋。然不論大洋、小洋都叫人心驚。

烏竹芳，字筠林，山東博平人。清道光五年（1825）署噶瑪蘭通判，道

---

〔註2〕　參見林豪：《澎湖廳志》，頁438。

〔註3〕　戴福，字支煒；浙江仁和人，行武。乾隆二十九年（1764）任右營遊擊，三
　　　　十二年（1767）陞督標水師營參將。（參考林豪《澎湖廳志》，頁211）

〔註4〕　林豪《澎湖廳志》載：「無祀壇：……一在西嶼內、外塹適中道，在乾隆三十
　　　　一年，通判胡建偉與左營遊擊林雲、右營遊擊戴福捐俸創建。……」（參見林
　　　　豪：《澎湖廳志》，頁63）此義祠即今內垵、外垵交界山坡之「萬善公」，歸內
　　　　垵所管理。村民出海，漁婦輒往虔誠祭拜。

光十年（1830）署澎湖通判，〔註5〕八月二十二日往任澎湖時遇風，竟飄至小琉球，三更時舟忽然自轉，最後泊鳳山東港，再由東港到澎湖。〈之任澎湖遇風有感〉云：

> 揚帆指日到瀛臺，震蕩狂風勢欲摧。巨浪宛從天上落，孤舟直似水中來。檣傾楫折驚魂魄，虎嘯猿啼聞霹雷。呼吸死生飄泊去，燈光三現指迷回。（庚寅八月二十二日之任，忽飄至外番小琉球地方，幾疑萬難生回。三更時舟忽自轉，山頭三現燈光，遂泊鳳山東港。）

「巨浪宛從天上落，孤舟直似水中來」將孤舟於巨浪中載浮載沉的驚險畫面，刻畫生動。「檣傾楫折驚魂魄，虎嘯猿啼聞霹雷」更以聲音來展現驚心動魄的畫面，繪聲繪影，讀之如臨其境。生死一瞬間，幸得山頭三現燈光，遂泊鳳山東港。尋回方向後，便又漏夜放舟到澎湖，〈漏夜放舟之澎湖〉：「翦翦寒風雪浪平，迢迢良夜泛舟輕。一鉤新月隨帆轉，萬點眾星印水明。遠岫重遮烟色暗，纖雲四捲海波清。前程杳靄知何處，紅日東升已到城。」天氣變化真是莫測，去時遇風，從東港回時已是雪浪平，還好，一番折騰終抵澎湖。而途經黑水溝，令他印象深刻，〈過黑水溝〉云：

> 巨津一望渺無邊，黑水翻騰在眼前。日月有光波黯黯，星辰無色水涓涓。幾疑蛟室成煤窟，誤認龍宮洗硯田。墨瀋潑來千萬頃，何從辨得蔚藍天。

水黑如墨，潑來千萬頃，無從見得蔚藍天。一舟航行大海，茫茫渺渺無邊無涯，如置身煤窟，令人不由生懼。

乾隆五十五年（1790）暮秋，楊廷理要到澎湖賑恤風災，自己卻也在途中遇到颶風，賦〈庚戌暮秋，赴澎湖賑恤風災，遇颶折至東吉洋，默禱於神，始抵澎之峙裏澳，詩以誌險〉之二：「風急難爲定，縱橫東吉洋。驚人千頃浪，撫己九迴腸。雲氣倏開爽，天心幻混茫。不波殊可慶，戀闕敢相忘！」越東吉洋（即小洋，臺澎間的黑水溝），風急浪千頃，不由默禱於神。林豪《澎湖廳志》言澎、臺間還有一「黑水溝」，其凶猛不下澎、廈間的「黑水溝」，誠非虛言。海上九死一生的經歷，讓烏竹芳、楊廷理畢生難忘。該慶幸的是還存活著，多少人就此葬身大海，要記也無從記了！

近澎湖，若遇退潮，上岸尚需換舢板船，倘風浪過大，小船也是很容易被打翻。道光十二年（1832）周凱到澎賑災，十八日抵澎湖，卻無法進口，〈十

---

〔註5〕參見林豪：《澎湖廳志》，頁191。廖振富撰烏竹芳簡介（參見《全臺詩》）。

八日抵澎湖潮退風作不能進口收泊嶹裏〉云：「欲進不能退不可，裏頭弟兄汗潸潸。舵公無計問斗手，出海失聲呼亞班。……去冬臺灣陳大令，身落水櫃浮潺湲……飛廉稍怯我船入，隱然茅茨見闤闠。須臾下椗風亦殺，人鬼相懸呼吸間。時也余獨艋中踞，告天無罪憐痌瘝。邪許聲息心顫定，迴顧僕從顏非顏。不然一帆出外塹，中落澟水無時還。」那次賑災，連大船都不易進港，連下椗都困難，要進不能，要退也不可，忙得水手滿頭大汗。去年冬天，陳杰峰就在嶹裏失事，差點沒命，幸坐在水櫃中得救，想起就令人恐懼。船上成員六神無主，不知如何是好。「人鬼相懸呼吸間」、「中落澟水無時還」其驚險可見。周凱長跪禱天，祈天憐憫痌瘝。看著岸上苦等的災民，最後周凱執意冒著生命危險，換坐小舢舨上岸。

此處必須一提的事，從詩中看到澎湖瀕海民有一陋習，即是趁人海難打劫財物。周凱〈澎湖雜詠二十首和陳別駕（廷憲）〉之十一，明載此陋習，云：

> 虎井遙連大小貓，將軍澳口僅容舠。官差那敢來相問，打破商船物慣撈（虎井、大貓嶼、小貓嶼最險處，將軍澳南風泊船處，港口僅容一舟，下多犖确石，即俗呼老古石，往往破舟，漁人乘危搶奪。官差拘人，紿以風大，自覆其舟而後救之，罪人皆逃；差懼至焉）。

此詩記載虎井、大貓嶼、小貓嶼、將軍諸海域下多犖确石，不諳此海域，或因風誤觸，往往舟破船沉，漁人便乘危搶奪。「官差拘人，紿以風大，自覆其舟而後救之，罪人皆逃。」如此魃扈，官差甚懼至此。周凱〈撫卹六首，答蔡生廷蘭〉云：

> 天災降有由，由民心所致。休咎徵洪範，貞祥詳禮記；降吉與降凶，
> 其理明且易。瘟疫及干戈，災眚無二義。側聞瀕海民，見海舶失事；
> 拯物不拯人，乘危搶奪肆。呼號瞑不援，轉因以為利。上干天心和，
> 降爵垂昭示。中豈無善良，爵遂及孥穉。從井或救人，嫂溺尚拯臂；
> 爾民痛改悔，天心亦欣喜。適或再遇之，慎勿萌故智。救人在所急，
> 量財酬高誼。蒼蒼有明威，可一不可二。斯言共記取，切莫視兒戲。
> 既感覆幬恩，思享昇平瑞。

周凱到澎湖賑災時，除體恤澎民之苦外，也懇切告誡澎民：若「見海舶失事；拯物不拯人，乘危搶奪肆。呼號瞑不援，轉因以為利」，此舉「上干天心和」，上天將「降爵垂昭示」。天災降臨必有因，切莫再趁人海難奪取財貨。周凱藉

著「上天示警」、「民畏天威」的觀念教化民眾，希望改善此陋舉。離開澎湖前，再次諄諄教誨與叮嚀：「災祲上召天心怒，風浪先援虎口人」。〈留別八首和徐幼眉大令（必觀）見贈韻〉之六云：

> 扶老攜童送海濱，不堪情事說津津。災祲上召天心怒，風浪先援虎口人（虎井口最險，賈舶多失事，漁人乘危搶奪，出示勸警之）。況是漳泉半同域，莫將肥瘠視如秦。好安耕鑿勤漁釣，共享昇平百歲春。

一再申誡若趁人之危，搶奪財物，會招至天怒，降災懲人，切莫為！好好耕鑿勤漁釣，澎島自不會再有荒災，年年豐收共享昇平百歲春。隨行者沈長棻、施模，詩中復述周凱「訓士通經化芳良」之事，稱其德澤遍蠻疆。沈長棻〈壬辰春捧檄來澎，隨同芸皋觀察查辦撫卹，蒙賜書畫聯扇，賦詩申謝〉：

> 持節風清識玉堂，驚濤直下海天蒼。望公如歲深饑渴，訓士通經化芳良（蔡生廷蘭呈詩，觀察答詩獎勵，並令開導沿海居民，慎勿蹈故轍乘危搶奪船隻等諭）。碑口昔曾傳漢水，棠陰今更遍蠻疆。私心盻切隨車雨，好種襄堤百本桑（觀察守襄陽時，教民種桑，並以種桑法刊詩行世）。

施模〈壬辰春捧檄來澎，隨同芸皋觀察查辦撫卹，蒙賜書畫聯扇，賦詩申謝〉：

> 福星載道海壖東，千里欣乘破浪風。地報偏災移建節，士逢元禮仰宗工（蔡生獻詩，公大嘉贊賞）。種桑有術忠宣相（襄民不事蠶桑，范忠宣公知襄城，教民植桑，公昔治襄陽，教民植桑，並示以詩），放賑因時富鄭公。陋習革除施化導，從茲澎島慶年豐。

僅管官員苦口婆心的道德勸導，然此現象到光緒年間仍存在，《澎湖廳志》載：

> 光緒十一年，奉文復設澎湖巡檢一員，由羅漢門巡檢移駐八罩、網垵澳，配弓兵十八名。凡遇遭風雨商船擱淺、鄉民搶掠者，可以隨時救護彈壓，每年津貼六百兩。〔註6〕

為了解決此一陋習，光緒十一年（1885），清政府特再設澎湖巡檢一員，配弓兵十八名，駐守八罩、網垵澳，在鄉民搶掠船難時，隨時可救護彈壓，每年還特別給與津貼六百兩。足見此陋習之嚴重與管教之難，此為澎民讓人最垢病的野蠻行為，看沈長棻詩中直說澎湖為「蠻疆」。

---

〔註6〕 參見林豪編纂：《澎湖廳志》，頁174。

## 第二節　從海上來的風災鹹雨災

冬期的東北季風，夏季逡撲臺灣海峽北上的颱風，常引起澎湖嚴重災害，農作物受損、屋舍摧毀、港灣船隻翻覆毀壞。有時東北風積日連月，清朝澎湖對外交通仰仗海運，深受影響。《臺灣縣志》云：

> 澎島處汪洋浩渺之中，多風而少晴，故有時，臺則天氣清朗，澎則風聲凜烈，辰方霧掃雲收，而午後封姨為暴，其甚者積日連月，靡有寧刻，行舟之人，遲滯累旬，來往難期。

澎湖群島處汪洋大海中，多風少晴，有時臺灣本島天氣清朗，澎湖則是風聲凜烈。有時早上霧散雲收，午後卻大風為暴。甚者，積日連月的吹，沒有停歇，不但屋舍田宅受損，行舟，也受困於此無法出航，來往難期，物資不通，島上物資缺乏，民生受困。周凱〈撫卹六首答蔡生廷蘭〉六首之一云：「賈舶一不通，居民口為噤。」更甚者，強風夾帶海水吹向陸地如雨下，一掃草木枯黑，無一幸免，這就是澎湖人口中的「鹹雨」。風災夾著鹹雨災，民更不聊生。據《澎湖廳志·雜記·祥異》記載，表列清朝澎湖島上風災、鹹雨災之概況：

### 表 下編 3-2：清代澎湖嚴重風災、鹹雨災資料表

| 時間（農曆） | 風　　災 | 鹹雨災 | 賑　災　情　形 |
|---|---|---|---|
| 雍正九年 | 大風雨，衙署倒塌。 | | |
| 乾隆二年五月、秋九月 | 大風 | | |
| 乾隆五年閏六月 | 大風，刮壞各汛兵房。 | | 乾隆七年丙寅，臺灣令周鍾瑄運米賑澎湖。 |
| 乾隆十年乙丑秋 | 大風雨，衙署科房倒塌。 | | 八月賑銀六百兩。乾隆十一年，蠲免額徵供粟。 |
| 乾隆五十五年庚戌 | 夏六月初六夜，大風雨，人家水暴溢，廬舍多陷，風挾火行竟夜，滿天盡赤，俗云「麒麟颺」也。是日，岸上小舟及車輪被風飄至五里外，壞廟宇、民居無算，一日夜乃止。前三日，漁人見大黿浮水面，身帶火焰，識者以為風徵云。 | | 知府楊廷理來澎勘賑。 |

| 嘉慶十六年 | 秋八月，風；九月，大風。 | 下鹹雨為災。 | 通判宋廷枋通報請恤，賑銀四千一百八十九兩。 |
|---|---|---|---|
| 嘉慶十八年癸酉秋七月二十夜 | 大風，海水驟漲五尺餘，壞民廬舍。 | | |
| 嘉慶二十年乙亥秋八月二十五日 | 大風 | 下鹹雨 | 冬，大饑，通判潘覲光設法平糶。 |
| 道光十一年辛卯 | 秋八月，大風。 | 下鹹雨 | 道興泉永道周凱奉檄至澎賑災。 |
| 咸豐元年辛亥，三月初四日 | 大風霾 | 下鹹雨 | 徐道援案奏撥道庫銀兩，委同知王廷幹勘恤。 |
| 咸豐二年 | 七月颱風 | 下鹹雨，幸旋得大雨洗滌，尚救四、五分。 | （夏，有蟲） |
| 咸豐十年庚申秋八月 | 颶風，民房傾圮。 | 鹹雨為災 | （夏，大旱）臬道孔昭慈委員張傳敬勘災。 |
| 同治五年丙寅 | 秋，颱風。 | 下鹹雨三次，民大饑。 | （夏，大旱）副將張顯貴移文請賑，捐俸為倡。 |
| 同治九年庚午 | | 冬十月，下鹹雨 | （春，旱）通判唐世永、副將吳奇勳，詳請設法籌備，飭令紳耆澳甲查明受災輕重，分別詳報。 |
| 同治十一年壬申秋八月 | 暴風 | 鹹雨為災 | （夏，旱，蝗）民饑困。副將吳奇勳飛報災荒情形，捐廉請賑。 |
| 光緒三年丁丑夏 | 大風 | 下鹹雨 | |
| 光緒七年辛巳 | 閏七月初七日，颱颶交作，麒麟颶西北來，北山、大山嶼、媽宮港被災尤重。至十三、四、念一、二等日，狂風連作。 | 一個月之間下鹹雨三次，遍野如洗，洵非常災變也。 | （夏，不雨）諸生蔡玉成等請賑，通判李翊清不許，乃赴臺灣道、府告災請恤。 |
| 光緒十八年壬辰 | 夏六月，大風雨三日，平地水深三尺，壞衙署、房屋、商船、五穀無數。八月，颱風。 | 下鹹雨。是年地瓜薄收，花生十存二、三。 | |

（筆者據《澎湖廳志》整理製表）

從上表可見清朝澎湖深受暴風、鹹雨的肆虐，荒災連連。

澎湖四處平臺無高山可擋狂風，亦無高山可擋蒸發的水氣，多風少雨，使得澎湖植物生長不易，僅能種些耐旱抗風的低矮植物。植被不足，土壤裸露，常被強烈的東北季風吹的漫天風沙。陳廷憲〈澎湖雜詠二十首〉，領會了

澎湖風吹沙打的威力，之一云：

> 爲避塵埃到海濱，海中依舊有黃塵。風波滿眼繞登岸，又被驚沙亂
> 打人。〔註7〕

首句哀怨地寫道爲避俗事塵埃來到海濱，沒想到海中依舊有黃塵。「塵埃」或暗指人事的紛擾；「黃塵」則指澎湖滿天漫飛的塵土。爲遠離這紛擾，來到人煙稀少的海濱，卻遇上眞正的黃塵。在海上歷經風浪的顚簸，才一登岸，又被迎面而來的風沙狂打一番。東北季風來時的澎湖風沙，著實令人不敢領教。颶風又常颳來一陣鹹雨，陳廷憲〈澎湖雜詠二十首〉之四云：

> 潤下因何自上來，空中眞有撒鹽才。庖人若解爲霖味，清水調羹只
> 用梅（澎島四面環海，無高山障蔽，每至八、九月間，颶風鼓浪，海水噴沫，漫
> 空潑野，俗名鹹雨）。

此詩寫到澎湖四周環海，無高山屏障，在八、九月間，颶風鼓浪，海水噴沫，漫空潑野如雨下。詩俏皮的引用謝安兄子胡，撒鹽擬雪的典故，戲稱眞有人從空中撒鹽，以狀澎湖鹹雨。還調侃庖人若解鹹雨味，可以之爲調味料。強風除帶來鹹雨外，亦將植物掃平，因此，在澎湖想見娉婷的花卉與大樹，難上加難。陳廷憲之八云：「終古無人見鬱葱，不材榕樹亦驚風（環島不產樹木，惟人家栽植榕樹，風咸摧折，不甚高大）。」諸多清廷官員，賞盡洛陽花後，來到天差地別的澎湖，常是哀嘆連連。之九云：「莎草蘼蕪見亦難，休論秋菊與春蘭。前身折盡看花福，應是河陽舊宰官（島中無園林花卉可供遊玩）。」爲此心情的最佳寫照。之十一：「待雨憑天插地瓜（薯一名地瓜），不知秧稻可開花。若非戍米源源濟，萬竈幾無粒食家。」寫澎湖無法種稻，僅能栽種地瓜爲食，欲食米需仰仗外來。之十七：「海闊常多拔木風，工師故作小房櫳。自家門户低頭慣，行到高堂向曲躬（民居多矮屋，無高堂廣廈。）」則寫爲避強風，澎湖民居多矮屋。以上皆因澎湖特殊的天候，所形成特殊的景觀。〈澎湖雜詠二十首〉之三云：

> 偃草吹花臭味同，從來未識鯉魚風（鯉風名鯉魚風）。爐烟忽變薰蕕氣，
> 疑是龍涎落鼎中。

詩中描述詩人從未識「鯉魚風」爲何，今至澎湖終識之。中秋八月過後，吹起一陣九月的鯉魚風，農曆九月乃鯉魚成長最肥大，故代稱九月風。元，薩都剌有詩：「蘆芽短短穿碧紗，船頭鯉魚吹浪花」寫鯉魚風吹起的浪花。張逸

---

〔註7〕　參見蔣鏞：《澎湖續編》，頁103。

〈桂枝香〉詞云：「鯉魚風起天橫雁」寫鯉魚風起秋高氣爽貌。陳廷憲詩寫的是澎湖鯉魚風吹來一陣陣鰻味，香味臭味都雜混在一起。此因澎湖四周環海，風起便吹來海洋鹹、濕、鰻的味道，內地人不太能適應這種海味。以上諸詩都是遊宦文人書寫來到澎湖所受到的風沙之苦，多寫自己親身的感受，尚未站在當地居民的角度書寫，但由此亦側知澎地深受風沙之苦。

狂風夾帶鹹雨，樹木遭殃，低矮植物也無一幸免。《澎湖廳志》載：

> 蔡氏廷蘭曰：「颶風鼓浪，海水噴沫，漫空潑野，被園穀，草木盡腐，
> 俗名『鹹雨』，惟澎湖有之。」

清朝詩中談及鹹雨最多的是周凱；著力最深的本土文人是蔡廷蘭；以專題「鹹雨」書寫的是林豪。周凱是官員，蔡廷蘭是澎湖子弟，林豪是文石書院山長，三位身分各殊，書寫角度互異，但對澎湖百姓的關心卻是一致的。

周凱〈乞風行〉云：「東臺西廈澎湖中，夏秋往往多颱風。去年九月颶更甚，海飛鹹雨枯青蔥。」〈寄臺灣平遠山觀察慶詩以代柬〉云：「去秋颱颶風為災，鹹雨飛飛浪花濺。」〈撫卹六首答蔡生廷蘭〉，六首之一云：「去秋八九月，颱颶無乃甚。鼓浪成鹹雨，飛灑等毒鴆。草根亦枯瀾」〔註8〕，周凱憐憫澎民受到鹹雨的肆虐。

蔡廷蘭〈請急賑歌〉云：「年來遭旱災，滿地變焦赤。又被鹹雨傷，狂颱起沙磧。」〈巡道周公有社倉之議言事者慮格於舊例公概然力任其成立賦撫卹歌六章發明天道人心之應淋漓悽惻情見乎詞用述其意更為推衍言之續成長歌一篇〉云：「七八九月鹹雨灑，腥風瘴霧交迷茫。」蔡廷蘭以災民的身分向長官周凱痛訴災情。

而從諸詩中掌握了幾則鹹雨訊息：（一）鹹雨從海上飄來，島上一陣腥風迷茫。（二）鹹雨最常發生在七八九月颱颶起時。（三）鹹雨效應，飛灑如毒鴆，草根枯爛，饑荒待賑。林豪《澎湖廳志》云：

> 按：鹹雨為災，實由怪風之為虐。其來也，如狂潮乍發，如迅雷疊
> 震，或對面不聞人聲，故其時百穀草木未壞於鹹雨之浸潤，先厄於
> 孽風之蹂躪矣。彼民亦何辜，而獨遭此苦哉！是在官斯土者嚴防蠹
> 役丁胥，留意拊循，以感召太和，使甘雨依旬，颶風不作，而年穀
> 順成也。〔註9〕

---

〔註8〕 《澎湖廳志》「瀾」作「爛」。
〔註9〕 參見林豪編纂：《澎湖廳志》，頁376。

林豪在澎湖期間，親眼目睹了澎湖鹹雨的威力。一陣怪風吹來鹹雨，百穀草木首先遭到孽風侵襲蹂躪已不堪，隨之又遭鹹雨毒虐，雪上加霜。何以澎民獨遭此苦，林豪深為百姓叫苦。周凱認為是因濱海民趁難打劫，遭天譴責。林豪則認為是在此為官的未能嚴防蠹役丁胥。〈鹹雨嘆〉云：

> 噫嘻乎！悲哉，狂風刮浪吹為颺，麒麟之颺挾水來，青青草樹變焦赤，四野得雨翻成災，想是雨師經此土，下視閭閻淚如雨，懸知今歲縱有秋，也把脂膏付苛虎，不如一夜掃而空，使爾狼吞氣為阻，吁嗟乎！狼吞之氣當愧沮，奈此哀鴻集何所。〔註10〕

詩以七言古體描述澎湖已受天災鹹雨之苦，更受人禍苛政之虐，悲慘至極。詩採以層層逼近的手法，前寫麒麟颺〔註11〕挾鹹雨而來，草木皆枯，本以為百姓為此而嘆；往後讀之，方知真正所嘆所哀非鹹雨，而是猛於虎的苛政。這樣的寫作技巧，將人的氣憤帶到最高點。此詩嚴厲揭露里胥暴戾行為，足見當時吏胥霸凌百姓的情形相當嚴重，使得林豪真情為民大聲疾呼：到此為官者要「嚴防蠹役丁胥，留意拊循，以感召太和」，如此方能「甘雨依旬，颺風不作，而年穀順成」。

## 第三節　苦等不雨的旱災

颺風引起的暴雨，釀成水災；要不久旱不雨，乾旱成災。風不調，雨不順，災害來臨，人民當然苦不堪言。臺灣從清代到戰後的天然災害，蓋屬水災為多，故書寫水災詩作最多，但在澎湖因地形平坦，無高山阻擋水氣，乾旱情形嚴重，故多旱災的書寫。林豪《澎湖廳志》載：

> 澎湖僻處東南，居大海之中，地勢最下，其氣候與閩中內郡有不同者。閩中入春多雨，澎則頻旱；夏日西北風恆雨，澎則北風無雨，必待東南風方得雨。他若鹹雨一下，則百穀皆朽，而在七、八月為多。

從此段的記載，概可見三則訊息：（一）澎湖地區缺雨和其地理環境相關；（二）澎湖在夏天吹東南風時才有雨水；（三）缺水又加鹹雨，則百穀皆朽。又云：

---

〔註10〕　參見林豪：《誦清堂詩集卷八·澎海草》，頁11。（標點為筆者所加）
〔註11〕　《海東札記》云：「狂颺怒號，轉覺灼體，風過後木葉焦萎如蒸，俗謂之「麒麟颺」云。風中有火，殊可詫異。」

南閩本無雪，澎則霜露甚稀，與臺灣相反；而地皆斥鹵，無水源以
滋潤之，其需雨爲尤切也。若八月後無雨，則花生因早掘而減收，
地瓜之藤蔓皆萎，……三伏〔註12〕之候，天氣燥熱異常，若十日內
不雨，則五穀立見枯萎，而人畜多病矣。

澎湖地斥鹵，需水源滋潤，而霜露稀，地下水不足，更迫切需要雨水。八月
如果沒下雨，花生被迫提早收成而量減，地瓜藤蔓也因缺水枯萎。天氣燥熱，
不但五穀枯萎，連人畜也都多病。據《澎湖廳志‧雜記‧祥異》載，表列清
朝澎湖島上旱災概況：

**表 下編 3-3：清代澎湖嚴重旱災資料表**

| 時間（農曆） | 旱　　　災 |
|---|---|
| 道光十一年辛卯夏 | 旱 |
| 咸豐五年乙卯夏 | 久旱，通判冉正品出示平市價。 |
| 咸豐十年庚申夏 | 大旱 |
| 同治五年丙寅夏 | 大旱 |
| 同治九年庚午春 | 旱 |
| 同治十一年壬申夏 | 旱 |
| 同治十二年春 | 不雨 |
| 光緒五年己卯夏 | 不雨 |
| 光緒七年辛巳夏 | 不雨，早季粱黍失收。 |
| 光緒八年壬午夏 | 不雨 |

（筆者據《澎湖廳志》整理製表）

從《澎湖廳志‧雜記‧祥異》所載，看到同治九年到十二年，以及光緒
五年到八年，接連旱災，民生苦狀可見。除上所載外，乾隆七年（1742），臺
灣令周鍾瑄運米賑澎湖，也是因前年旱災欠收受賑，張湄〈泊澎湖〉一詩可
證。乾隆六年（1741）四月十二日，張湄由翰林院遷巡臺御史，兼理提督學
政，東渡舟泊澎湖，正值澎湖乾旱，〈泊澎湖〉云：

〔註12〕 「三伏」：是指從夏至後第三個庚日起，每十日爲一伏，分別爲初伏、中伏、
　　　　 末伏，是一年中最熱的時候。

> 海翁望雨憂如渴，極目圜疇斷餘蘗。北風可但濟行舟，喚起癡龍驅
> 旱魃。〔註13〕

詩主要記錄著當時停泊澎湖，滿眼看去田疇植物奄奄一息，了無生趣，祈禱著北風快來，喚起癡龍驅走旱魃。

　　澎湖的多風少雨，樹木植物不易栽種，海內外盡知。胡建偉〈澎湖歌〉云：

> 歲不十雨月千風（多風、少雨之地），波翻浪覆勢傾倒。匝時鹹水漲漫
> 天，白日昏昏盡窅窅。流沙一片恍飛霜，草未逢秋已盡黃。地無高
> 岡與陵麓，又無溪澗與橋梁；又無飛禽與走獸，又無花木與菁葍。
> 織紝不事無麻苧，絲帛不出無蠶桑。三農最重無年麥，五穀最貴無
> 稻粱。

「歲不十雨月千風」澎湖氣候的最佳寫照。「流沙一片恍飛霜，草未逢秋已盡黃」澎湖秋冬景觀的最佳詮釋。「地無高岡與陵麓，又無溪澗與橋梁；又無飛禽與走獸，又無花木與菁葍。織紝不事無麻苧，絲帛不出無蠶桑。三農最重無年麥，五穀最貴無稻粱」這就是外來人對澎湖的第一印象。生活此地，辛苦可知。施模〈隨辦賑務畢，作長歌四十韻，為蔣懌荼刺史誌別〉云：

> 下車先詢民疾苦，旱魃為虐皆赤土。勞思焦心憂樂同，設壇步禱祈
> 甘雨。

此詩是道光十二年（1832），施模隨辦賑務結束，臨別送通判蔣鏞的贈別詩。節錄部分描述一行人到澎湖後趕緊詢問災民情行，見旱魃為虐，一片赤土。為官者和百姓同憂樂，見此情形，他們亦憂心如焚，快快設壇祈雨。久旱不雨，自古即有禱雨之舉。相較於臺灣本島，澎湖乾旱情形特別嚴重，通判常迎城隍神位〔註14〕到大城北祈雨。胡建偉《澎湖紀略・地理紀》載：「城隍

---

〔註13〕此詩以《柳漁詩鈔》為底本。按：「海翁」，劉良璧《重修福建臺灣府志》、范咸《重修臺灣府志》、魯鼎梅《重修臺灣縣志》、王瑛曾《重修鳳山縣志》、余文儀《續修臺灣府志》、胡建偉《澎湖紀略》、薛志亮《續修臺灣縣志》、林豪《澎湖廳志》作「是時」。「舟」，劉良璧《重修福建臺灣府志》、范咸《重修臺灣府志》、魯鼎梅《重修臺灣縣志》、王瑛曾《重修鳳山縣志》、余文儀《續修臺灣府志》、胡建偉《澎湖紀略》、薛志亮《續修臺灣縣志》、林豪《澎湖廳志》、連橫《臺灣詩乘》作「船」。

〔註14〕澎湖城隍廟有二處，一在文澳，一在媽宮城內。胡建偉《澎湖紀略・地理紀》載：「城隍廟……今澎湖城隍廟在廳署之東，規模狹隘，不足以展敬，實限於地也。」胡建偉所記城隍廟位址在文澳廳署東側。林豪《澎湖廳志》載：「城

廟……凡守土官入境，必先祭城隍而後履任；及祈禱水旱，必先牒告而後禱於壇。即祭無祀，亦必前三日牒告；至日，迎城隍神位於壇，以主斯祭焉。」蔡廷蘭〈夏日喜雨呈蔣懌葊（鏞）刺史〉寫蔣鏞祈雨，獲天降甘霖，故喜而賦詩呈通判蔣鏞，云：

> 赤熛揚明威，旱魃煽其怒。炎炳誰操持，陰陽失調護。萬里燒長空，
> 四圍燃火樹。草木燋乾枯，飛鳥不得度。泉壑絕涓流，禾苗盡偃仆。
> 仰食資東瀛，舟楫來何暮。敢望盈箱求，翻遭閉糴誤。一粒一酸辛，
> 負挈滿道路。吁嗟中澤鴻，幾為涸轍鮒。賢哉良司牧，下車詢農務。
> 豐歉遞相尋，災祲亦定數。胡茲孤島黔，奈何抱沉痼。聖世宏寬仁，
> 輕徭復薄賦。無如瘠土貧，風旱頻年遇。生計窘耕漁，顛連憭莫訴。
> 我民竟何辜，對天默呼籲。方版疏一通，雲壇香一炷。有譴則禍予，
> 莫俾民太苦。忽然觸石雲，散作漫天霧。陰霾晝迷濛，玉虎晨鳴呴。
> 列缺〔註15〕並飛廉，屏翳〔註16〕齊交互。須臾沛滂沱，岸谷倏崩注。
> 或為空中絲，或似草間露。連朝積霪霖，十日沃霢霂。化澤遍均勻，
> 天公周布濩；村墅沐新膏，原田發生趣。農夫拜官賜，一禱逢甘澍。
> 早穀餘高粱，晚季卜秋穫。花生綿根荄，朱蕷長圜圍。幸無颱颶傷，
> 又免蝗螟蠹。米價漸漸低，糧運源源赴。更須懲奸商，專市亦可惡。
> 開倉議平糶，救荒良有具。驅鼠防穿墉，徹桑及未雨。慚予枵腹談，
> 迂腐呈俚句。萬目憐蒼黎，空拳策富裕。再三白當途，緩急慎所措。
> 願奉太平觴，謳歌樂含哺。

起句「赤熛揚明威」到「禾苗盡偃仆」，寫澎湖因乾旱而大地一片焦黃。「仰食資東瀛」到「幾為涸轍鮒」，寫澎湖因乾旱，五穀欠收，需仰賴台島，但運糧的船隻遲遲才到，感嘆澎民將為涸轍鮒。因為好官不多見，所以蔣鏞的善政令百姓特別感戴在心，故蔡廷蘭下文即讚美蔣鏞「下車詢農務」為「賢哉良司牧」。並言「豐歉遞相尋，災祲亦定數。胡茲孤島黔，奈何抱沉痼」，有時豐收，有時歉收，都會有的，災祲也是天命所定的，也不知為何澎湖這一孤島的老百姓，時常受此災難。「聖世宏寬仁，輕徭復薄賦」，政府也非常寬

---

隍廟：一在文澳舊廳署東偏，咸豐元年廳署典吏呂純孝重修，但規模狹隘，未足展敬。一在媽宮城內，乾隆四十四年十月，前廳謝維祺捐俸率監生郭志達等建。」

〔註15〕「列缺」：指閃電。

〔註16〕「屏翳」：有指雨神、雷神、雲神、風神。

厚仁愛，徭役減輕，賦稅也減輕，澎湖常年災荒，實在和朝廷、官吏無關，只因澎湖地本貧瘠，環境有本多風少雨。但身爲地方官，還是不忍百姓受苦，故向蒼天祈雨。「我民竟何辜，對天默呼籲。方版疏一通，雲壇香一炷。有譴則禍予，莫俾民太苦。」是以通判蔣鏞的口吻寫當天向天祈雨的情形。壇上點一炷香，手持一通方版所寫的疏文，誠心默禱百姓是無辜的，「有譴則禍予，莫俾民太苦」，令人動容的愛民情操。「忽然觸石雲」到「十日沃霙霖」寫通判就這麼一祝禱，忽然就變天，閃電、風神、雨神交加，連連下起十天的雨來，功歸通判之誠。「須臾沛滂沱，岸谷倏崩注。或爲空中絲，或似草間露」連用四句，很細膩的描繪各種不同的雨勢，表現了看到降雨的喜悅。經過這一場甘霖，看到大地復甦，「化澤遍均勻，天公周布濩；村墅沐新膏，原田發生趣。農夫拜官賜，一禱逢甘澍。早穀餘高粱，晚季卜秋穫。花生綿根荄，朱蕷長圓圓」喜雨的心情，不言而喻。「農夫拜官賜，一禱逢甘澍」除表自己的謝意外，亦代農夫感謝。除寫喜雨外，蔡廷蘭在詩末還特別呈上建言，「更須懲奸商，專市亦可惡。開倉議平糶，救荒良有具。驅鼠防穿墉，徹桑及未雨」足見蔡廷蘭對斯土關切情篤，希望斯土永保太平安樂。

　　光緒八年（1882），也有一段祈雨的故事。當年澎湖大旱，通判鮑復康到大城北祈雨，林豪有〈喜雨四章爲鮑別駕作〉〔註17〕，寫鮑復康祈雨，獲天降甘霖，開心的特爲通判鮑復康賦詩四首。林豪何以特別賦詩，因爲林豪對鮑復康的愛民作爲頗讚賞，由《澎湖廳志》的一段記錄可見，載：

> 七年辛巳夏，不雨。旱季梁黍失收。閏七月初七日，颱颶交作，下鹹雨。風通處，樹木爲焦，所謂麒麟颶也；或謂之火颱。其風從西北來，故北山、大山嶼、媽宮港被災尤重。至十三、四、念一、二等日，狂風連作；一月之間下鹹雨三次，徧野如洗，洵非常災變也。諸生蔡玉成等請賑。通判李翊清不許，乃赴臺灣道、府告災請卹。時有飛雲輪船管駕都司銜梁梓芳至臺灣，面陳臺灣道張夢元，准以輪船渡載饑民赴臺覓食。前後載往者數千計。八月，新任通判鮑復康至，親歷峙裏各澳，並渡海至西嶼、八罩等處，撫慰饑民。命紳耆查明戶口，分別極、次、孤、貧，各造清冊，於媽宮澳設籌濟公所。時巡撫岑毓英聞澎地災重，詢於臺灣道張夢元，飛飭臺灣府發米一千石散賑。復康查學中貧生，給米度歲。童生經面試者，

〔註17〕參見林豪：《誦清堂詩集卷八·澎海草》，頁19。（標點爲筆者所加）

每人給米有差。新任臬道劉璈至臺灣，復發米四千石；以二千石散賑，二千石平糶。復康又請撥二百石爲諸生膏伙。巡撫至省，大發米一萬石，由輪船陸續接濟。劉璈又籌款五千金，提稅釐項下三千金，採買薯絲五千餘擔。……由是民氣安堵，幾忘其災（採「案牘」）。〔註18〕

光緒七年（1881），夏旱，秋颱颶交作，一月之內連下鹹雨三次。徧野如洗，諸生蔡玉成等請賑，通判李翊清卻不許，幸得光緒七年八月，鮑復康任澎湖海防通判，〔註19〕馬上處理前任通判未處理之災變，使得民氣安堵，幾乎忘了災變。前後兩任通判的作爲，當時身在澎湖的林豪是看在眼裡的。翌年，光緒八年（1882）夏不雨，鮑復康便立刻前往大城北設壇祈雨，《澎湖廳志》載：「八年壬午夏，不雨，通判鮑復康祈雨大城北，六月十七日大雨連日，澤下六、七尺。是秋有年。」〔註20〕鮑復康體恤民情，重視民生，有作爲，深獲疾惡如仇的林豪肯定，六月十七日大雨連日，林豪故特賦〈喜雨四章爲鮑別駕作〉〔註21〕，云：

後樂先憂固結深，如公舉念即甘霖，回青忽覩千山色，保赤長憑一片忱，布護無邊垂雨腳，轉移有象合天心，即看造化生機捷，早是調劑仗力任。

去歲呼庚〔註22〕達夷閽，何人熟視若無聞，促裝爲解赬魚困，援手重甦涸鮒紛，但有青天常在抱，應無赤地嘆如焚，望公似歲羣心慰，誰識公尤望歲殷。

焚香上告願非奢，願把黃金散萬家，子惠頻勞舟汎粟，辛秋劇愛豆生花，已無涸轍尋前轍，合有隨車慶滿車，不道哀鴻安集後，歡看灑潤徧桑麻。（澎人皆種落花生）

鰥生字下舊蒼生，皋廡依依一味清，却笑阿香〔註23〕言下至，轉疑

---

〔註18〕 參見林豪：《澎湖廳志》，頁376～377。

〔註19〕 同上註，頁194。

〔註20〕 同上註，頁378。

〔註21〕 此詩據《澎湖廳志》載，應寫於光緒八年六月十七日後，爲鮑復康祈雨有成，喜而賦之。

〔註22〕 「呼庚」：古以庚、癸爲軍糧的隱語；庚，西方，主穀；癸，北方，主水。此呼庚指乞糧。

〔註23〕 「阿香」：推雷車的神女。

甘澤袖中傾，心原似水機相召，旱可爲霖理最明，熱惱憑公揮去盡，

好邀鷗鷺話同盟。

之一寫上天因通判的一片赤忱，遂降甘霖。之二特別書寫去歲光緒七年（1881）大饑，諸生蔡玉成等請賑，結果通判李翊清不許，只好趕赴臺灣道、府告災請卹。後得到臺灣道、府的回應，用「飛雲輪船」渡載饑民赴臺覓食。八月，鮑復康新任通判，一到便親歷嵵裏各澳，並渡海到西嶼、八罩等處，撫慰饑民。命紳耆查明戶口，分別極、次、孤、貧，各造清冊，在媽宮澳設籌濟公所等一連串賑災措施，使得涸鮒紛甦，賴魚解困，災民獲得疏解。故林豪稱許「但有青天常在抱，應無赤地嘆如焚」。「望公似歲羣心慰，誰識公尤望歲殷」林豪看到新任別駕心有在民的。之三承接之二寫通判焚香祈雨誥辭，所願甘霖遍灑澎地，讓落花生生長良好，收穫滿車。之四寫何以乾旱經過祈雨就能下甘霖？原因無他，就是通判的心在民，爲天所好。再次的肯定通判鮑復康的作爲。

上所舉澎地本土文人蔡廷蘭的喜雨詩，是下呈上，是民對臣，用語謙敬；遊宦文人林豪的詩，也是下對上，但輩分沒那麼懸殊，故用語如友朋。二者立場雖不同，但都表現了祈雨得甘霖的喜悅，關心黎民的心情是一致的。另外，從詩中也看到「人格天」的觀念主宰著人們的思維。

而何以祈雨？就是因爲久旱不雨。諸詩寫祈雨之前，都先細細描繪乾旱的情形，交代了祈雨的原由。故喜雨的詩作即是旱災書寫的另一面。

戰後賴潤輝也有一首詩描寫在城隍廟祈雨之事。拜罷歸家三、五日，果然下起雨，於是特別賦詩感謝蒼天，〈祈雨謝蒼天〉云：「城隍廟裡舉香燒，阿彌喃喃伴笛簫，月燭星燈光宇殿，山肴海酒看人潮，善男懇懇求豐歲，信女虔虔禱霈朝，拜罷歸家三五日，果然雨順帶風調。」〔註24〕此詩與清朝祈雨詩最大不同是，前無大段文詞描繪久旱不雨的情形，而事直接描繪到城隍廟祈雨的情形。此詩可看到戰後澎湖祈雨的樣貌，時間是在晚上，月燭星燈，廟宇燈火通明，案桌上擺著山肴海酒，善男信女紛紛到城隍廟燒香祈雨，口中誦著阿彌陀佛，還伴有笛簫聲。

城隍爺是掌管一區之神，清朝官員新就任，必到城隍廟祭拜，祈求任內諸事順遂。水於民生至關重要，缺水是件很麻煩的事，故祈雨是件大事，自

---

〔註24〕參見賴潤輝：《賴潤輝先生詩文集》（澎湖縣：賴立銘、賴立德、賴美芳出版，1997年），頁 60～61。

古即有祭天求雨。澎湖祈雨之處在城隍廟，有時在大城北設壇，但不論在何處，祈雨前幾天都必須先到城隍廟稟告。此看到人類對浩瀚宇宙的敬畏與莫可奈何，唯有祈求神明幫助，而形成強烈的民間信仰。

# 第四節　賑災書寫

　　澎湖古典詩中賑災的描寫，集中在饑荒一事，或和饑荒相關者。故論述賑災詩前，先梗概敘述澎湖歷年饑荒情行。

## 一、澎湖饑荒概況

　　澎湖特殊的地理位置與氣候，卻也釀成他處所無的自然災害。處於亞熱帶季風氣候區內，多半年盛行來自大陸的偏北風，夏半年盛行來自海洋的偏南風，七、八、九月常有颱風肆虐，狂風帶來鹹雨，農作物一掃而枯，若再乾旱缺雨，爲害最嚴重，接踵而至的必是饑荒。澎湖屢因饑荒，急需朝廷及外界的賑濟。《澎湖廳志》載歷來饑荒情形如下：

表 下編 3-4：清代澎湖嚴重饑荒資料表

| 時間（農曆） | 情　　　形 |
| --- | --- |
| 康熙四十四年乙酉冬 | 饑。詔蠲本年糧米。 |
| 康熙四十六年冬 | 饑。詔蠲糧米十分之三。 |
| 康熙五十一年春 | 詔蠲本年錢糧應徵粟石。 |
| 康熙五十六年冬 | 饑。詔蠲本年錢糧十分之三。 |
| 康熙六十年冬十二月 | 詔蠲本年粟米。 |
| 乾隆七年丙寅 | 臺灣令周鍾瑄運米賑澎湖。 |
| 乾隆五十一年丙午夏 | 通判呂憬憁設法平糶。 |
| 乾隆五十五年庚戌 | 知府楊廷理來澎勘賑。 |
| 乾隆五十九年甲寅秋 | 饑。晚季不熟。 |
| 乾隆六十年 | 饑。通判蔣曾年施粥半月。 |
| 嘉慶十一年 | 晚季不熟。 |
| 嘉慶十六年 | 鹹雨爲災，通判宋廷枋通報請恤，賑銀四千一百八十九兩。 |
| 嘉慶二十年乙亥 | 鹹雨爲災冬，大饑，通判潘觀光設法平糶。 |

| | |
|---|---|
| 道光十一年辛卯 | 夏旱，秋鹹雨，冬大饑，通判蔣鏞籌捐義倉錢三千餘串，先濟貧民，又借碾兵米，減價平糶，復通報請恤。 |
| 道光十二年壬辰春三月 | 饑，兵備道平慶委鳳山縣知縣徐必觀、巡檢沈長棻、施模勘災。二月十九日，興泉永道周凱奉檄至澎，剋日賑銀七千五百八十六兩零。是秋，有詔緩徵。 |
| 道光二十四年甲辰 | 饑。下數年皆饑。 |
| 道光三十年庚戌 | 冬，雜穀失收。生員陳維廉等赴臺請賑，巡道徐宗幹、知府裕鐸籌捐銀二千兩，收買雜糧薯絲備用，道、府議將雜糧減價平糶，轆轤轉運，以惠窮民，而楊倅請將現穀散給，遂不果行。 |
| 咸豐元年辛亥 | 鹹雨災，徐道援案奏撥道庫銀兩，委同知王廷幹勘恤，又委員曾廣煦解到薯絲接濟。時臺郡紳商林春瀾、石時榮、蔡芳泰、黃瑞卿等共捐銀一千六百四十餘兩，本地殷戶吳鏞、黃朝基等共捐銀一千七百三十九兩，鎮道文、武委員各有捐款，合計紳民捐銀七千六百十一兩零，儘數撥用，並動用庫項四千六百七十三兩零，前後散給薯絲一百五十五萬四千五百餘斤，並折放制錢一萬三千九百六十四千零。自四月起至七月底止，統共用銀一萬二千三百五十四兩零。勸諭商船多載薯絲來澎，每斤市價十四、五文，故給錢聽民自買也。其福省委員張兆鼎，帶銀二千兩來澎查恤，並免動用。有詔，是年地種雜糧緩至明年秋後帶徵。 |
| 咸豐十一年 | 咸豐十年鹹雨災，梟道孔昭慈委員張傳敬勘災。咸豐十一年，饑，議賑八罩澳。 |
| 同治五年 | 夏旱，秋鹹雨，民大饑。副將張顯貴移文請賑，捐俸爲倡。兵備道吳大廷發銀二千元，先後籌買薯絲四十萬零七千七百斤。委員高廷鏡勘賑，在地紳商捐湊十九萬四千一百斤，分作四期給發。記名總兵同安人吳鴻源收風港口，自捐食米百餘石、薯絲一千三百擔。彰化人吳志高捐薯絲三百擔，散賑近海漁民。時紳商黃步梯、鄭少蟾、林瓊樹、黃應宸、黃學周等辦理賑務，多方籌辦，墊錢五百餘千文。 |
| 同治八年己巳 | 饑 |
| 同治十年 | 同治九年春旱、冬鹹雨。同治十年春、夏，饑，兵備道黎兆棠發薯絲四千七百餘擔，委員知縣葉滋勘災監賑，分作兩次散給。 |
| 同治十一年 | 夏，旱，蝗。秋八月，暴風鹹雨爲災，民饑困，副將吳奇勳飛報災荒情形，捐廉請賑。鄉耆林再等赴臺灣道、府呈請賑恤，兵備道梁元桂委員高廷鏡勘災，發米三千石散賑。 |
| 同治十二年 | 春，不雨。三月，臺灣道復發洋米千包續賑。四月，溫州鎮總兵吳鴻源捐買薯絲一千九百餘擔，遣丁運載到澎發賑。鳳山縣苓仔寮商民陳順和捐買薯絲五百擔、陳順源捐薯絲三百擔，先後到澎續賑，並運米平糶。 |
| 光緒四年 | 春，暴風，吉貝嶼小船不能往來，以書繫於桶內，隨流報饑困狀。通判蔡麟祥、副將吳奇勳議以海中孤島如吉貝等嶼民皆捕魚爲生，偶遇大風兼旬，不特不能採捕，且無從糴買糧食，坐以待斃，情實可憐，應即籌資賑恤，屬士紳黃步梯、林瓊樹等查報外嶼貧民及島中極貧之家，分別散給。 |

| 光緒七年 | 諸生蔡玉成等請賑，通判李翊清不許，乃赴臺灣道、府告災請恤。時有飛雲輪船管駕都司銜梁梓芳，至臺灣面陳臺灣道張夢元，准以輪船渡載饑民赴臺覓食，前後載往者數千計。八月，新任通判鮑復康至，親歷蒔裡各澳，並渡海至西嶼、八罩等處撫慰饑民。命紳耆查明戶口，分別極、次、孤、貧，各造清冊，於媽宮澳設籌濟公所。時巡撫岑毓英聞澎地災重，詢於臺灣道張夢元，飛飭臺灣府發米一千石散賑。復康查學中貧生，給米度歲，童生經面試者，每人給米有差。新任臬道劉璈至臺灣，復發米四千石，以二千石散賑，二千石平糶。復康又請撥二百石，為諸生膏伙。巡撫至省，大發米一萬石，由輪船陸續接濟。劉璈又籌款五千金，提稅釐項下三千金，採買薯絲五千餘擔。臺灣鎮道以下合捐二千金，搆運薯絲、白米，興泉永道孫亦設法購運薯絲七百包。於是安海紳士林瑞岡捐薯絲六萬斤，廈門紳士捐四萬斤，前任溫州總鎮吳暨廈門郊商合捐米二千五百石、薯絲四百六十五袋、一百九十簍，廈門行商金廣隆等及安海職員林嵩華共捐薯絲一千二百九十三袋，紳商葉文瀾、倪莊夏等鳩捐白米一百三十餘包，泉州府徐籌捐薯絲三百五十擔，鳳山縣郊商陳順和捐薯絲一千擔，臺州紳士金鶴年、金鶴書、阮萃恩共捐穀一千二百石，碾米六萬六千六百餘斤，新任臺灣府周捐檳榔芋一百擔。自九月至明年六月，濟饑民四萬九千餘丁口。災民無炊，耕牛無食，臬道劉璈復檄淡水煤務局，運載煤粉二百餘萬斤，稻草、花生籐二千餘擔；民藝二麥飼牛，麥種貴，購運百石散給。由是民氣安堵，幾忘其災。 |
| --- | --- |
| 光緒十九年癸巳 | 饑。光緒二十年甲午春二月，臺灣巡撫邵奏發帑金八千兩，檄委候補知府朱上泮前往溫州，採買地瓜絲併米到澎賑恤。三月，福建總督譚發米二千石，派輪船裝運到澎賑恤；鳳山縣紳商陳觀察日翔等股戶，共捐米三百石到澎散賑。 |

（筆者據《澎湖廳志》整理製表。註：康熙年係全郡之事，然當時澎湖附於臺邑轄內，並與其列，故林豪亦錄之。）

劉家謀〈哀澎民〉四首之一云：

> 鷺嶼西趨赤嵌東，屹然一島獨當中。波濤倒捲晴天雨，沙石群飛暗海風（澎地多風，海潮隨風灑為鹹雨）。煨盡牛柴薪易斷，喫殘魚粥釜常空（以牛糞爨，曰「牛柴」。以海藻魚蝦雜薯米為糜，曰「糊塗粥」）。可堪連歲如焚慘（旱經年），毒火還看燕媽宮（地名，近被火）。〔註25〕

「鷺嶼西趨赤嵌東，屹然一島獨當中」澎湖孤立海中央，經年受到多風、鹹雨、旱魃為害，人民粥釜常空。從上表見多次的饑荒，就是因這三者接踵而至，民難以維生，不得不仰賴朝廷的救濟。然政府的賑濟，亦無法全解決人民的問題，澎民有因饑荒被迫賣女鬻子到臺灣的。劉家謀任臺灣府學左齋四年，〔註26〕曾見有澎女被賣至郡城為婢，深覺澎民生活遠不如臺地之民，心

---

〔註25〕 此詩收於《觀海集》卷四。
〔註26〕 參見劉家謀著、吳守禮校：《校注海音詩全卷》（臺北市：省文獻委員會，1953年），頁2。

生憐憫，賦詩云：

> 眞教澎女作臺牛，百里飢驅不自由，三十六邨歸未得，望鄉齊上赤
> 嵌樓。〔註27〕

註云：

> 諺云：「澎湖女人」「臺灣牛」；言勞苦過甚也。咸豐元二年，冬春之
> 交，澎地大飢，澎女載至郡城鬻爲婢者，不下數十口。徐樹人廉訪
> 宗幹諭富紳出貲贖之。予亟商諸二三好善之士勸捐贖回，各爲收養。
> 稻熟後，按名給路費，載還其家。〔註28〕

劉家謀深爲被鬻爲婢的澎湖女子叫苦，還極力商請好善之士勸捐贖回，各自
收養，等稻熟後，便載還其家，足見其悲天憫人之心。詩末「望鄉齊上赤嵌
樓」，透過登高望鄉，寫被賣歸不得家的無奈。據《澎湖紀略》載：「鬻賣男
女，各處皆有；此亦貧人之常，無足異者。惟澎湖之人，雖十分貧困，男不
賣與人作僕、女不賣與人作婢。富室所用之奴婢，俱從內地買來，亦無禁固
婢女之事。此亦風俗之所難覯也。」〔註29〕鬻賣男女，各處皆有，由其貧窮
人家更常如此做，不足爲怪。但就胡建偉所載，澎人即使十分貧困，也不將
兒女賣人爲僕婢。澎湖富有人家的奴婢也都從內地買來，也不會禁固婢女，
胡建偉極爲稱讚澎湖此風俗之難能可貴。光緒年間林豪《澎湖廳志》載：「至
於澎湖，雜穀有秋，則鄉人室家相樂，必無肯賣其子女者。惟大旱大荒無以
自存，或遭訟累爲胥役所橫索，或多年積項，母錢甚微、盤利甚重，而索債
者挾兵役到家索鬧，其勢洶洶，一時莫措；鄉人謹愿懼勢，不得不鬻子女以
塡之，其情則可憫矣。」〔註30〕據諸志所載，澎民風純，鬻子女者，皆有不
得已的苦情，多因災荒外加胥役橫索，或索債的挾兵役到家索鬧，一時不知
所措，而出此舉。澎湖賣子女的還是不多，劉家謀見咸豐二年，有因飢荒而
鬻女至郡城爲婢者，實在是爲勢所逼。

## 二、道光十二年的賑災始末

　　從閩浙總督、福建巡撫、福州將軍、分巡臺灣兵備道、臺灣鎮總兵官、
福建水師提督、澎湖協副將等官員的奏摺中，看到清政府救災賑濟的措施。

---

〔註27〕同上註，頁6。
〔註28〕同上註，頁6。
〔註29〕參見胡建偉：《澎湖紀略‧風俗紀》，頁148。
〔註30〕參見林豪：《澎湖廳志》，頁326。

　　清朝廷與地方政府對自然災害的認定，有一個比較嚴格的程序，因為這涉及到蠲免田賦徭役，以及調撥錢糧賑濟災民等重大決策，故宜多方勘察比較。如嘉慶二十年（1815）八月二十七日（奏報人缺）片：

> 據澎湖通判稟稱，澎湖孤懸海中，八月二十三夜起至二十四日酉刻止，大風猛烈並下鹹雨，二十七日晴霽。親詣各鄉查勘，地瓜、花生枝葉均已焦黑，詢之鄉農僉稱，此番鹹雨一日一夜之久，復經日曬，以致雜糧焦黑，現計收成不過四五分。其民房、橋樑、道路均無倒壞。〔註31〕

有關衙門接報後即對災情展開調查，當年九月（日期及奏報人缺）片曰：

> 茲據署台防同知會同親赴各澳查明，澎湖全境共一十三澳，分大小六十八鄉，八月二十三夜均被鹽水雨點。惟近海之嵵裏、林投二澳損壞雜糧較多，現在收成四分有餘。其離海稍遠之鼎灣、奎壁、吉貝、網垵、水垵等五澳收成尚夠五分。又赤崁、通梁、西嶼東西等四澳，距海最遠收成五分有餘。又鎮海、瓦硐二澳收成共有六分。通盤計算澎湖雜糧收成實有五分，並未成災。〔註32〕

可見即使在澎湖這樣邊遠地區，對災害的認定也必須首先由澎湖廳行政長官即澎湖通判提出報告，再由其上司台防同知攜員親赴現場予以評估損失程度；最後由福建巡撫或閩浙總督奏報朝廷予以認可。並嚴格規定，如果預計收成達到五分即不成災。〔註33〕

　　除文獻所載外，最可貴的是古典詩留下不少相關之作，除以證史外，更看到官民互動，感人的一幕。其中最為人熟知者，是道光十一年（1831），澎湖夏旱，九月秋，迭遭大風、鹹雨，冬大饑，民食艱難，通判蔣鏞籌捐義倉錢三千餘串，先濟貧民，又借碾兵米，減價平糶，復通報請恤。興泉永兵備道急調地瓜十萬斤抵澎賑濟。道光十二年（1832），道員周凱、徐必觀等政要上島視察，謀求對策。〔註34〕

---

〔註31〕 參見水電部水管司科技司等編：《清代浙閩臺地區諸流域洪澇檔案史料》（臺北市：中華書局，1998 年。）

〔註32〕 同上註。

〔註33〕 參見徐心希：〈清代澎湖地區的自然災害與相關問題研究〉（論文天下論文網，2007 年），頁 6～7。

〔註34〕 《興泉永道周凱等奏摺》（道光十一年九月）（《明清史料》戊編第二本，頁410）。

　　周凱到澎湖賑災，以詩記事，紀錄一路所見所聞所感，賦〈乞風行〉、〈道光壬辰三月十七日放洋〉、〈十八日抵澎湖潮退風作不能進口收泊峙裏〉、〈乘小舟登岸宿峙裏陳氏祠堂〉、〈十九日自峙裏至媽宮灣〉、〈勘災四首〉、〈撫卹六首答蔡生廷蘭〉等，〔註35〕以及同行官員相唱和，徐必觀賦〈道光壬辰春仲，周芸皋觀察來澎撫卹蒙賜詩集五種；即用襄陽集春遊雜興八首韻賦呈〉、蔣鏞賦〈芸皋觀察莅澎撫卹，恩及官民，敬呈五律三十六韻〉、沈長棻賦〈壬辰春，來澎隨辦賑務；臨行賦此，爲蔣懌荼刺史誌別〉、施模賦〈隨辦賑務畢，作長歌四十韻，爲蔣懌荼刺史誌別〉、蔡徵蕙賦〈壬辰仲春，隨徐幼眉年丈渡澎查賑，當道諸公迭有唱和，勉成七言排律一首，爲蔣懌荼年丈誌別〉等等，諸詩除描繪澎湖自然景觀外，最主要的是反映了當時澎湖遭風災、旱災、鹹雨災，人民生活窘困之情形，以及清朝對於自然災害的措施，更重要的是從詩中看到官員體恤百姓的仁風。雖然體恤民情是政府官員所應具備的基本態度，但亦非官官皆能如此，故值得讚美，值得一書。

　　道光十二年（1832）三月，周凱奉檄前往澎湖救災，未能得風便，而泊料羅，遣官到厲王廟，〔註36〕願乞風得行澎湖，神明許以十七日放洋，後賦〈乞風行〉記其事：

　　　　東臺西廈澎湖中，夏秋往往多颱風。去年九月颶更甚，海飛鹹雨枯青蔥。凱也奉檄視災眚，配船直向東瀛東。那知祭風行有期，淋浪春雨來無時。傾盆翻雨下如注，一月寄椗虎山湄。雨止風定促開帆，偏逢毒霧相遮銜。混然天地成一色，不辨島嶼礁石之巉巖。腥風鹽沫噴衣濕，顛倒心肝嘔欲絕。嘔欲絕。幸霧滅，又值東風來作逆。往來梭織金山阿。八日不得到料羅：使者暝眩僮僕疴，長年三老嗟蹉跎。使者暝眩不足惜，嗚呼奈此澎民何？饑不得食寒不衣，身無翅翼誰能飛？一月兩月難久稽，有錢在艙薯可糜。遙遙相望不得成餉遺，對天呼搶空歔欷。歔欷不已叩頭泣，願乞一帆風西北。今宵

<hr>

〔註35〕周凱（1779～1837），字仲禮，號芸皋，嘉慶十年進士，殿試二甲，授翰林院庶吉士，後改編修。道光十年（1830）任福建興泉永道，至任之初有感廈門爲海疆要地，與孫雲鴻等先後纂修《廈門志》、《金門志》爲守備志書。道光十一年（1831）澎湖饑荒，道光十二年（1832）親往發放賑災銀九千餘兩，又將所見所聞志《澎海紀行詩》二卷。道光十六年（1836）調任臺灣兵備道，次年（1837）七月，病歿於任所。

〔註36〕厲王廟在今金門東林村，爲祀奉唐朝抗賊名將張巡。

　　　吹到媽宮灣，大沛皇仁徧海國。徧海國，沾皇仁，俯鑒臣心一縷眞。
　　如天之福民得食，手擲盃珓卜云吉（是日遣官至厲王廟擲珓，許十
　　七日放洋）。

詩前寫到何以乞風的原因，乃因去歲九月澎湖颶風，海飛鹹雨枯死農作物，他奉檄賑災澎湖，卻因傾盆大雨如注下，不得開拔，寄椗虎山一個月。待到雨止風定可開帆，又偏逢大霧，混然天地成一色，不辨島嶼礁石之巉巖。腥風鹽沫噴衣濕，振得心肝顛倒嘔吐欲絕。幸好霧滅，怎又遇上東風來作逆，就這樣往來梭織金山阿，航行八日不得到料羅。這樣的折騰也罷！心中牽掛的是澎民饑不得食、寒不得衣，自己又無雙翅可飛抵，有錢有糧卻無法送達。但此事亦不得耽擱，無助時遂乞求上天庇佑，能吹來一帆西北風，今宵得以到媽宮灣。此見周凱也深受民間信仰影響。詩中最感人處：「使者瞑眩不足惜，嗚呼奈此澎民何？饑不得食寒不衣。」相較草菅人命者，周凱民胞物與的襟懷，足以歌頌。而詩末言：「大沛皇仁徧海國。徧海國，沾皇仁，俯鑒臣心一縷眞。」以一內地官員視這一片海國，全力賑災，讓這一海國同沾皇仁。十七日得以放洋，此事當記，賦〈道光壬辰三月十七日放洋〉：

　　　東風稍殺北風勁，庶幾可以借帆力。況有山神預告期，未敢遲延誤
　　晷刻。縱然掀簸我不妨，自矢平生志無惑。澎湖奈較臺陽高，往來
　　尚須幾梭織。直到料羅最上頭，南鍼方指巽方直（海國聞見錄：澎湖在
　　巽方）。朝暾未起早開船，舵工轉舵日中昃。猶恐太蚤不見山（凡渡臺
　　者以天明見澎湖山為準，遲早皆誤），駛回重把帆繚勒。此時舟行亦怖人，
　　浪比山高穿崷崒。一起上欲干雲霄，一落不知千萬尺。天光黝黯水
　　光黶，天水膠粘合成色。煩矣月出冷無光，蕩搖那辨輪盈蝕。堆成
　　萬片碧玻瓈，混漾轉使中心側。一舟難擬太倉梯，孑然中處我其一。
　　人生紛攘亦何爲，何甞螻蟻分疆域。方興浩歎忘顛危，出海請我艙
　　中息。神奇怪異百不聞，襆被蒙頭守緘默。天明試問澎湖山，但見
　　毫芒一痕墨。心疲力倦雙睫交，夢魂已入南柯國。

銜接著乞風後，眞是東風稍弱北風勁，概可以借帆力，更有山神預告放洋日，一刻也不敢遲延，朝暾未起就早早開船。急於救災的心情可見。從禱厲王廟之舉，亦見因人類對大自然的敬畏而起的信仰。「縱然掀簸我不妨，自矢平生志無惑」句見周凱愛民之心。「澎湖奈較臺陽高，往來尚須幾梭織。……堆成萬片碧玻瓈，混漾轉使中心側。」寫航行所歷所見，令其難忘者：「浪比山高

穿巇岏。一起上欲干雲霄，一落不知千萬尺」，浪一起直上雲霄，一落直墜千萬尺，心臟再強的人也難以承受。詩人善於運用映襯與誇飾，讓讀者也深感其境之險峻。舟行於此，人儘能以滄海一粟爲喻，再藐小不過，詩人不由得感慨：「一舟難擬太倉梯，孑然中處我其一。人生紛攘亦何爲，何嘗螻蟻分疆域。」這是大海給人最好的啟示。方興浩歎，都忘了顛危。十八日終抵澎湖，卻又逢潮退風作，不能直進馬公港，而轉泊峙裏。有詩〈十八日抵澎湖，潮退風作，不能進口，收泊峙裏〉：

> 夜渡黑水溝（即黑水洋，其水獨窪，故又稱溝），朝見澎湖山。小奚先拍手，喜得履人寰。忽地東風狂似虎，竹篙灣前難轉彎。我帆力與風力持，自辰及午力漸孱。欲進不能退不可，裏頭弟兄（水手呼弟兄）汗潸潸。舵公無計問斗手（斗手能至桅頂望風色），出海失聲呼亞班。西嶼吼門不可到，山寮花嶼胡能灣（泊船一稱灣船）！桶盤頭、風櫃尾（澳名），石齒巉巉如豻豜；四角仔、八卦水（澎湖潮水四流，名八卦水），濤頭簇簇如刀鐶。惟有峙裏差可泊，對面虎井尤兇頑。去冬臺灣陳大令，身落水櫃浮瀺灂（峙裏即陳杰峯同年失事處，〔坐〕水櫃中得救免）。其下須防犖确石，齧繩斷椗藏陰姦。倉黃議論卒無定，舵工轉柂如轉環。賴有偏裨號黃九，力持大議帆重扳（水師外委黃金創議將帆扳高數尺）。飛廉稍怯我船入，隱然茅茨見闤闠。須臾下椗風亦殺，人鬼相懸呼吸間。時也余獨艎中惡，告天無罪憐疴瘵。邪許聲息心顛定，迴顧僕從顏非顏。不然一帆出外塹（地名），中落漈水無時還。

十七日放洋，夜渡黑水溝，早上樂見澎湖山，怎料東風狂似虎，竹篙灣前難轉彎。自辰及午帆力與風力僵持著，欲進不能退亦不可，水手們各個汗潸潸。舵公無計問斗手，出海失聲呼叫亞班，望望該泊何處？西嶼吼門不可到，山寮花嶼怎能停靠！看看桶盤頭、風櫃尾（澳名），石齒巉巉如豻豜，亦難；四角仔、八掛水，濤頭簇簇如刀鐶，更難；虎井也兇頑，媽宮港附近港口，不是海濤洶湧，就是礁石巉巉，惟有峙裏差可泊。但想起去冬臺灣陳大令陳杰峯同年，即在峙裏落水，坐水櫃中得救，實應小心爲妙！澎湖有沙岸和岩岸地形，行經岩岸須防犖确石（即硵砧石），極鋒銳可齧繩斷椗。風浪顛簸中不知如何是好？幸有水師外委黃金創議將帆扳高數尺。「須臾下椗風亦殺，人鬼相懸呼吸間」道盡海上交通之危險，無助間只能祈求上蒼憐憫無辜的人們！下椗後乘小舟上岸，夜宿峙裏陳氏祠堂。〈乘小舟登岸，宿

峙裏陳氏祠堂〉：

> 泊舟旣初定，汛礮聲連連。老幼集如蟻，知是賑卹船。黃九手招邀，
> 小艇呼來前；勸我且登岸，實地心無懸。從者皆不可，云我乃大員；
> 浪湧百丈高，舟小一葉扁；豈可冒險阻，而令大事捐。其言亦中聽，
> 余心不謂然。姑令黃九試，來去飛翩躚。抱印送同登，海水衣裳湔；
> 漁人脫簑笠，覆我亦可憐。父老遮相迓，環拜焚香烟；云有小祠宇，
> 可以暫周旋。到岸轉暈眩，欲語無由宣。坐定問疾苦，父老雙淚流。
> 謂遭去年旱，顆粒不得收；謂遭去年風，禾麻皆無秋；謂遭去年雨，
> 鹹水飛颼颼；謂遭去年寒，肢體成傴僂；覓食無去所，討海難自由
> （捕魚海中，俗謂討海）。非惟人死傷，災及雞犬牛。雖有賢父母，錢穀
> 時相賙；吾民饑者眾，有惠奚能周！殘冬強支拄，新歲誰綢繆？海
> 舶不得來，海風不肯休。聞公勞遠涉，老民歡且憂。望公如望歲，
> 厥疾今其瘳。聞言心孔悲，我亦涕盈眸。告民且勿憂，聖恩實周瞻。
> 大吏聞報書，夙夜咨昏墊；偏災已入告，命余來勘驗。府庫出帑金，
> 實惠定徧沾。旣已濟爾食，且當貸爾欠。況有臺陽米，兩地相并兼。
> 著乾與金錢，可以資屬屬。緣余阻風濤，勞民遠挂念。爾民其少安，
> 暫歸爾澳塹；明當發倉儲，小大無忒僭。父老各欣欣，口中猶唸唸。
> 東家獻茶湯，西家薦帷幨；帷幨破且潔，茶湯苦且鹹。令余心忘危，
> 受之愧生忝。行李絡繹來，僮僕相踵至；斗室不能容，何必求全備？
> 掃地供爨炊，度床商位置；一夕亦紛紛；僮僕太多事，連宵履虛無，
> 今得踏實地。散步海之涯，牆東見蕭寺。廟貌何頹唐，敗壁張告示；
> 累累數百言，一字一珠淚。勸民相賙恤，勸民相借遺。讀之未終篇，
> 賢哉歎循吏。所以濱海民，饑死無誹議。歸來不成餐，一覺覓熟睡。
> 回視所乘船，門前孔顛墜。痛定復思痛，中心猶怖悸。

泊舟旣初定，汛礮聲連連。大家知道是賑卹船，扶老攜幼聚集如蟻。黃九勸周凱上岸較踏實，然浪湧百丈高，乘小舟登岸也是十分危險，隨從則勸他不要冒險登岸。聽似有理，但是想起嗷嗷待賑的災民，冒著生命危險也得登岸。「姑令黃九試，來去飛翩躚。抱印送同登，海水衣裳湔；漁人脫簑笠，覆我亦可憐。父老遮相迓，環拜焚香烟」讀之令人動容。上岸坐定聽民訴疾苦：又是旱災、風災、鹹雨災，海風強勁商船不肯來，缺糧又缺食。非惟人死傷，災及雞犬牛。雖有蔣鏞賢父母，錢穀時相賙，但是饑民眾多，有惠怎

能周全！其慘狀可見。聽完父老訴苦，周凱提出安撫的措施，希望民眾安心，先回家，明日發倉儲。也因受風濤所阻，讓百姓久等，而深表歉意，周凱實是一位勤政愛民的好官員。暫宿陳氏祠堂時，大家忙著張羅一切，「東家獻茶湯，西家薦帷幨；帷幨破且潔，茶湯苦且鹹。令余心忘危，受之愧生丞」居官不傲的仁者胸懷，可敬！連夜海上，今得踏實地，遂散步海邊，牆東見蕭寺，見廟貌頹唐，敗壁張貼告示，累累數百言，一字一珠淚，無不勸民相鬪恤，勸民相借遺。周凱讀之未終篇，讚嘆循吏賢良。有如此的父母官，所以濱海民，即使饑死亦無誹議。此處足以佐證方志所載蔣鏞是位愛戴百姓的好官員，澎民幸甚！洋洋灑灑一百一十二句，讓人感受到周凱悲天憫人的形象與其蒼勁古樸的詩風。十九日自嵵裏至媽宮灣，〈十九日自嵵裏至媽宮灣〉：

> 相送環呼涕淚潸，牛車薄筤走間關。地無種植田三畝，家有帆檣艇
> 一般。海菜爲羹多菜色，漁人乏食少人顏。旌旗隊隊來前導，五里
> 亭邊手共攀。

宿嵵裏晨起，準備前往媽宮灣，百姓相送環呼涕淚潸潸。牛車走在間關小道，周凱看到的澎湖景象是：地無種植田三畝，家有帆檣艇一般。海菜爲羹多菜色，漁人乏食少人顏。人民生活疾苦，缺少食物，即以海爲羹，各個面黃肌瘦。當時澎民生活困苦，地力不足，天候不佳，致使食糧供應短缺，有錢人家才有蓄薯可食，餘多採海菜爲食，海菜過量食用造成臉水腫，氣色極差。周凱眼見此景，憐惜不已。〈勘災四首〉更詳細書其所見所感：

> 大澳澎湖一十三，海山斷續海東南。牆堆老古石猶白（石多海沫結成，
> 有鹽鹼，年久者堅，呼老古石），菜煮糊塗粥亦藍（以海藻、魚蝦雜薯米爲糜，
> 呼糊塗粥）。牛糞燒殘炊榾柮，魚糧乏絕摸螺蚶。劇憐人與鮫人似，
> 可惜氷絲不育蠶。

> 白浪掀天萬丈飛，夕陽閃閃動漁磯。有錢家始煨紅芋（薯一呼紅芋），
> 無罪人多着赭衣（漁人以柿漆染衣，色紅）。但聽狂風連日吼，難逢零
> 露見朝晞（澎無露）。臺陽咫尺偏殊俗，三熟猶聞稼穡肥（臺灣露盛如
> 雨）。

> 一片平蕪滿目荒，雨餘及早種高粱。村無榕樹連陰碧（澎地並少榕），
> 路見蒲英幾朵黃。花嶼前頭難寄椗，竹篙灣裏好歸航。北埼渺渺尤
> 橫絕，鐵皮沙遮吉貝鄉。

劵面風吹兩鬢蕭，此行敢憚涉嶇嶢（山多砢礲）！有懷欲抵將軍澳，何處重尋菩薩寮（明盧若騰官浙江，多善政，民呼盧菩薩。鼎革後結寮澎湖，著作甚富，見「臺灣志」）。颶母秋濤曾作謔，海翁春日要來朝（海翁大魚重數千劻，三月天后誕日來潮，必三躍而去，風浪大作，見「澎湖紀略」）。嗟嗟且共安耕釣，定卜堯天雨露饒。

見澎民衣食狀況，周凱不禁嗟嘆：「臺陽咫尺偏殊俗，三熟猶聞稼穡肥」，臺灣本島與澎湖所距不遙，人民生活狀況卻相距甚遙。又賦〈寄臺灣平遠山觀察（慶）詩以代柬〉娓娓道盡其到澎湖賑災所見及見解：

澎湖一島若可棄，乃與臺、廈相控援。屹立滄溟大海中，褊小疆隅難比縣。不產禾苗產雜粱，習慣波濤業漁佃。去秋颶颺風為災，鹹雨飛飛浪花濺。今春渤澥我開帆，海波陣陣心旌戰。及抵澎山日已遲，人無人色面非面。那得著絲煮為糜，但撈海菜日充嚥。苟非義倉錢三千，民命不絕已如線。鳳山徐令目見之，分查戶口同二掾。酌濟災黎辦八分，菁米金錢亦云遍。聖恩如海自汪洋，大府關心尤眷戀；蔡子澎湖特起才，獻我新詩頗婉孌。心傷梓里少多藏，社倉欲救饑饉浹。書生識見未云周，我讀其詩心竊善：綢繆未雨小民知，康濟同心吾輩見。社與義倉理則同，力苦澎民孱且倦。臺陽乃是產米區，盍酌盈虛權通變？以補不足賴有餘，集眾人力工易奠。撥數千石資澎湖，有備無患民欣忭。社倉、義倉分或兼，官捐、民捐從所便。常平額設有成規，兵米無多僧借碾。但令海島富倉儲，宿飽家家米價賤。旱潦倘或遇偏災，豈作倉皇幕巢燕！我公臺海頌神君，定有計謀計安晏。同舟共濟合獻知，越俎代謀自嫌擅；作歌聊以當書牋，博得開緘一笑囅。來朝聞說好開船，怕見風濤筆先顫。

周凱、徐必觀上島視察後，周凱以詩代柬寄臺灣平遠山觀察。詩首言澎湖地理位置之特殊，然偏處大海中，一切難以與縣比，不產禾苗產雜糧，人民於波濤中討生活。言「澎湖一島若可棄，乃與臺、廈相控援」，澎湖棄守似乎一直困擾著清廷：棄，其又與臺、廈相控援，交通要衝，國防重地；不棄，地力不足，農產不豐，荒災連連，賑濟耗盡人力、物力、財力。言此，甲午戰後，清朝還是將臺澎割讓與日本，清朝始終還是未將其真正放在心裏。

經過一番風雨折騰，周凱與隨行者終於將大清皇恩遠播澎湖海國，一到

澎湖，分察受災戶，開義倉、社倉救民，並從產米的臺陽，撥數千石到澎湖。並將所見化作一首首動人的詩歌，留傳下一幕幕與澎民相遇的感動。

　　周凱詩中亦特別向平遠山觀察提起澎湖有一才子蔡廷蘭，詩作頗婉孌。蔡廷蘭作急賑歌上呈周凱，激盪出一段讓人津津樂道的文學史事。〈請急賑歌〉四首之一，云：

> 昔讀寶儉箴，貴粟賤金帛。昔聞袁道宗〔註37〕，蜀賑上六策。又聞林希元，荒政叢言摘。三便與三權，六急從所擇。自古以為然，周閭救藂尼。況茲斥鹵區，民貧土更瘠。年來遭旱災，滿地變焦赤。又被鹹雨傷，狂颷起沙磧。海枯梁無魚，山窮野無麥。老稚盡尫羸，半登餓鬼籍。丁男散流離，死徙無蹤跡。所賴別駕仁，捐廉先施借。向來失預防，社穀祇虛額。乾隆十六年，官捐二百石。移歸臺邑倉，陳腐實可惜。何不撥數千，存貯常平積。平糶假便宜，採運收補益。茲法如堪行，從長一籌畫。

開頭從「昔讀」起句，接著「昔聞」，再言「又聞」，從昔時賢人入手，節奏緊湊，寫出急賑的原因，況乃澎湖民貧土更瘠，情況更為慘重。本已是貧瘠，年來再遭旱災，滿地變成焦赤。雪上加霜，本已遍地焦赤，又被鹹雨傷。旱災、鹹雨災、風災的肆虐，使得「海枯梁無魚，山窮野無麥」，民無物可食，老稚盡是尫羸，半登餓鬼籍；丁男顛沛流離，死徙不知蹤跡在何。字字血淚，慘狀不忍卒睹，讀之哀悽。這樣艱厄的環境，也是無可奈何，蔣別駕也非常仁慈，常常自掏腰包救災民。但是蔡廷蘭也要向周凱提出他的看法：澎湖常遭饑荒，歷來卻很少有妥善的預防措施，社穀只是虛額。言乾隆十六年（1751），官捐二百石，結果移歸臺邑倉，任其陳腐，實在可惜。蔡廷蘭建議撥數千，存貯在常平倉。常平倉在媽宮，即文倉。雍正七年（1729）定議，撥儲澎湖常平倉穀五千石。因通判王仁憂慮澎地潮濕，呈詳「懇將撥運澎倉穀三千石仍寄儲臺、諸二邑，設遇臺郡歉收之年，杉板頭船隻無可買運，即當行令臺、諸二縣將寄貯倉穀立速撥運過澎，隨時糶賣。」但是每次需運增貯澎倉穀三千石時，卻屢次被批駁。胡建偉感嘆不得如數運貯者，皆因前廳王仁從前借潮濕推卸，不肯實貯足額之所致。胡建偉又為澎民抱怨，從雍正五年（1727）改設廳員「迄今四十餘年，生齒日繁，大非昔比。況海外要地，積貯宜充，即使運足五千石之數，尚虞其少。今於五千石之額，尚缺三千石

---

〔註37〕　筆者按：「袁道宗」應為「袁宗道」之誤。

之多，得不爲之深慮乎？」〔註38〕到光緒時，澎湖仍不足五千石。〔註39〕

　　此次的賑災詩中，蔡廷蘭強烈反映當時倉儲制度的缺失。常平倉問題如上述，社倉問題也不小。澎湖本有社倉，後移至臺南縣邑，澎湖需急賑時，得經過層層關卡，緩不濟急。若再遇上大風起，交通中斷，有時賑濟的穀糧就擱置在臺邑倉內發霉腐爛。胡建偉《澎湖紀略》載：

> 雍正八年，大府奏辦社穀，飭各屬官民捐輸，自九年前廳王仁捐起，至乾隆十六年分止，文、武各官共捐社穀二百五十九石。是年八月，臺灣府陳關移稱：「澎湖係屬臺邑，應將該廳社穀歸入臺邑撥貯三萬石內造報，以符額數。」前廳何器遂於十一月將社穀二百一十五石碾米移澎營，抵作撥臺穀石。又於十八年將兩年分社穀八石撥縣，共撥去二百二十三石，尚存三十六石，奉文改作溢捐穀石，歸入常平倉存貯。

乾隆十六年（1751），因臺灣府的一句話，將澎湖廳社穀歸入臺邑社倉。沒錯，當時澎湖屬臺邑，穀糧要合併計算。於理似乎可通，但澎湖地理環境特殊，孤懸海外，又無產稻米，急需穀糧時，遠水如何救得了近火。何器通判竟未顧及民食，未陳述上級，乖乖將社穀二百一十五石碾米移澎營，抵作撥臺穀石。又在十八年（1753），將兩年分社穀八石撥縣邑，共撥去二百二十三石，還剩下的三十六石，奉文改作溢捐穀石，歸入常平倉存貯。故胡建偉氣憤的說：

> 向使何前廳能軫念民食，自應委曲詳請列憲，澎湖既屬臺邑，今臺邑社穀至三萬石之多，是臺邑處處皆有社倉，則澎湖亦不可不設，請就中撥出三十分之一來澎，亦應得一千石；在上憲仁慈，澎民均屬臺邑赤子，斷不忍令獨處向隅，未有不俯准者也。乃計不出此，將澎積社穀反歸臺邑，致令產米之地倉有餘糧，不產米之處反無粒貯，是誰之責耶？

產米地區穀倉有餘糧，沒產米的地區，反而沒半粒米！官之賢與不賢，有此可見。有見於此，道光十一年（1831），蔣鏞就發起在澎湖設置義倉，由官民捐贈，交由蔡廷蘭管理。林豪《澎湖廳志》載：

> 道光十一年，通判蔣鏞勸捐義倉穀價，自捐俸錢七百千文，副將吳

---

〔註38〕參見胡建偉：《澎湖紀略‧倉儲紀》。
〔註39〕參見林豪：《澎湖廳志‧規制》。

朝祥捐錢二百千文，在地紳民陳均哲、黃寬、紀春雨等各捐錢四百
二十千文，生員陳大奎、民人李賞、陳春等各捐錢一百千文，左營
遊擊邱鎮功、右營遊擊湯榮標等及各商民陸續湊捐，共得錢三千五
百八十五千文。陳均哲三名，詳請議敘，餘分別給獎「尚義可風」
匾額及花紅等件。自十三年起，發給支單六十九張，分各澳總理赴
署承領，前去生息，年底結數報官。倘遇歉歲，預購薯絲、雜糧，
以濟民食。俟有盈餘，建蓋倉屋存貯，出陳易新，以垂永久。總理
五年一換，由紳董舉充，以杜私弊。當時承領者有文澳社總理辛振、
媽宮市總理廖佼等，共七十三人，俱詳報在案。又給諭付義倉總董
廩生蔡廷蘭、生員陳大業、吳文光、郭朝勳、徐騰等二十一人收執，
分澳稽查。倘有總理侵用情弊，隨時僉稟另舉，並追出舊管母、利，
交新總理出具收管生息。如有狥隱不報，將來稟追無著，惟該總董
事及鄉甲分賠，立有章程附卷。

此段記錄了道光十一年（1831）蔣鏞勸捐義倉的情形，載有捐贈者的名單、
數額，義倉的章程與運作情形。蔣鏞之賢，於捐贈之踴躍可見。若非平日作
為深受人們肯定，無以至此。

　　蔡廷蘭緊抓著周凱到澎湖賑災的好時機，將澎民的問題，透過詩文一一
呈給上級，周凱也一一做了回應，蔡廷蘭〈巡道周公有社倉之議言事者慮格
於舊例公概然力任其成立賦撫卹歌六章發明天道人心之應淋漓悽惻情見乎詞
用述其意更為推衍言之續成長歌一篇〉一詩即表達了對周凱此次賑災之舉的
感謝。他不受舊例之限，成立社倉；又賦撫卹歌六章，情深意切的闡述天道
人心之應，開導澎民善心善念善行，蔡廷蘭深受其感召，賦歌云：

大靈無涕登蒼穹，叫閽不答天夢夢。開闢以來千萬劫，水火疾疫與
兵戎。誰言盛世無災祲，堯水湯旱周大風。黔黎渾噩不知識，空自
披髮號鴻濛。宣經念佛渾多事，惟有行善可回造化工。福善禍淫應
如響，普天之下其理同。薄海蒼生吾赤子，縈豈澎湖一隅中。澎湖
一島臨汪洋，西扼金廈東臺陽。干戈盜賊總無患，往往凶歉遭奇荒。
未若去歲更周章，黃髮遺民見未嘗。四月下種六月旱，旱氣蒸鬱為
螟蝗。七八九月鹹雨灑，腥風瘴霧交迷茫。早季晚季顆粒盡，饑死
者死亡者亡。別駕蔣公痛悲憫，心如亂髮紛鬘鬘。馳書乞援赴郡城，
郡城大吏動怦怦。檄委賢能急省難，沈施贊府來經營。稽查按驗分

勞役，尅日編成戶口冊。徐公繼至亦嘆嗟，率先安撫籌良策。諸君實力齊勤民，豈等秦越視肥瘠。觀察周公玉堂英，揚帆遠使觀滄瀛。慈帆穩渡叱蛟鱷，抵岸旋聞呼癸庚。視民疾苦卹民隱，長歌一闋詳民情。酸辛一字一涕淚，撫楮長為太息聲。勝披鄭俠流民狀，不愧次山舂陵行。公有福力能起死，變醨養瘠緣真誠。代公甫到毒龍竄，房豹初臨泉味清。一朝麾節移澎疆，免爾溝壑公能當。貧民三萬七千口，量賑萬幣充饑腸。極貧兩月得全活，次貧週月慰所望。斟酌多寡不一例，其實次貧亦慘傷。挪借稱貸計已盡，縱有田地難換糧。黿鼉蘆葭遺此地，本酪竹花尋何方。豈無山蔬與海菜，啖之令人病而僵。胡不暫支廳庫先施借，約以秋秒來抵償。權宜破格恩乃濟，斯真救時藥之良。知公用心亦大苦，再議善後設社倉。陸續撥運不費力，襄諸大府修封章。臺邑倉庾素充積，以盈濟虛兩無妨。上達天聰應嘉取，議本通行制已古。慮或因陳致紅腐，年年糶之年年補。有時巨浪阻風檣，糶價不須愁奸商。一遇青黃呼吸至，官亦云便民亦康。想到此際休徬徨。吁嗟乎，讀聖賢書學何事，急切難救梓與桑。遍訴當途聽斯語，立法為民計久長。

起句「大靈無涕登蒼穹」到「福善禍淫應如響，普天之下其理同。」呼應周凱〈撫卹六首答蔡生廷蘭〉：「天災降有由，由民心所致。……側聞瀕海民，見海舶失事。拯物不拯人，乘危搶奪肆。」的理論，強調遇災害，宣經念佛是無濟於事，應平日多行善才是。「薄海蒼生吾赤子，緊豈澎湖一隅中。……旱季晚季顆粒盡，饑死者死亡者亡。」寫澎湖遭遇歲凶荒，民煢獨。「別駕蔣公痛悲憫，心如亂髮紛鬖鬖。……豈等秦越視肥瘠。」敘述別駕蔣鏞視民如孫曾，心傷澎民苦，快快馳書向郡城乞援，以及施澹人、沈荔江二巡檢前來賑災的措施。「觀察周公玉堂英，……官亦云便民亦康。」以長篇幅敘寫周凱來到澎湖賑災的措施，解決了「貧民三萬七千口，量賑萬幣充饑腸。極貧兩月得全活，次貧週月慰所望。」蔡廷蘭詩中也提出了見解，認為次貧亦慘傷，可以挪借稱貸都已盡，即使有田地也難換糧食。僅能吃山蔬與海菜，但是吃多了令人病且僵。因此蔡廷蘭建議何不破格先暫支廳庫，施借次貧，約定秋秒抵償。周凱聽後仍覺不妥，但是提議善後設立社倉。恢復在澎湖設立社倉，有備無患。若遇巨浪阻風檣，不必須擔憂奸商哄抬物價；若遇青黃不接時，可即時撥賑。胡建偉的抱怨，到周凱賑澎，社倉的問題終於解決，蔡

廷蘭想到澎民終可脫離饑荒時的窘困，不禁釋懷的說：「想到此際休徬徨」。
又周凱〈撫卹六首答蔡生廷蘭〉詩言：「監放選紳士，手不假隸胥」發放時由
當地有名望的紳士負責，而不假手隸胥，想來周凱也知道里胥霸道之行。周
凱諸多的舉措，澎民感念在心，無怪乎離開時，澎民夾道送別。蔡廷蘭又特
別賦〈再呈周觀察〉二首：「絳節新從海外移，錦囊又補紀遊詩。三千幣運籌
加賑，十萬生靈免阻饑。憂世真同由己切，受恩翻悔得公遲。社倉重蹤南康
議，他日澎山繫去思。」、「領略芝顏笑語親，金針密度指迷津。揮毫字挾風
霜氣，下榻光生雨露春。早有瑤篇公海內，又攜珊網遍湖濱。探懷欲把心香
爇，不省雲泥隔此身。」作為賑災的尾聲，蔡廷蘭要深深地再感謝周觀察這
趟的賑災行。澎民因其免阻饑，自己則受其手錄讀書作文要訣，於民於己都
獲益良多。

此外，地方官蔣鏞也申表謝意，賦〈芸皋觀察蒞澎撫卹，恩及官民，敬
呈五律三十六韻〉，云：

澎地稱天險，閭閻少蓋藏。頻年風作颶，逐月雨求滂（澎地每月必得
透雨一次，可望有秋）。去夏逢奇旱，經秋值異荒。飛廉先震烈，鹵霰
忽飄颺。嘉種榮隨萎，窮簷饍莫償。偏災何太甚，生計預思防。上
告祈蠲賑，捐輸借義倉。郡垣馳轉報，府檄選賢良。挽粟心誠亟，
驚濤憩未遑。鯤身回棹險，鹿耳片帆張（徐幼眉同年、沈荔江、施澹人二
贊府於十一月捧檄登舟，因風飄泊鹿耳門口外，放洋回棹數次，冒險至新正二十五
日仲春九日先後抵澎）。一至民皆喜，千村頌允藏。迨聞蜕節蒞，益慰
翳桑望。國帑攜高艦，皇仁載畫航。歡聲騰海嶠，福曜鎮危檣。蔣
裏欣先睹，茅簷忻異常。曩時臨鄂渚，出守始襄陽。教養人馴雉，
栽培澤遍桑。黃州迎竹馬，赤壁蔭甘棠。梓里神君頌（公自襄陽太守
至觀察漢黃，鏞雖承乏閩疆，側聞梓里口碑載道，心嚮往之），榕城治譜彰。
鷺門歌草偃，澎島被春光（公因撫卹蒞澎，官民欽仰）。發粟周窮壤，分
財散僻鄉。鴻嗷咽以奠，鵠面轉為強。貧極籌加賑，恩深遍浩洋（極
貧加賑一月，無項可籌。適公由廈庫提銀來此，諭即借放，俾窮黎早沾實惠）。得
人兼審戶，訓俗本型方。愛士般提命，除頑重激昂（公因蔡生廷蘭呈詩
請賑，作撫卹詩六首示之，兼為澎民遇有失水船隻拯貨不拯人者勸戒焉）。群僚
叨獎借，守士益慚惶。薪米儲行灶，輿臺裏宿糧。已慚無供帳，翻
荷賜琳瑯（公隨從薪米皆係自備，不受地方供應，體卹逾常）。大集輝雲漢，

新詩織錦章。隆施書共畫，妙品晉兼唐（蒙賜詩集、聯扇、書畫各珍品）。
畫節佇西指，安瀾迓吉祥。勳名馳魏闕，峻秩擢封疆。霖雨寰區洽，
釀膏薄海翔。高深洵莫贊，淪浹總難忘。俚語抒忱悃，微材沐直匡。
豐熙期在邇，廈庇海天長（臺廈相距甚近，時切瞻依）。

洋洋灑灑三十六韻五律，代表自己也代表澎湖居民對賑災官員的答謝。由澎
湖地理環境談起，閭閻少蓋藏，常遭風災、旱災、鹹雨災，深受饑荒之苦，
到官員賑災情行，以及之間的互動，詩詞珍物的互贈，都做了描述，除見
蔣鏞的詩才，真性情外，可謂為此次賑災做了最貼切的描述與完美的總結。
蔣鏞算是一位賢良官員，林樹梅在其歸田時，特地畫了一幅施賑圖相贈，
謂「澎之山水亦與高風仁政共千古」可見，並賦〈澎湖施賑圖歌送蔣懌葊
司馬歸楚（道光辛卯（1831）夏，澎湖旱潦，冬乃大饑，通判蔣懌葊先生籌賑報卹，全活
無算，今將歸田，樹梅謹繪施賑圖以送，庶幾此圖長在左右，而澎之山水亦與高風仁政共千
古焉。）〉云：

君不見澎湖浮島東海東，土田磽瘠無上農。豐年狼戾〔註40〕中歲歉，
況乃一旦遭荒凶。又不見澎湖四面環一水，居民半作漁家子。片帆
朝出暮不歸，海上風波險如此。我生金門澎為鄰，海邊耕釣猶澎人。
最憐生寡食者眾，勞苦無過澎之民。歲在卯，月在午。旱魃張，雨
鹹雨。噫風颶母助炎威，腐草枯禾挾沙舞。此時澎田不可耕，此時
澎海無人行。眼看萬頃土裂甲，坐使萬戶人呼庚。蔣侯蔣侯古賢者，
哀此哀鴻淚盈把。急上書，賑官錢。急請命，祈神社。但求嗷嗷吾
民無化離，悴也受咎烏敢辭。嗚呼微侯肉白骨，澎民什八填溝壑。姓
名傳頌滿閩疆，西廈東臺亦稱說。即今解組將歸田，萬人擁哭如當
年。清風但覺袖可貯，遺愛曾見鞭長懸。我於蔣侯稱父執，今日重
逢感疇昔。作圖再拜送君行，丹青難狀循良績。君攜圖，歸黃州，平
生此事堪千秋。他時兩地談仁愛，楚水閩山佳話留。〔註41〕

一個「君不見」，再一個「又不見」，寫出澎湖生活環境惡劣，不論務農或捕
魚，生活都很勞苦。從「歲在卯，月在午」到「此時澎田不可耕，此時澎海
無人行」，即書寫道光十一年（1831）那一次嚴重的天災，旱魃張，雨鹹雨，
颶母助炎威，腐草枯禾挾著沙舞，澎田不可耕，澎海無人行，大地一片死寂。

〔註40〕 「豐年狼戾」：形容糧食充裕富足。
〔註41〕 此詩收於《歈雲詩鈔》、《歈雲山人詩鈔》。

「眼看萬頃土裂甲，坐使萬戶人呼庚」，蔣鏞看了流離受難的災民，心疼不已的淚盈把。「急上書，賑官錢。急請命，祈神社」，心急的用盡辦法幫助澎民。祈請神明「但求嗷嗷吾民無仳離，倅也受咎烏敢辭」，自己願一人擔受災禍，只求蒼天不要讓他的百姓仳離，真令人尊敬的官員。因為蔣鏞積極的籌賑報卹，拯救了許多澎民。林樹梅的詩再一次見證蔣鏞是一位人饑己饑，人溺己溺的好官員，蔣鏞的名聲也因此傳遍閩疆、廈門、臺灣。當他解組歸田時，萬人擁哭如當年災荒，見眾人之不捨。臨別相贈以圖以詩，林樹梅再次提起當年饑荒蔣鏞的賑災嘉蹟，不禁讓人再次讚嘆這位不可多得的循良吏。孤島澎湖，可謂幸矣！

　　許惠玟在《道咸同時期（1821～1874）臺灣本土文人詩作研究》第七章〈本土詩人眼中的臺地災難〉一節，提出個疑惑，為什麼遊宦文人對臺地震災、水災、旱災、饑荒的書寫，數量遠不及本土文人，卻獨對澎湖饑荒關注，或是跟饑荒有關的事情，難道只有澎湖才有饑荒？〔註 42〕答案當然不是。從可徵的文獻記載，清臺地亦曾多次鬧饑荒。筆者認為澎湖自漢人拓墾以來，給人的印象就是地瘠民窮，多風、少雨、多鹹雨，生活環境艱困，但可愛的是多數百姓卻純樸安分，易讓人起憐憫之心，文人不忍斯民受斯苦，故為斯民發聲，期望蒼天聽到，長官聽到。

　　另外，戴雅芬在《臺灣天然災類古典詩歌研究——清代至日據時代》文中言：「傳統災異觀的理論，似乎把大部分的焦點集中在為政者的身上，……在這樣的理論基礎上，我們試圖探究臺灣古典天災詩歌所涉及的譴告思想，發現詩人並未將天災與君王的行事作結合，反而較常指向一般社會民心的反省。」〔註 43〕許惠玟《道咸同時期（1821～1874）臺灣本土文人詩作研究》一文提出不同的見解，認為：「譴告理論的內涵到了清代，並不單純只是只有天→君→民之間的關係，而應該是天→君→臣→民四者的聯結，再加上思想限制的桎梏及文字獄迭興的政治背景下，我們自然少見文人將筆鋒觸及皇

---

〔註 42〕　參考許惠玟：《道咸同時期（1821～1874）臺灣本土文人詩作研究》，頁 364。
〔註 43〕　參見戴雅芬：《臺灣天然災類古典詩歌研究——清代至日據時代》（國立政治大學國文教學碩士班碩士論文，2002 年 6 月，頁 171～172。）文中舉林豪〈逐疫行〉一詩為證，不妥。因詩中「古來青祥黑眚為咎徵，離禍犬禍隨所取。山妖水怪有由興，吾曹與公問誰使。公無杜陵忠愛之胸襟，縱誦子章髑髏能止災不侵。」（《誦清堂詩集》卷六《臺陽草・上》）表達災異是與地方執政者有關，非在民。

帝，其多將災變的緣由歸諸於『臣』，也就是執政官吏上，這種情形並不限於臺灣，而應是全清帝國的普遍現象。」〔註44〕戴雅芬探究臺灣古典天災詩歌，是將災變的緣由歸諸於「一般社會民心的反省」，也就是「民」身上；許惠玟則認爲是將災變的緣由歸諸於「臣」，也就是執政官吏身上。

筆者觀察澎湖古典天災詩歌，發現二說皆存在。周凱〈撫卹六首，答蔡生廷蘭〉、〈留別八首和徐幼眉大令（必觀）見贈韻〉二詩，認爲災祲發生的緣由，是人民行爲舉止違背天意，遭天譴。蔡廷蘭所見相同，〈巡道周公有社倉之議，言事者慮格於舊例，公概然力任其成立，賦撫卹歌六章，發明天道人心之應，淋漓悽惻，情見乎詞。用述其意，更爲推衍言之，續成長歌一篇〉云：「大靈無涕登蒼穹，叫閽不答天夢夢。開闢以來千萬劫，水火疾疫與兵戎。誰言盛世無災祲，堯水湯旱周大風。黔黎渾噩不知識，空自披髮號鴻濛；宣經念佛渾多事，惟有行善可回造化工。福善禍淫應如響，普天之下其理同。薄海蒼生吾赤子，縈豈澎湖一隅中？」蔡廷蘭認爲開天闢地以來，就不斷有水火災、疾疫、兵戎，即使盛世也是會遇上的。「誰言盛世無災祲，堯水湯旱周大風」誰說盛世就沒有災祲？堯不是有水患，湯旱災，周大風。意指災害是與君王無關的。對於當時百姓宣經念佛之舉，蔡廷蘭認爲於事無補，只有行善才有可能轉變造化，「福善禍淫」的道理是普天皆同的。意指災害是與民惡行有關，故應多行善。

林豪則認爲災祲緣於地方執政官吏未行善政，不能苦民所苦。《澎湖廳志》云：「彼民亦何辜，而獨遭此苦哉！是在官斯土者嚴防蠹役丁胥，留意拊循，以感召太和，使甘雨依旬，颶風不作，而年穀順成也。」〔註45〕他認爲澎民獨遭風災鹹雨災之苦，是因爲此地官員未能用心，任憑蠹役丁胥強壓百姓所致。地方的執政者，實繫一地之榮枯，從〈喜雨賀洪別駕其誥〉、〈喜雨四章爲鮑別駕作〉諸題可見。祈雨一有成，便欣然向通判賀喜。林豪一再呼籲爲官斯土者，要好好替老百姓著想；對於循良吏，也從不吝於讚美。

不論是歸於「民」，或歸於「臣」，其思維皆屬董仲舒的「天人感應」、「敬天畏天」的思想範疇，最終目的，詩人藉由歌行長詩，欲勸誡爲官者要奉公守法，爲黎民謀福祉；黔黎要從善去惡，以達安樂太平的日子。

---

〔註44〕參見許惠玟：《道咸同時期（1821～1874）臺灣本土文人詩作研究》，頁 372。
〔註45〕參見林豪：《澎湖廳志》，頁 376。

# 第四章　八景書寫

　　臺灣大八景詩作——安平晚渡、沙鯤漁火、鹿耳春潮、雞籠積雪、東溟曉日、西嶼落霞、澄臺觀海、斐亭聽濤，最早見於康熙三十三年（1694）高拱乾修《臺灣府志・藝文志》，〔註1〕其中即有五首〈西嶼落霞〉，這是〈西嶼落霞〉詩作的發軔，也是澎湖八景書寫之始。此後同題作品陸續出現，總計清代臺灣方志輯錄〈西嶼落霞〉詩共十六首。〔註2〕此外，尚有陳璸（1656～1718）〔註3〕、章甫（1755～1816）〔註4〕、丘逢甲（1864～1912）〔註5〕等相關詩作。

　　清《臺灣府志》、《續修臺灣府志》、《臺灣縣志》、《重修臺灣縣志》等輯錄關於澎湖的詩作，主題傾向於渡海經驗及西嶼落霞書寫；關於在地澎湖風土、景物之書寫，要到《澎湖紀略》輯成才大量出現。繼大八景書寫之後，區域性的八景也相應而起。嘉、道年間，澎湖出現在地八景、十二景的書寫。〈西嶼落霞〉不僅是「臺灣大八景」，也是「澎湖八景」之一，其重要性可見。

---

〔註1〕　高拱乾《臺灣府志・藝文志》錄詩共八十二首。

〔註2〕　清代〈西嶼落霞〉詩在清代各時期志書傳抄中，難免產生誤、脫等情形，為求詩義能真實彰顯，筆者乃就清修臺灣方志各時期的版本與戰後校訂重印本進行校勘，並以版本最早者為底本。蔣氏、高拱乾、范咸《臺灣府志》，因北京中華書局影印之版本較早，遂採用之，餘皆以臺灣銀行經濟研究室《臺灣文獻叢刊》為底本，參校其他版本，若有出入於詩後加註。以下所引之詩就不再特別註明其版本。

〔註3〕　陳璸：〈西嶼落霞〉（參見臺灣大學圖書館所藏道光六年（1826）木刻本，丁宗洛編輯《海康陳清端公詩集》）。

〔註4〕　章甫：〈西嶼落霞〉（參見國家圖書館臺灣分館鈔本、連橫《臺灣詩乘》、陳漢光《臺灣詩錄》、臺銀本《半崧集簡編》）。

〔註5〕　丘逢甲：〈西嶼落霞〉（參見《嶺雲海日樓詩鈔》，安徽文藝出版社）。

不僅是發軔，且數量亦眾，因此筆者擬以〈西嶼落霞〉爲探討主軸，關注由清初到今，漢詩如何想像與闡述西嶼落霞。

概括而言，「西嶼落霞」是黃昏時，夕陽霞照西嶼海天的特定具體空間存在；而文本對於「西嶼落霞」的書寫，則屬於空間的再現，因爲「再現」，所以涉及書寫者在作品構型過程中的剪輯與詮釋。書寫者從各自的視域書寫「西嶼落霞」，各賦予「西嶼落霞」不同的意義。「西嶼落霞」何以會出現在「臺灣八景詩」中，所代表的意義爲何？含有什麼樣的思想內容？清朝詩人如何凝視臺灣這一後納入版圖的最西境？詩又表現出什麼樣的藝術價值？值得深究。

緊接著澎湖在地八景、十二景、十六景的出現，其演變過程爲何？書寫者如何再現這些景致？其中隱含那些歷史意義？這些都是本文試圖釐析的重點。以下分就（一）「西嶼落霞」的書寫；（二）澎湖八景到十六景；（三）日治、戰後澎湖新八景，來論述此一議題。

# 第一節　「西嶼落霞」的書寫

## 一、臺灣八景的最西境：西嶼落霞

「西嶼落霞」一詞首見於高拱乾《臺灣府志・藝文志》，是「臺灣八景」的最西境，有著特殊歷史意義。探討〈西嶼落霞〉之前，首先談談「臺灣八景」之緣起，進一步討論「西嶼落霞」入選八景之緣由，緊接著探討詩人如何再現「西嶼落霞」之景。

### （一）「臺灣八景」之緣起

清代臺灣志書有「八景」名稱，始自高拱乾《臺灣府志》，此舉影響日後各地纂修之志書也陸續提出各地八景或六景的組合，包括：康熙五十六年（1717）《諸羅縣志》的「諸羅六景」、《鳳山縣志》的「鳳山六景」、康熙五十九年（1720）《臺灣縣志》的「臺邑六景」以及乾隆七年（1742）《重修福建臺灣府志》的「臺灣八景」、「臺邑八景」、「鳳山八景」、「諸羅八景」、「彰化八景」……。〔註6〕道光九年（1829）《澎湖續編》的「澎湖八景詩」，亦襲此而來。

---

〔註6〕　參見蕭瓊瑞：《認同與懷鄉——臺灣方志八景圖研究》，頁54。

　　高拱乾等人纂修《臺灣府志》目的爲何？何以要賦「臺灣八景」詩？何以又大量輯錄以此爲題的詩作？而這八景又爲何能在諸景雀屛中選？高拱乾《臺灣府志》序云：

　　　　倘聖天子輶軒下採，詢及海隅，斯誌遂得入奏，以附大一統之末，

　　　　爲三代以來未有之盛事，是亦微臣之志也夫！〔註7〕

原來編纂方志，是要將新納入的領土，從東到西，從南到北，從高山到大海，一一採風入志，呈回京師給聖上。有炫耀國威遠越他朝的驕傲。再看看更早的臺灣首任郡守蔣毓英，在康熙二十三年（1684），臺灣初入清版圖之際，奉聖祖之命前來臺灣主事，到任後隨即展開修志工作，參與其事的諸羅知縣季麒光，〈臺灣誌序〉記載修志原由，云：

　　　　癸亥六月，大將軍施公烺〔註8〕率師征討，……三日之間，遂克澎

　　　　湖。……越二年，皇上簡命史臣，弘開館局，修一統之誌，所以誌

　　　　無外之盛也。臺灣既入版圖，例得附載。……歐陽文忠守滁，以宣

　　　　上德意，與民共樂，爲刺史之事。則以此誌上陳皇御，凡艱難瑣尾

　　　　之情形，艸昧混茫之氣象，聖天子惻然軫念，當有殊恩曠典，卹此

　　　　一方民。謂臺灣之誌，即監門之圖可也。〔註9〕

從季麒光所寫，知修志爲朝廷所命，目的在宣示版圖的畫定，展現天子修教齊政的德澤，臣子則透過方志反映一地民情民風，讓聖上知曉。一如歐陽文忠公任滁州太守，作〈醉翁亭記〉、〈豐樂亭記〉，書寫滁人遊山歡樂的盛況，側面傳達的是代聖上宣上德，滁州政通人和，百姓安樂；太守和賓客宴遊的樂趣，表達與民共樂，此正爲刺史之事，亦即當今臺灣郡守之事。高拱乾等人纂修《臺灣府志》距離大清統治臺灣（1683）十一、二年，而這個時期，也正是清廷國力鼎盛，天下統一的時間。高拱乾言臺灣入清版圖，是件三代以來未有的盛事，志書的修纂，正是清臣子代替清皇宣示政權的施行和疆土的佔有。〔註10〕

　　由此再回看高拱乾志書中的臺灣八景順序：安平晚渡、沙鯤漁火、鹿耳

---

〔註7〕　參見高拱乾等修：《臺灣府志》（北京市：中華書局出版，1985年），頁282～283。（標點筆者所加）

〔註8〕　大將軍施公烺即福建水師提督「施琅」。

〔註9〕　參見季麒光：《蓉洲文稿》（香港：人民出版社，據清康熙刻本，李祖基點校，2005年），頁84～86。

〔註10〕　參考陳捷先：《清代臺灣方志研究》（臺北市：臺灣學生，1996年）。

春潮、雞籠積雪、東溟曉日、西嶼落霞、澄臺觀海、斐亭聽濤。「澄臺觀海、斐亭聽濤」是高拱乾任臺廈分巡道時（1690～1695），所建之亭臺，位於公署後方，爲對客應酬之所。〔註11〕以此臺灣府爲中心，東西南北各有其景。先由最南邊也是較外邊的安平晚渡、沙鯤漁火、鹿耳春潮爲開端，再跨及最北邊的雞籠積雪，然後回到中間而分屬東西的東溟曉日與西嶼落霞，再回到權勢的中心點——府治之內的澄臺觀海與斐亭聽濤，這兩景均係高氏履臺後才動工興建之場所，以此亦見「臺灣八景」係高氏到任後才眞正形成。〔註12〕整個臺灣的版圖，透過東西南北四點的界定，最後收束到府治的中心點。而經常被提及的荷建古城，被列入〈外志〉中的〈兵亂〉篇，與安平晚渡、沙鯤漁火、鹿耳春潮位置相近，卻未列入八景中，可見高氏以清初康熙大一統盛世之格局，擇定之八景，在空間上，既考量區域均衡原則，在意義上，選擇海洋意象所代表的——積極、前瞻的樂觀情緒。恢宏開闊的海洋氣象，多彩浩瀚無邊的疆域，展現大清帝國的強盛，此與「瀟湘八景」偏向悲涼、晚景的離騷傳統迥異。對這一蠻荒未化之地，初設一府三縣，八景之擇定，平均分布各個轄屬地區，正足以「彰聖天子一德同風之盛，廣久道化成之治。」〔註13〕也可「使天下觀看者，如身履其地。」〔註14〕自可收宣示、號召之效。〔註15〕在命名上，則考量字面之雅馴，通常是二景爲一組，字面求對仗工整、平仄相諧。因遷就對句，自然也影響其排序。如八景中「東溟曉日」與「西嶼落霞」爲一組，西嶼是一地名，清朝之澎湖地圖的最西境，〔註16〕該處落霞絢麗迷人；與「落霞」相對當然是「曉日」，「西」當對「東」，遂取「東溟」對「西嶼」。在八景中唯獨「東溟」一詞非專有名詞，而是泛指東邊之境，足

---

〔註11〕 高拱乾〈澄臺記〉：「臺灣之名，豈以山橫海嶠，望之若臺？而官民市廛之居，又在沙曲水匯之處耶？然厥土斥鹵、草昧初闢，監司聽事之堂，去山遠甚。匪特風雨晦明起居宴息之所，耳目常慮壅蔽、心志每多鬱陶。四顧隱然，無以宣洩其懷抱；並所謂四省藩屏、諸島往來之要會，海色峰光亦無由見。于是捐俸鳩工，曩庀小亭于署後，以爲對客之地；環繞以竹，遂以『斐亭』名之。更築臺於亭之左隅，覺滄渤島嶼之勝，盡在登臨襟帶之間，復名之曰『澄』。」（參見高拱乾：《臺灣府志》，頁 1137～1138。）（標點爲筆者所加）

〔註12〕 同上註，頁 1137～1138。

〔註13〕 參見高拱乾：《臺灣府志》，頁 271。（標點爲筆者所加）

〔註14〕 同上註，頁 270～271。（標點爲筆者所加）

〔註15〕 參見蕭瓊瑞：《認同與懷鄉——臺灣方志八景圖研究》，頁 64。

〔註16〕 參見夏獻綸撰：《臺灣輿圖》卷二「臺灣府澎湖廳分圖九」，頁 56～57。

見爲求對句遷就其排序與命名。「斐亭聽濤」、「澄臺觀海」互爲一組，「斐亭」
與「澄臺」都是府城行政中心，邊界畫定後，回攏到權勢的中心點，以兩座
亭臺爲名，觀海聽濤，兩兩相對，極爲工巧。

　　再就這些作者身分觀之，又透顯怎樣的意涵？前已言「臺灣八景」與〈臺
灣八景〉詩的出現是從高拱乾修《臺灣府志》始，志書輯錄高拱乾、齊體物、
王善宗、王璋、林慶旺詩作。﹝註17﹞高拱乾在康熙三十～三十四年（1691～
1695）任福建分巡臺灣廈門兵備道，掌管臺灣全境。齊體物於康熙三十年
（1691）任臺灣海防同知，﹝註18﹞康熙三十三年（1694），奉旨接替吳國柱，
任臺灣府知府，此職是清治臺灣時，受臺灣道制約的臺灣最高地方父母官。
王善宗在康熙二十九～三十四年（1690～1695）任臺灣水師協左營守備。王
璋爲康熙三十二年（1693）舉人，﹝註19﹞是邑士登賢書之始，並在康熙三十
四年（1695），高拱乾議修《臺灣府志》時任分修一職。﹝註20﹞林慶旺在康熙
三十四年（1695）任臺灣府學教授。﹝註21﹞從上所述諸人在臺之背景，足見
他們皆是活動於高拱乾任臺廈分巡道時之人物，所具身分特殊，除都是科舉
士子外，同時也是臺灣重要的官員，掌握權力，主導社會的人。可見以高拱
乾爲中心，環繞其周圍的官宦、文人共相唱和著「臺灣八景」。又高氏主導著
《臺灣府志》的纂修，將〈臺灣八景〉詩輯入志中，藉此形成一強烈的宣示，
宣示臺灣爲清版圖。

　　再從其詩作看，單就〈西嶼落霞〉觀之，張宏與張琮二詩押下平聲六麻
韻，亦同爲七律平起式首句押韻，首句押「沙」，依次爲「奢、蛇、花、華」；
此外詩中用字相似度極大，有「紫金沙／紫氣」、「含霞景色奢／晴霞景更
奢」、「搖曳／光搖」、「依稀／依稀」、「如橫錦／裁爲錦」、「似散花／散作花」
等，顯見是一首唱和詩。又王璋、林慶旺二詩押上平聲八齊韻，韻腳用字相
似，分別爲「嶼、西、齊、珪、題」與「西、迷、題、棲、齊」。詩句用字也
相似，如「寒鴉爭亂影／寒鴉無獨返」、「孤鶩與飛齊／孤鶩恰同棲」等，顯

---

﹝註17﹞ 北京中華書局影印之《臺灣府志》題前未註「臺灣八景」，臺銀版題前註有
　　　　「臺灣八景」。

﹝註18﹞ 參見高拱乾：《臺灣府志》，頁 527。

﹝註19﹞ 參見范咸：《重修臺灣府志》，頁 2037～2038。

﹝註20﹞ 參見王必昌：《重修臺灣縣志》，頁 373。

﹝註21﹞ 參見高育仁等主修：《重修臺灣省通志·人物志人物傳篇》卷九（南投市：臺
　　　　灣省文獻委員會，1998 年），頁 111。

見亦是一首唱和詩。

此外，十八世紀中葉的臺灣府衙，作畫和題畫爲官員酬唱往還的活動之一。六十七於乾隆九年（1744）三月初抵臺後即有〈畫竹〉、〈題畫山水〉兩首詩作，十月二十三日同僚分巡臺灣道莊年相邀賞菊後，又有〈畫菊〉詩，其後有〈題張司馬七夕乘槎圖〉、〈戲題張司馬三盃草聖圖〉、〈題莊觀察瞻雲愛日圖〉等題畫詩；莊年〔註22〕則有〈題六給諫看竹圖〉；巡臺御史范咸有〈題張司馬七夕乘槎圖〉、〈次六給諫韻四絕句〉、〈題褚太守祿觀稼圖〉；臺灣府知府褚祿則有〈題方司馬獨釣圖〉。〔註23〕由此亦見官員互相唱和風氣頗盛，形成一鞏固的文學網絡，主導著當時文學創作方向。

六十七與其同僚顯然樂於以繪畫表現事物或性情，這些畫作可概分爲兩類，佔多數的一類爲自述心志或附庸風雅的主題，例如六十七的〈畫竹〉、〈看竹圖〉和〈畫菊〉、臺灣海防同知張若霅的〈七夕乘槎圖〉、〈三盃草聖圖〉、分巡臺灣道莊年的〈瞻雲愛日圖〉、臺灣海防同知方邦基的〈獨釣圖〉；另一類爲佔少數的采風問俗之作，例如臺灣府知府褚祿的〈觀稼圖〉。〔註24〕

褚祿的〈觀稼圖〉描繪「漢番」耕作風俗，范咸題記其內容如下：

> 北港臺灣舊名北港地肥沃，種植恆不時。四月刈新穀，六月開新菑。十月收大冬，洵有不飲稱。周知三年蓄，轉販成漏卮。番兒學唐人，亦解把鋤犁。時清風日好，雞犬皆嬉嬉。檳榔簇鳳尾，犵柔採同兒戲。彎弓射生手，徒充他人饑。褚侯河南後，跨海效一麾。動念仁民術，寫出豳風詩。〔註25〕

臺灣初入版圖，中土人士對於臺灣風物充滿了好奇，故興「采風」畫作。「褚侯河南後，跨海效一麾。動念仁民術，寫出豳風詩。」適足以將臺灣之風情送達中土，而臺灣八景也就是向中土人士介紹臺灣風景的代表。臺灣八景圖

〔註22〕 莊年，字榕亭，江南長洲人，由監生保舉，乾隆6年（1741）11月至7年（1742）任淡水海防同知，乾隆8年（1743）7月任奉旨擔任福建分巡臺灣道。在臺期間，曾重修東安坊、臺灣府儒學。乾隆9年（1744）春至11年（1746）間，范咸、六十七重修《臺灣府志》時，負責協輯之工作。（參考范咸：《重修臺灣府志》，頁1285、1488，1493年）

〔註23〕 參見六十七：《使署閒情》卷二（南投市：臺灣省文獻委員會，1994年），頁48～77。

〔註24〕 參見何晉勳：〈六十七兩種《采風圖》及《圖考》之關係考察臺灣學研究〉（《臺灣學研究》第六期，2008年12月），頁57。

〔註25〕 參見范咸：〈題褚太守祿觀稼圖〉，收錄於《臺灣府志》卷25，頁2800。

的出現，始於范咸、六十七纂修《臺灣府志》，清中葉之後，風氣漸泯；〈臺灣八景〉詩的創作高峰期——康熙、乾隆，二者都與修府志有關，之後漸趨沒落，代之而起的是小八景。

### （二）「西嶼落霞」因形勝而入「臺灣八景」

澎湖「西嶼落霞」能被選入臺灣大八景中，乃因其形勝，實代表著滿清宣示臺灣這新領域之最西邊境。「西嶼」，為澎湖群島中主要三大島之一，與澎湖本島、白沙島環抱澎湖內海，位於澎湖灣之西，故稱西嶼，〔註 26〕清初屬臺灣府臺灣縣治範疇。高拱乾修《臺灣府志・封域志》「臺灣縣山」之「附澎湖嶼」篇云：「獨西嶼之背，懸礐天半，即內外二塹地也，極澎之西表，為廈門西渡者之標準焉。」〔註 27〕清時往來澎廈，甚至臺廈之間的船隻，常以西嶼南方之內塹、外塹為方位參考，是海上航運重要的座標點。高氏著志書，稱今之「西嶼」為「西嶼頭」；《裨海紀遊》、周于仁、胡格纂《澎湖志略》亦稱「西嶼頭」；余文儀纂《續修臺灣府志》、胡建偉《澎湖紀略》、林豪《澎湖廳志》、連橫《臺灣通史》皆稱「西嶼」，民國三十五年的《臺灣省五十一年來統計提要》稱「漁翁島」。

圖 下編 4-1：《清初海疆圖說》之〈澎湖海圖〉〔註 28〕

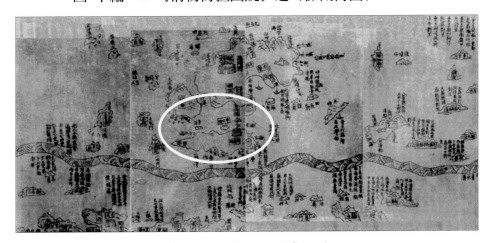

（註：標示處為西嶼，筆者所加）

---

〔註 26〕 參見郭金龍等撰述：《臺灣地名辭書・卷六・澎湖縣》，頁 323。
〔註 27〕 參見高拱乾修：《臺灣府志・封域・形勝・臺灣縣》，頁 412。
〔註 28〕 參見《清初海疆圖說・澎湖海圖說》，《臺灣文獻叢刊》第 155 種，頁 112～115。

　　據 2005 年澎湖縣政府委託李良輝博士與曾清涼博士，以全球定位系統、遙感探測及地理資訊系統，測得西嶼座標為經度 119°30'33.07"，緯度 23°36'16.58"，E 座標（m）301962.928，N 座標（m）2611327.830。〔註29〕最高高度 58 公尺，影像岸線面積 17.8380 平方公里，海岸線長度 56.543 公里，〔註30〕距馬公最近處約四海浬。站在西嶼西側海岸，向西望去就是中國大陸。西嶼島形畧如長靴，南部內垵，外垵似靴底，前後各起一山，海拔五十二公尺，上建燈塔一座，台廈航船，均視此為指標。北端橫礁、合界頭似靴口，附近竹篙灣煙墩山標高三十四公尺。全島平均在三十公尺，海岸岩石壁立，曲折複雜多優良港灣，竹篙灣、大菓葉灣、牛心灣、內垵灣、外垵灣、緝馬灣、小池角灣、大池角灣等，環繞全島，連續而成。小門嶼在島之北，原與漁翁島相連，因長久海蝕遂分離，〔註31〕行政區域仍隸屬西嶼鄉。

　　每當金烏西墜，從澎湖「西瀛勝境」入口處，向西一望，滿天紅霞似錦，映水金波盪漾，近景之觀音寺宇，有如以一條金線，繞成輪廓，美觀奪目，正是一幅畫圖。〔註32〕夕陽西下，直入最低之海平線，餘暉灑落赤石礫、玄武岩上，金碧輝煌如赤城。頃刻間，海天相接，天邊霞彩映波光，日日景致各異，雲彩或呈萬馬奔騰狀，或呈一條錦帶似迤邐，或呈潑墨山水畫，美不勝收。如此重要之地理位置配以特殊景致，「西嶼落霞」遂被選入「臺灣八景」中。

## 二、清初「西嶼落霞」的書寫

　　前言清初「西嶼落霞」詩盛行，主要與修府志相關，為方便閱讀，特將方志輯錄情形，列表於下：〔註33〕

---

〔註29〕 參考李良輝、曾清涼：《澎湖群島島嶼數量委託清查計畫》（澎湖縣：澎湖縣政府，2005 年），頁 49。
〔註30〕 同上註，頁 52。
〔註31〕 參見李紹章修：《澎湖縣志・疆域志》，頁 18。
〔註32〕 參見莊東撰述：《澎湖縣志・文化志》，頁 7。
〔註33〕 各詩出處以最早者為主，以下所引之詩就不再特別註明其版本與頁碼。

## 表 下編4-1：清代方志輯錄之〈西嶼落霞〉詩資料表

| 高拱乾《臺灣府志》 | 周元文《重修臺灣府志》 | 劉良璧《重修福建臺灣府志》 | 范咸、六十七《重修臺灣府志》 | 余文儀《續修臺灣府志》 | 胡建偉《澎湖紀略》 | 謝金鑾《續修臺灣縣志》 | 蔣鏞《澎湖續編》 | 林豪《澎湖廳志》 | 同一詩人收錄次數 |
|---|---|---|---|---|---|---|---|---|---|
| 康熙 33～34 年編纂 康熙 35 年（刊） | 康熙 49 年編纂 | 乾隆 5～6 年編纂 乾隆 7 年（刊） | 乾隆 9 年春～11 年間編纂 乾隆 12 年（刊） | 乾隆 25 年～29 年間編纂 乾隆 39 年（刊） | 乾隆 34 年編纂 乾隆 36 年（刊） | 嘉慶 12 年 3 月～11 月編纂 | 道光 9 年～12 年間編纂 | 光緒 20 年重修《澎湖廳志稿》 | |
| 北京中華書局影印 | 臺銀本 | 臺銀本 | 北京中華書局影印 | 臺銀本 | 臺銀本 | 臺銀本 | 臺銀本 | 臺銀本 | |
| | | | 繪有西嶼落霞圖 | 繪有西嶼落霞圖 | | 繪有西嶼落霞圖 | | | |
| 高拱乾（頁 1175） | 高拱乾 | 高拱乾 | 高拱乾 | 高拱乾 | 高拱乾（臺郡八景～西嶼落霞） | 高拱乾 | | 高拱乾（臺郡八景～西嶼落霞七律） | 8 |
| 齊體物（頁 1189） | 齊體物 | | | | | | | | 2 |
| 王善宗（頁 1202） | 王善宗 | | | | | | | | 2 |
| 王璋（頁 1207） | 王璋 | 王璋 | | | | | | | 3 |
| 林慶旺（頁 1211） | 林慶旺 | | | | | | | | 2 |
| | 婁廣（臺灣八詠～西嶼落霞五絕）（頁 408） | | | | | | | | 1 |
| | 張宏（臺灣八詠～西嶼落霞七律）（頁 410） | | | | | | | | 1 |
| | 張琮（臺灣八詠～西嶼落霞七律）（頁 412） | | | | | | | | 1 |
| | | | 莊年（臺灣八景～西嶼落霞七律）（頁 2805） | 莊年（臺灣八景～西嶼落霞七律） | 莊年（西嶼落霞七律） | | | 莊年（臺郡八景～西嶼落霞七律） | 4 |
| | | | | 覺羅四明（臺陽八詠～西嶼落霞六言詩）（頁 960） | | | 覺羅四明（臺郡八景～西嶼落霞六言詩） | 覺羅四明（臺郡八景～西嶼落霞六言詩） | 3 |

| | | | | | | | | |
|---|---|---|---|---|---|---|---|---|
| | | | | 余文儀（臺陽八詠～西嶼落霞七律）（頁966） | | | 余文儀（臺郡八景～西嶼落霞七律） | 余文儀（臺郡八景～西嶼落霞七律） | 3 |
| | | | | 余延良（臺陽八詠～西嶼落霞七絕）（頁973） | | | 余延良（臺郡八景～西嶼落霞七絕） | | 2 |
| | | | | 朱仕玠（臺陽八詠～西嶼落霞七律）（頁975） | | | 朱仕玠（臺郡八景～西嶼落霞七律） | 朱仕玠（臺郡八景～西嶼落霞七律） | 3 |
| | | | | 金文焯〔註34〕（八景詩～西嶼落霞七律）（頁986） | | | 金文焯（臺郡八景～西嶼落霞七律） | | 2 |
| | | | | | | | 呂成家（澎湖八景～西嶼落霞七律）（頁113） | | 1 |
| | | | | | | | 劉伯琛（澎湖八景～西嶼落霞七律）（頁122） | 劉伯琛（西嶼落霞七律） | 2 |

參考資料：陳捷先《清代臺灣方志研究》（臺北市：學生書局，1996 年）、《中國地方志集成》（上海市：上海書店出版社）、吳密察等《臺灣史料集成提要〔增訂本〕》（臺北市：行政院文建會，2005 年）、蕭瓊瑞《認同與懷鄉——臺灣方志八景圖研究》（臺北市：典藏藝術家庭，2006 年）。

由上表知周元文《重修臺灣府志》除承高氏《臺灣府志》所輯五人外，又增錄了婁廣、張宏、張琮三人；劉良璧《重修福建臺灣府志》只重錄高拱乾、王璋；范咸《重修臺灣府志》重錄高拱乾，又增錄莊年；余文儀《續修臺灣府志》重錄高拱乾、莊年，又增錄覺羅四明、余文儀、余延良、朱仕玠，以及金文焯；胡建偉《澎湖紀略》重錄高拱乾、莊年詩作；謝金鑾《續修臺灣縣志》只重錄高拱乾詩一首。高拱乾被方志收入次數最多；其次莊年，再次者王璋、覺羅四明、朱仕玠。上所述〈臺灣八景〉詩作者，除王璋是臺灣本島人士外，餘皆爲遊宦文人。而王璋能被輯入，蓋因其才學豐厚，又被聘任

---

〔註34〕蔣鏞：《澎湖續編》，〈藝文〉作「余文焯」。

修《臺灣府志》。至乾隆十年（1745）范咸重修臺灣府志，臺地文教漸興盛，臺地人士被收錄進方志中的詩漸多，然仍不及流寓人士，蓋因主持編修方志者，皆由唐山來臺任職，主導著當時的文學。而澎湖在地人士被輯錄進方志中，始自蔣鏞《澎湖續編》收錄呂成家之作。澎地人士無一人被收入《臺灣府志》，《臺灣縣志》亦無，或許澎地僻居海島，交通阻隔，有意參加科考者寡，與外界溝通少的緣故。乾隆三十一年（1766）胡建偉任澎湖通判，見澎湖士赴試臺灣，多憚風濤，而不願前往，乃詳請道府纈題局試，二年間士入學者六人，實爲德政，澎人誇爲盛事。〔註 35〕但即便如此，赴閩參加鄉試風險亦大，故前往者仍少。辛齊光於二十三歲爲諸生，應鄉試十餘科，內度遭風幾殆。〔註 36〕蔡廷蘭道光十六年（1836）參加鄉試罷歸，由金門遭颶風，船飄十晝夜間，抵越南之思義府荣芹汛登岸，乃由陸返閩。〔註 37〕由於渡海風險極大，故澎地人士視赴唐山科考爲畏途，正因與外界接觸寡少，即使有不錯的作品亦鮮爲人知。又因清律法規定舉人以下不得擅自刊行詩文，因此被保留下來的詩作不多，幸存者僅見於方志。足見清初「臺灣八景」的書寫，澎地人皆在權力中心之外，即便是自己最熟悉的土地，最熟悉的景致，至今史料仍未見有澎地人，或遊宦澎地者之作。而這些圍繞權力中心的康熙、乾隆時期文人，又是如何以漢詩爲媒介詮釋這一新版圖之最西境——西嶼落霞？在這文人的凝視中，又透滲著何種想像？以下分康熙及乾嘉二期述之。

### （一）康熙時期

首先，觀看發號司令者高拱乾〈西嶼落霞〉之作：

> 孤嶼澎湖近，晴霞返照時。秋高移絳樹，海晏捲朱旗。孫楚城頭賦，
> 劉郎江上詩。淋漓五色筆，直欲補天虧。

「孤嶼澎湖近」中的「孤嶼」，形容澎湖爲海水環繞的孤立感；而「秋高移絳樹，海晏捲朱旗。孫楚城頭賦，劉郎江上詩」似乎還可感受到施琅與劉國軒大戰澎湖海域之景。「絳樹」、「朱旗」、「五色」所用之顏色是亮麗多彩的。康熙二十三年（1684），臺灣初入版圖，位於極西大海中的西嶼，是往昔難以想望之處，詩中多表現初入版圖，戰爭甫定的懷想與對此處充滿神秘、蠻荒又

---

〔註 35〕　參見《福建通志臺灣府》（臺北市：臺灣銀行經濟研究室，1961 年），頁 489。
〔註 36〕　參見蔣鏞：《澎湖續編》，頁 26。
〔註 37〕　參見林豪：《澎湖廳志》，頁 378。

多彩的想像。再看康熙三十三年（1694）擔任臺灣知府齊體物的詩：

> 明霞散天末，灼灼濃於綺。試吟謝朓詩，分明擬得似。遠看孤嶼間，
> 疑自赤城起。何當遇劉郎，與之同徙倚。

此詩屬古體仄韻。押仄韻較平聲韻尤覺清勁古樸。齊詩押上聲四紙韻，「綺、似、起、倚」讀來鏗鏘有力。「明霞」、「灼灼」、「赤城」，所用之顏色濃麗，其中「赤城」之譬喻緊扣西嶼地質。西嶼玄武岩侵蝕面上有赭土質風化殘留土壤，呈黃棕色；下部為鐵質頁岩層，風化成不規則扁平小碎片，地方人稱曰「赤石礫」，〔註38〕夕陽照射下一片金紅，遠望似赤城。而第五句「遠看孤嶼間」，與高氏詩同用「孤嶼」一詞；「何當遇劉郎」也同用「劉郎」典故，二詩有一定共同點，互相唱和的情形明顯。但齊體物眼中這「孤嶼」是一與世獨立的仙境，遂起「何當遇劉郎，與之同徙倚」，期待探訪清人口中的神秘蓬萊仙島，異域獵奇般的凝視這一塊未曾接觸的土地。同時亦藉由「劉晨、阮肇入天臺山採藥遇仙女」這一則動人的神話，表達對美好境遇的嚮往，以及抒發帝鄉不可期的遺憾。

康熙二十九年到三十四年（1690～1695）任臺灣水師協左營守備的王善宗，他又是如何看待呢？

> 夕照西山尚未昏，落霞倒影碧天痕。風飄草木殘紅映，月色依稀上
> 晚村。

「西山」、「倒影」、「痕」、「風飄草木」、「殘紅」，用字蕭瑟、柔弱、淡雅，整首詩未見高拱乾、齊體物之滂薄絢麗。詩中透露出幾許寂然、寥落的孤獨愁緒。再看首位入志書的臺灣詩人——王璋，明代遺老王忠孝之侄孫，康熙三十二年（1693）中舉，表現的又是怎樣的情感：

> 水盡山橫峙，霞明半嶺西。寒鴉爭亂影，孤鶩與飛齊。樹點渾成綺，
> 崖懸恍折珪。奇觀當逸興，生面早留題。

「水盡山橫峙，霞明半嶺西」為遠望之景，寫出觀者立於澎湖本島眺望西邊，而於視線盡處的西嶼，宛若山橫峙，故云「水盡山橫峙」。「崖懸恍折珪」為近景，描寫夕陽斜照玄武岩上的情景。西嶼顯現之玄武岩流，與其間所夾之地層，大致成水平橫線，由澎湖本島草仔尾附近西看緝馬灣、內垵間海岸，清晰得見三層玄武岩，及玄武岩間所夾之二層堆積岩。把成節理狀的玄武岩想像為「折珪」頗貼近，卻也隱含詩人對清皇之敬畏與期待「折珪進爵」。尾

---

〔註38〕參考李紹章修：《澎湖縣志‧疆域志》，頁 14。

聯「奇觀當逸興，生面早留題」，寫出對西嶼落霞的讚賞。又康熙三十四年
（1695），臺灣府學教授林慶旺，詩云：

> 極眺賞嶼西，艷冶彩雲迷。丹氣四時播，紅顏一筆題。寒鴉無獨返，
> 孤鶩恰同棲。醉臉歸來晚，新篇五色齊。

「極眺賞嶼西，艷冶彩雲迷」遠望島嶼的西邊，有冶艷雲彩，首二句即予人
遼闊、華麗之感。緊接「丹氣」、「紅顏」、「醉臉」、「五色」，用色鮮豔，緊
扣「霞」字。頸聯寫「寒鴉」因「孤鶩」同棲，而無獨返，一點也不孤獨，
一反「寒鴉」與「孤鶩」寂寥的意象。「醉臉歸來晚」，這「醉臉」，可能是冶
艷彩霞抹過臉頰而飛紅，也可能是美景下飲酌的微醺，推知詩人今天日子
過得愜意。再看康熙四十八～五十二年（1709～1713）任臺灣縣丞的張宏，
詩云：

> 夕陽搖曳紫金沙，西嶼含霞景色奢。彷彿濃林成火樹，依稀清澗鬥
> 龍蛇。光拖陌上如橫錦，影射天邊似散花。遙望飛鴉疑杜宇〔註39〕，
> 頓教萬物盡生華。

每一句都是晚霞照射下不同變化的描寫，八句共同揮灑出天邊五彩繽紛的落
霞。詩中善用譬喻，有紫金色的沙灘、火燃燒般的樹叢，錦鍛似的田間小道，
和天女散花下的天空，展現這神祕國土。有著前六句的醞釀，在尾聯發出最
深的讚嘆：「遙望飛鴉疑杜宇，頓教萬物盡生華」，可說是全詩對晚霞最好的
下註。〔註40〕在一片絢麗的光影下，鳥也被夕陽染紅，幻化爲一朵朵在天邊
飛翔的花，實在是華美。全詩濃艷華麗，意象豐富。再看康熙四十七～五十
二年（1708～1713）臺灣縣知縣張琮的唱和之作：

> 孤懸一島鎖汀沙，向晚晴霞景更奢。彩映寒波分紫氣，光搖碧漢閃
> 青蛇。神工煉石裁爲錦，天女凌虛散作花。記得依稀何處是，赤城
> 山畔月同華。

起句即言「孤懸一島鎖汀沙」，表明了西嶼落霞這一景點在戰略地位上的重
要。西嶼隸屬臺灣縣治，張琮身爲臺灣縣丞，擔負著朝廷授予守衛邊疆的大
任。而這一國土的最西境，充滿著絢麗的彩霞，與神秘的面紗。首聯寫出向
晚時分西嶼曠野的美感，頷聯、頸聯以實筆、虛筆交錯寫出彩霞之美。尾

---

〔註39〕　「杜宇」：相傳古代蜀帝名杜宇，死後魂魄化爲杜鵑鳥，後以「杜宇」爲「杜
　　　　　鵑」別名。此作者又將「杜鵑鳥」轉爲「杜鵑花」。
〔註40〕　參見劉麗卿：《臺灣八景與八景詩》（臺北市：文津出版社，2002 年），頁
　　　　　189。

聯時間推移至晚上月亮升起，驚豔山畔的月亮一樣的美麗。全詩呈現濃重的色彩。

康熙四十一年（1702）調知臺灣縣事，四十九年（1710）七月奉特旨調任福建臺灣廈門道兼理學政的陳璸，〔註41〕詩云：

> 落霞未落正流輝，水國蒼茫何處歸。日到虞淵〔註42〕標已建，天低島嶼鷺齊飛。江邊漁父將藏餌，塞上人家半掩扉。西望澎湖杳無極，奇峯羅列映斜暉。〔註43〕

詩中所表現的亦是西嶼邊境的蒼茫渺遠。從詩句「西望澎湖杳無極，奇峯羅列映斜暉」很清楚得知此詩是在一股「臺灣八景詩」創作風潮下的產物，非作者親睹西嶼落霞之作。澎湖是平臺地形，並無奇峯，「奇峯羅列映斜暉」是作者妄自將中原所見移植於此。

## （二）乾嘉時期

再看乾隆朝的創作，首見於范咸、六十七《重修臺灣府志》所收錄之莊年詩作，詩云：

> 殘照無多日漸沉，餘霞散綺滿西岑。不隨孤鶩飛江渚，偏逐歸鴉落樹林。斜度微雲千片玉，淡依新月一鉤金。欲餐自愧慚中散（「選詩」『中散不偶世本是餐霞人』），鞅掌風塵思不禁。

詩中「殘照無多日漸沉，餘霞散綺滿西岑」化用了謝朓〈晚登三山還望京邑〉「餘霞散成綺」，表現出與謝朓思鄉的同樣情感。「不隨孤鶩飛江渚，偏逐歸鴉落樹林。」則化用王勃〈滕王閣序〉：「落霞與孤鶩齊飛，秋水共長天一色」，但所強調的卻不是王勃的「與孤鶩齊飛」江渚，而是隨歸鴉回巢。後又化用嵇康〈與山巨源絕交書〉「心不耐煩，而官事鞅掌，機務纏其心，世故繁其慮，七不堪也。」對於離鄉背井遠渡來臺任官，詩人心中似也愁苦萬分，因此詩中可見濃濃思鄉情味。

十八世紀中葉又興起重修志書之風，乾隆二十五年（1760）五月至二十九年（1764）間，余文儀纂修《續修臺灣府志》，是繼康熙時期之後另一波大八景詩創作風潮，府志新增五人詩作。覺羅四明，乾隆二十二年到二十九年（1757～1764）間，先後任臺灣道及兼提督學政，任上總裁《續修臺灣府志》，

---

〔註41〕 參見丁宗洛編：《陳清端公年譜》，頁 37、59。
〔註42〕 「虞淵」：傳說日落棲止處。
〔註43〕 參見丁宗洛編：《陳清端公（璸）詩集》，頁 270。（標點爲筆者所加）

主導著這一波的創作風潮。詩云：

> 水映行雲吐碧，山銜晚照描紅。搢笏更遲月上，傾倒金樽不空。

詩中一股豪邁瀟灑，「水映」、「山銜」、「傾倒」，展現乾隆之盛世，與莊年詩基調迥異。再看余文儀詩：

> 西嶼酣霞可樂饑，海波摩盪日崦嵫〔註44〕。軒軒〔註45〕顧影誰能舉，
> 舟舟登臺或有期。十色五光縈彷彿，宋車魯馬更離奇。分明一幅鸎
> 溪絹，界畫雲烟李伯時。

余文儀，乾隆二十五年（1760）任臺灣道，乾隆二十七年（1762）任海防同知，乾隆二十九年（1764）任臺灣道，乾隆三十六年（1771）任巡撫。此詩最大特色在於善用譬喻，具象生動。頸聯以春秋戰國時宋國馬車之華麗，魯國戰馬之雄壯比擬雲彩，展現西嶼落霞絢麗的色彩彌天蓋地而來。尾聯則將霞飛滿天喻為一幅李伯時的鸎溪絹畫作。鸎溪絹〔註46〕是唐朝貢品，盛極一時，並延至宋、元、明，宋人書畫家更是重視；宋人李伯時，〔註47〕善畫山水，畫家奉為典範。此詩援引鸎溪絹、李伯時山水畫作為喻，生動貼切，更增添彩霞的藝術氣息。又金文焯詩云：

> 斜暉映水吐金光，五色紛綸遍大荒。錦繡文披花草嶼（澎湖西南有
> 花嶼、草嶼）紅綃幪罩水雲鄉，乍疑赤壁餘荒壘，恍覩朱旗出女牆。
> 為誦子安孤鶩句，江天淡藻海天翔。

此詩將落霞豐富之光影變化，描繪得淋漓盡致。起句「斜暉映水吐金光」，展現的是輝煌的氣勢，與乾隆朝的國勢是相稱的。而「五色紛綸遍大荒」、「紅綃幪罩水雲鄉，乍疑赤壁餘荒壘」點出至乾隆時，臺灣入滿清版圖已五十多年，然在詩人眼中澎湖仍是「大荒」、「荒壘」之域。而此大荒之地色彩紛呈，非僅西嶼，連花嶼、草嶼亦是錦繡文披。由此隱射皇恩廣被，光輝瀰蓋蠻荒

---

〔註44〕「崦嵫」：音ㄧㄢ　ㄗ，山名。位於甘肅省天水縣西。傳說中為每日太陽落入
的山。屈原《離騷》：「吾令義和弭節兮，望崦嵫而勿迫。」

〔註45〕「軒軒」：此形容夕陽光彩煥發。劉義慶《世說新語·容止》：「海西時，諸公
每朝，朝堂猶暗；唯會稽王來，軒軒如朝霞舉。」

〔註46〕鸎溪在四川省鹽亭縣北，唐時所建。古此地重農桑，絲綢質量上乘，梓州太
守獻於皇上，富麗堂皇的絲絹，皇上愛不釋手，乃命歲歲朝貢，並賜名鸎溪
絹。

〔註47〕李伯時，名公麟，號龍眠居士，宋安徽舒州人，元祐（1086～1094）進士，
元符年間（1098～1100）拜御史大夫。博學好古，尤擅畫山水、佛像。享年
八十六，遺墨傳世頗多，畫家奉為典則。

之地。實際上，望著西嶼落霞，花嶼與草嶼是不在視野內的，「錦繡文披花草嶼」只不過是詩人邊界的想像罷了。花嶼、草嶼是從廈門航行到澎湖首見的兩座島嶼，具有定標作用，是清人熟悉的島嶼，遂常見詩中。再看乾、嘉年間章甫〔註48〕之作：

> 夕照銜山影漸無，丹霞斜渡入澎湖；相隨鷺鳥飛沙際，忽斷虹橋落海隅。五色文章天上降，九光錦繡水中鋪；晚來風送輕帆過，雲裏行舟古畫圖。

章甫三次渡海赴試，於澎湖、福建所見形諸詩文。首聯寫在夕陽西下時行舟進入澎湖；頷聯近景寫鷺鳥隨著舟在沙際飛翔，遠景寫彎曲如虹的長橋忽然隱沒海中，藉此點出行舟的快速；頸聯將視線移至水面，水面因五光十色的彩霞映照，如鋪著錦繡，美不勝收；「晚來風送輕帆過」真是最快意的享受，詩人浸濡在這般風景中，不由得讚嘆雲裏行舟如置身古畫圖。全詩可見詩人親臨其境的喜悅，與想像之作的情感是不同的。

　　觀看諸作後，再看看范咸、六十七《重修臺灣府志》的〈西嶼落霞圖〉，描繪的正是由大山嶼（也就是今日澎湖本島的馬公地區）西望的景象，海中的島嶼就是西嶼。島上有聚落、有叢祠廟宇，廟埕均插有旗座，南北各一。較特別的是南方一座，旁邊有類如石塔三座，應是澎湖特有的石敢當文化，而此三塔，則是位在外垵社坡頂的「三尖塔仔」。至於旁邊的廟宇，或許是外垵的「池王廟」，北方（即右側）一座，或許是合橫的「溫王廟」。〔註49〕圖右下方大海中有船舶三艘，島的上方，海天交接處，又有飛鳥三隻；彩霞橫亙天際、曲折蜿蜒，象徵色彩的多樣與變化。〔註50〕從畫面中可以感受到那份國土新闢、烟波浩渺的邊疆氣息；而島嶼上的旗幟飄揚，似有天子德威遐被海域的昭示，與清初諸詩所展現的氣象是一致的。

---

〔註48〕 章甫（1760～1816），字文明，號半崧，臺灣縣（今臺灣省臺南市）人。嘉慶四年（1799）歲貢，三次渡海赴試，皆不中，遂設教里中，絕意仕途，課兒孫自娛，時人目爲高士。詩文俱工，章甫著有《半崧集》。集中或贈答酬酢，或山水記遊。作者屐痕所至，除臺灣本土風光外，三次渡海赴試，於澎湖、福建所見，亦留載文字之中。（參考施懿琳等編撰：《全臺詩》第三冊，臺南市，國家臺灣文學館，2004 年。）

〔註49〕 光緒十九年（1893）纂修的《澎湖廳誌》卷二「叢祠（附）」篇，「大王廟」條有云：「今各澳多有王廟，而西嶼外塹（按：即外垵），尤著靈異，凡商船出入，必備牲醴投海中，遙祀之。」（林豪：《澎湖廳志》，頁 43。）

〔註50〕 參見蕭瓊瑞：《認同與懷鄉——臺灣方志八景圖研究》，頁 79～80。

圖　下編4-2：《重修臺灣府志》之〈西嶼落霞圖〉〔註51〕

　　大致而言，清初〈西嶼落霞〉，展現特有海洋瑰麗奔放之氣質，與傳統寫景以山水爲主之幽遠平靜大不同。但弔詭的是，詩句中大量引用傳統寫山水的事物，及傳統詩學所襲用的典故。方豪在〈臺灣詩人對大陸的懷念〉一文中指出此現象之因是懷念故鄉而形諸文字：

　　　除山地同胞外，臺灣人士無不直接從大陸渡海而來，懷念故鄉，實
　　　人情之常：但懷鄉而形諸文字，當以詩詞爲多。三百年來，東瀛詩
　　　作中鄉思之作，美不勝收。〔註52〕

此段方豪列舉清代詩作多篇以爲說明，其中臚舉高拱乾、齊體物，二人也正是最早吟詠〈臺灣八景〉者，他說：

　　　齊體物，滿洲人，康熙三十年任臺灣海防同知，有〈赤嵌城〉，曰：
　　　「何堪望斷他鄉目，滄海茫茫故國情。」……高拱乾以康熙三十一
　　　年任分巡臺廈兵備道，兼理學政，與齊氏渡臺之期相去甚近，所作

〔註51〕採自范咸、六十七：《重修臺灣府志》，〈西嶼落霞圖〉，《臺灣府志三種》，頁
　　　　1746～1747。
〔註52〕參見方豪教授：《臺灣史論文選集》（臺北市：捷幼出版社，1999年），頁
　　　　563。

臺灣八景中之〈鹿耳春潮〉，末云「獨喜西歸舶，爭隨落處回。」「西
歸舶」乃回大陸之船舶，高氏用一「喜」字，可知其時時想西歸，
時時懷念大陸也。〔註53〕

蕭瓊瑞於《認同與懷鄉——臺灣方志八景圖研究》一書中，亦列舉八景詩中
「懷鄉」之作，而其最常使用的手法，便是以大陸名勝比擬臺地風光，將一
個陌生的疆土，籠上熟悉的文化外衣。〔註54〕就像面臨西嶼落霞滿天通紅，
高拱乾想起孫楚與劉郎，齊體物想起謝朓與劉郎，余文儀想起那界畫雲烟的
水墨繪畫，朱仕玠等想起謝朓的詩，金文焯想起赤壁之戰淘盡千古風流人物
的歷史場景。其中最常被化用者是謝朓〈晚登三山還望京邑〉詩句與王勃〈滕
王閣序〉，如：齊體物：「明霞散天末，灼灼濃於綺」，莊年：「殘照無多日漸
沉，餘霞散綺滿西岑」，朱仕玠：「西嶼餘暉炫晚晴，裁成萬疊綺霞明、。……
謝守妍詞無限好，陳王麗句若為情」，余延良：「散綺依稀天半晴，卻從西嶼
望分明」，明顯化用謝朓〈晚登三山還望京邑〉詩句：「餘霞散成綺，澄江靜
如練」，以及用謝朓、陳王事典。

王璋：「寒鴉爭亂影，孤鶩與飛齊」，林慶旺：「寒鴉無獨返，孤鶩恰同棲」，
陳璸：「天低島嶼鶩齊飛」，莊年：「不隨孤鶩飛江渚，偏逐歸鴉落樹林」，金
文焯：「為誦子安孤鶩句，江天淡藻海天翔」，不同時期的作品，卻同援引「孤
鶩」之景以襯落霞，明顯化用王勃〈滕王閣序〉：「落霞與孤鶩齊飛，秋水共
長天一色」。「餘霞散綺」、「孤鶩」成為書寫落霞的套語。

詩人由彩霞滿天，興起對過去歷史人事物的記憶：赤城、絳樹、朱旗、
劉郎、赤壁之戰、子安孤鶩句、寒鴉、謝朓、陳思王等，在在是中原文化教
養下的產物。流寓人士面對與中原內陸文化迥異的海洋文化，詩人仍以其熟
悉的事物，加諸這一新闢的疆土。此除顯現當時創作習慣外，亦透露著仕宦
來臺的文人濃稠的思鄉情緒。

## 三、清末丘逢甲「西嶼落霞」的書寫

清末以「臺灣八景」為題的詩作漸少，文人多以當地八景為題，但是光
緒末年，丘逢甲〈瀛壖八景〉〔註55〕再次題詠清初流行的臺灣八景。從他的

---

〔註53〕參見方豪：〈臺灣詩人對大陸的懷念〉(《方豪教授臺灣史論文選集》)，頁264
　　　～265。
〔註54〕參見蕭瓊瑞：《認同與懷鄉——臺灣方志八景圖研究》，頁294～299。
〔註55〕丘逢甲以〈瀛壖八景〉為題，分詠康熙年間高拱乾之臺灣八景。

〈西嶼落霞〉，又看見不同的訊息：

> 孤鶩齊飛句有神，丹霞一縷裊澎津。散來餘綺眞堪愛，風景依稀洛
> 浦晨。

此詩也用「孤鶩」一詞，「孤鶩齊飛句有神」，明顯針對王勃「落霞與孤鶩齊飛」而言，可見清朝詩人書寫「西嶼落霞」之用語，深受王勃影響。而此詩所表現之情感比道光時期之作品更深刻。丘逢甲生於苗栗，二十六歲中進士。中日戰爭後，集鄉民而訓練，以備戰守。馬關條約簽訂後，與陳季同謀思建民主國以抗日。〔註56〕身逢戰亂，詩中多表離黍之悲。此詩雖仍用了「孤鶩」、「丹霞」，這些昔日文人常用的辭句來書寫落霞，但是第三句「散來餘綺眞堪愛」，卻表現了前人所未有的情感——寶島此景這般美麗，愛煞也！一如《嶺雲海日樓詩鈔》其他詩作，充滿著愛這島國的熱情。其〈聞海客談澎湖事〉：「絕島周星兩受兵，可憐蠻觸迭紛爭。春風血漲珊瑚海，夜月燐飛牡蠣城。故帥拜泉留井記，孤臣掀案哭雷聲。不堪重話平臺事，西嶼殘霞愴客情。」〔註57〕這是光緒二十四年（1898），乙未割臺後三年，澎湖迭遭戰火，丘逢甲聽海客談論起澎湖的事，心中憂戚悲痛之作，字字血淚。西嶼落霞不再豔麗，僅剩殘霞餘暉！

## 第二節　澎湖八景到十六景

隨著臺灣大八景之後，區域性八景興起，到嘉道年間，本土文人崛起，詩人著力於小八景，大八景的書寫漸次沒落。

「澎湖廳八景」，在清代共有三次選定，第一次是道光十二年（1832）蔣鏞《澎湖續編》所輯錄呂成家的〈澎湖八景〉：「龍門鼓浪」、「虎井澄淵」、「香爐起霧」、「奎璧聯輝」、「太武樵歌」、「案山漁火」、「天台遠眺」、「西嶼落霞」，與劉伯琛之〈澎湖八景〉：「龍門鼓浪」、「虎井澄淵」、「香爐起霧」、「奎璧聯輝」、「案山漁火」、「太武樵歌」、「西嶼落霞」、「南天夕照」。就詩內容觀之，「南天夕照」就是「天台遠眺」。〔註58〕而「澎湖八景」定名於何時？文

---

〔註56〕參見陳炎正等編：《豐原市志》，頁482～484。
〔註57〕參見丘逢甲：《嶺雲海日樓詩鈔》第一冊戊戌稿（光緒二十四年）（臺北市：臺灣銀行經濟研究室，1960年），頁59。
〔註58〕呂成家〈澎湖八景詩〉：「天台勝景足凝眸，奎璧聯輝接斗牛。霧起香爐迷古渡，霞飛西嶼燦芳洲。龍門浪湧蛟宮幻，虎井淵澄蜃室浮。夜靜案山漁火近，

獻未載，筆者推測呂成家與嘉慶十七年（1812）代理通判吳性誠時相唱酬，「澎湖八景」或定於此時。之後劉伯琛在道光九年（1829）隨丁霽亭至澎任記室，〔註59〕亦以「澎湖八景」為題賦詩，並收入《澎湖續編》，足見「澎湖八景」於嘉、道年間傳開。再深究入選之景點，多集中於廳署附近，有「龍門鼓浪」（諸景點的最東方）、「虎井澄淵」、「香爐起霧」、「奎壁聯輝」、「太武樵歌」、「案山漁火」，六景順序並無規律性，無東西南北之對稱。南方景點以「天台遠眺」為代表，西方景點以「西嶼落霞」為代表，北方應以白沙地區景點為代表，方能表現澎湖四方的疆域，但是八景中竟無白沙地區之景點，足見「澎湖八景」之選定，並未考慮疆域之宣示。再從所選之景，非全為自然景觀，「太武樵歌」、「案山漁火」，以百姓生活形態入景，展現十足的地方色彩，更貼近這塊土地的人情味。

　　澎湖八景選定後，歷諸通判，又增至十二景與十六景。八景詩與十六景詩，今可見其作品，但十二景僅存其名，而未見詩作存留，甚感遺憾。下分澎湖八景與十六景，論述諸景之書寫特色與意義。

## 一、澎湖八景的書寫

　　嘉、道年間，澎湖呂成家有一首〈澎湖八景〉〔註60〕，將八景分嵌詩句中：

> 天台勝景足凝眸，奎壁聯輝接斗牛。霧起香爐迷古渡，霞飛西嶼燦芳洲。龍門浪湧蛟宮幻，虎井淵澄蜃室浮。夜靜案山漁火近，更聞太武白雲謳。

更聞太武白雲謳。」（參見蔣鏞：《澎湖續編》，頁112～114。）另許縉纓〈澎湖八景詩〉：「奎壁雙輝列宿聯，天台遠眺擬遊仙。香爐起霧凌霄達，西嶼落霞映水妍。夜靜龍門聽鼓浪，秋高虎井看澄淵。案山漁火如星斗，太武樵歌叶管絃。」紀雙抱〈澎湖八景詩〉：「奎壁雙輝本有名，天台遠眺百媚生，香爐起霧秋風急，西嶼落霞春雨晴，太武樵歌斷復續，案山漁火暗還明，淵澄虎井清如鏡，浪鼓龍門遍地鳴。」（參見莊東撰述：《澎湖縣誌・文化志》，澎湖，澎湖文獻委員會，民國47～67年修，49～67年排印本影印，頁15。）此三首澎地人之作，均直接將八景名稱鑲入詩中，所用皆採「天台遠眺」。《澎湖續編》、《澎湖廳志》列澎湖八景名，則採劉伯琛之稱。（參見林豪：《澎湖廳志》，頁299。）

〔註59〕劉伯琛〈來鶴〉詩序：「己丑荔夏，丁霽亭司馬權篆澎湖別駕。予相偕東渡，謬司記室一席。……」（參見林豪：《澎湖廳志》，頁119。）

〔註60〕參見蔣鏞：《澎湖續編》，頁112。

起句寫天台遠眺，第二句寫奎壁聯輝，第三句寫香爐起霧，第四句寫西嶼落霞，第五句寫龍門鼓浪，第六句寫虎井澄淵，第七句寫案山漁火，第八句寫太武樵歌。此詩八景順序與銜接其後的八景連章詩的安排不相同，可知澎湖八景並無特定順序。而此詩兩兩成雙，卻見詩人巧思。首聯從天台山遠眺至海天交接處，視野再往上挪移至夜空，所見是星月交輝，展現澎湖遼闊、直視無礙的空間特色。而首句雖未點出時間，但由下句奎壁接斗牛，時間明顯是由黃昏推移到晚上，時間與空間互相輝映出澎湖南天夕照的勝景，與星空的燦爛。頷聯香爐的朝霧，對著是西嶼晚霞，時間由早推移至晚，展現一天的澎湖風光。頸聯龍門鼓浪，對著是虎井澄淵，展現的是澎湖海洋美景。尾聯寫靜夜的案山漁火，對應著勞動卻歡愉的太武樵歌，此為人文美景，不論是靜與動，顯現一派優閒自足的農、漁村生活。詩除見證歷史意義外，透過時間的推移與空間轉換，展演澎湖在地特色，詩傳遞的是澎湖美麗、浪漫、與世無爭的氛圍。以下分就八景述之。

### （一）西嶼落霞

列為澎湖八景詩之一的〈西嶼落霞〉，嘉、道年間終於出現澎湖在地人之作，代表人物為呂成家。其〈西嶼落霞〉云：

> 遠浦夕陽一嶼西，錦霞流影與山齊。千重綺布天邊幔，五彩裳拖海上霓。孤鶩斜飛橫碧渚，輕艖穩渡擬丹梯。遙瞻暮靄添詩思，好把雲箋綵筆題。

此詩與康、乾時期的風格不同，詞句雖亦用到「綺布」、「五彩」、「霓」、「丹梯」等多彩的字眼，但是「遙瞻暮靄添詩思，好把雲箋綵筆題」，詩趣趨於平靜、溫和。但詩中又見「孤鶩」，從清初到清末，〈西嶼落霞〉幾乎每首皆見「鶩」一詞，在地文人亦不例外。「鶩」是澎湖特有鳥類嗎？查閱《臺灣府志》以及澎湖方志都載有鶩名，故「鶩」非澎湖特有。《澎湖志略》未載鳥類名，《澎湖紀略》記羽之屬有十，「海鵝」下云：「即野鵝也。大於雁，謂之駕鵝，⋯⋯海鵝常於海濱獵魚而食；翎可為箭羽。臺、澎之人名曰南風鸚，又名布袋鵝。」〔註61〕《澎湖廳志》記羽之屬十八，「海鵝」下云：「即野鶩，羽可為箭翎，俗稱海南鸚。」〔註62〕此二則所載，「海鵝」就是「野鶩」，但是臺、澎人俗稱為「南風鸚」或「海南鸚」，不稱「鶩」，可見詩人還是慣用傳統書寫所用

---

〔註61〕參見胡建偉：《澎湖紀略》，頁175。
〔註62〕參見林豪：《澎湖廳志》，頁339。

之詞彙。又澎湖海鳥種類繁多，常於彩霞滿天時橫飛天際，未必都是鷺，鷺更是常見，《澎湖廳志》云：「鷺目感而受胎，俗呼曰白頭絲。《臺灣縣志》：凡渡海者，見白鳥飛翔則喜，蓋水禽陸棲，以將近島嶼也。」〔註 63〕詩人常將海鳥以「鷺」代稱，顯見描寫時所依循之傳統，以及侷限性。再看道光年間遊宦澎湖的劉伯琛的詩作：

> 黛染西山雨乍晴，遙天一抹晚霞橫。澄鮮色勝鋪文綺，縹緲標疑建
> 赤城。野鷺點殘隨斷續，沙鷗界破覺分明。編斕光射丹崖上，好倩
> 關荊浣筆成。

劉伯琛於道光九年（1829）隨通判丁秉南渡澎湖任記室，其作〈西嶼落霞〉當是實臨其景。首聯云：「黛染西山雨乍晴，遙天一抹晚霞橫」點出賞霞時間是雨後乍晴，在諸作中除章甫詩外，未見如此真切的描寫。但是詩中仍用「鷺」字，差別在將「孤鷺」改為「野鷺」；而描寫彩霞在天邊所形成之景用「赤城」形容，亦採前人齊體物「疑自赤城起」，見描繪相似景物之書寫傳統。其詩語調平緩，多一分文人悠閒的品評，風格走向閒靜優雅，與呂成家詩相近。清初大荒、獵奇、宣示的感覺，似乎已在道光時期漸趨平淡。

## （二）龍門鼓浪

龍門村位於尖山村的東方，而在菓葉村的南邊，是二號縣道與四號縣道的終點和交會點。在史料上，龍門的地名稱謂，先後有良文港、文良港、龍門港、龍門社、龍門、龍門村等。在蔣毓英所著的《臺灣府志》「澎湖三十澳」中云：「良文港澳：在紅羅澳東南，相距八里許，此澳可拋南風船二十餘隻。」在高拱乾纂修的《臺灣府志》所附「澎湖澳」中也提及「文良港澳：在林投港之東，岸上多人家，乃大山嶼之東崖也。」在范咸所撰的《重修臺灣府志》「澎湖廳」中云：「文良港澳：在廳治東二十五里，即龍門港，居民頗多。」至於龍門地名根由，據耆老表示，蓋因龍門東方海面有兩個無人島，一個叫做「查埔嶼」，外形狀似籤筒，另一個叫「查某嶼」，外觀極似筆架，這些均像古時皇宮殿內案桌上的器物，象徵龍廷即在門前，故取名為「龍門」。另傳龍門原叫「浪悶港」，自古即以浪聲轟然聞名。龍門村面積有 2.8541 平方公里，行政區域西連尖山村，北接菓葉村、東面與南邊臨著廣大海域。由於港灣可以停泊漁船及貨輪，不但是湖西鄉漁業大村，目前也和雲林泊子寮通航中。

---

〔註 63〕 參見林豪：《澎湖廳志》，頁 339。

近代考古學家，在其聚落東側的農地中，發現一片面積相當大的史前文化遺址，證明史前時代就有人類在這塊土地上，從事淺坪漁撈活動了。〔註64〕悠久的歷史，特殊的地理條件，被選爲澎湖八景，不足爲怪。澎地人士呂成家〈龍門鼓浪〉〔註65〕云：

> 勝蹟龍門舊有名，千層雪浪認分明。金鼇吞吐波濤壯，白馬奔騰晝夜鳴。響答松篁風一席，喧和雷鼓月三更。且看河鯉乘風去，聲價應知十倍榮。

首句以歷史「勝蹟龍門舊有名」入筆，見龍門自古有名，從時間點出此地的特別。接著緊扣主題「鼓浪」而寫，轉至空間的書寫，描寫雪浪千層的壯觀。運用時間與空間交錯的美學，道出龍門的與眾不同。藉由實景的浪引起遐思，想像成波濤洶湧是金鼇吞吐，以及白馬奔騰，日夜嘶鳴。以視覺、聽覺的感官描寫，加上巧妙的譬喻，展現「鼓浪」的氣勢不凡，營造出壯美的空間。頸聯再就浪聲描寫，以譬喻的技巧狀寫浪聲，一如松篁因風響，一如雷鼓轟然，使讀者彷彿親聞浪聲。而最佳觀浪時間在何時？「月三更」，想必是最佳時機。明月高掛，在又靜又亮的夜空下，浪聲更加悅耳。尾聯文意一轉，化用李白〈與韓荊州書〉：「一登龍門，則聲價十倍」與「鯉魚躍龍門」的典故，由自然界的萬里長風轉至人事，呈顯乘萬里長風，鯉躍龍門，飛黃騰達的意象。全詩結構由時間而空間，由實景而虛擬，最後歸結「龍門鼓浪」的內涵精神，詩意豐富。道光年間，劉伯琛〈龍門鼓浪〉〔註66〕一詩採呂成家用韻，云：

> 屹峍龍門峙紫瀛，源探星宿記茲名。雖殊竹箭奔流駛，恰有桃花錦浪生。觸石宛同翔素鷺，凌風直欲駕長鯨。潛鱗歲歲乘時化，祇待春雷啓蟄聲。

首句以地名「龍門」比附天上的「龍門」，使得此地蒙添神秘色彩。頷聯、頸

---

〔註64〕 參考郭金龍等撰：《臺灣地名辭書‧卷六澎湖縣》（南投：國史館臺灣文獻館編印，2002 年），頁 262。「淺坪漁撈」：在潮間帶的珊瑚淺坪從事漁撈活動。

〔註65〕 參見蔣鏞：《澎湖續編》，頁 112。

〔註66〕 劉伯琛〈澎湖八景〉，蔣鏞編纂《澎湖續編》全錄；林豪編纂《澎湖廳志》僅錄〈龍門鼓浪〉、〈案山漁火〉、〈西嶼落霞〉、〈南天夕照〉四首，蓋因林豪認爲奎璧聯輝與太武樵歌，人取其字稍雅馴者名之，非眞有殊景也，皆可刪。至於虎井澄淵、香爐起霧，林豪未說明。筆者猜測虎井澄淵，或以是否眞有沉城，未斷，遂不錄。今採蔣氏所錄。（蔣鏞編纂：《澎湖續編》，頁 120～122。）

聯化用薛道衡〈渡北河〉:「桃花長新浪,竹箭下奔流」與李白〈鸚鵡洲〉:「夾岸桃花錦浪生」,寫澎湖龍門鼓浪雖與渭河風光不同,岸無竹箭,卻有宛如白鷺飛翔的錦浪,有著「凌風直欲駕長鯨」的氣勢。「觸石」二字絕妙,摩繪浪碰撞石岸,瞬間產生的震撼力,表露無遺。散化開的白浪,詩人以「翔素鷺」為喻,一轉為陰柔優雅飛翔的白鷺。在觀者還處於驚訝讚嘆中,一個「凌風」,飛浪又騰躍而起。詩人掌握住短暫時間空間的變化,營造不斷的驚覺畫面,使心情隨浪起落。「翔素鷺」與「駕長鯨」,一柔一剛,巧妙的譬喻,使鼓浪的形象具體鮮明。尾聯銜接「長鯨」之意象,繼續想像著長鯨吐浪來狀寫年年如春雷響起的浪濤,兼具視覺與聽覺的美感。

## (三) 虎井澄淵

虎井有否沉城,自清即有異說。近年來有若干潛水人員下海探查,確實見距離虎井嶼東山約 50 公尺的海下,有一座十字形交錯、東西及南北各長 200 公尺的石牆,然對海底沉淵之形成,看法不一。〔註67〕不論海中是否真有沉城,無可否認的是,此事在清朝就是一熱門話題,文人爭相觀賞題詠。周凱到澎湖,蔡廷蘭向這位長官介紹澎湖景觀,特別提及虎井嶼的沈城,自言怕驚動海底蛟龍,並未乘舟前往,故特作〈虎井沈城〉記之,云:「泗州沒微桑,鄂州沒洞庭。滄桑幾變易,何況東海溟。虎井嶼前有沈城,風狂浪湧無影形。秋水澄澈波淵渟,漁人下視見星星,女牆雉堞高伶俜。約略紅毛城大小,殷紅磚石苔蘚青。不知何年落海底,中有敗壁橫窗櫺。蔡生述之我則聽,不敢乘舟窺視恐驚蛟龍醒,作歌聊向虎山銘。」透過這一空間,給與詩人無限想像與揮灑的空間,詩中常見時空交錯,虛實相構來描繪這一海底澄淵。此景有其神秘性,被選為澎湖八景,並不訝異。呂成家〈虎井澄淵〉〔註68〕云:

> 屹立崔巍似虎眠,紆回玉井見澄淵。魚梭細織波間練,豹管遙窺洞裏天。水面螺紋風一縷,江心鏡影月千川。危峰瀉出源流遠,祇覺虛涵上下連。

碧波底下沉睡的是否為城並不重要,重要是澄波下美麗的世界,以及作者神遊其中體會太虛神妙,心與天地合而為一的妙境。首聯將澄淨的大海喻為玉井,玉井下見城屹立海底。領聯寫從上遙窺澄淵,魚群穿梭,波光瀲灩,大

---

〔註67〕諸說參見郭金龍等撰:《臺灣地名辭書·卷六澎湖縣》,頁 172。
〔註68〕參見蔣鏞:《澎湖續編》,頁 112。

海一片靜謐。頸聯化用「月映萬川」典，充滿哲理。尾聯一轉靜謐的氣氛，用「危峰瀉出源流遠」寫出水由崔嵬城堡瀉出，與首句呼應；「源流遠」寫出水流自遠處來，源源不絕，「遠」字有神祕之感。看著看著，不知不覺天地上下相連，自己亦與太虛結合爲一。觀看澄淵，它帶給詩人是與世獨立的感受。之後劉伯琛也有用同韻寫一首〈虎井澄淵〉〔註69〕：

> 鱗獵韡紋〔註70〕漾碧瀾，湛然心跡〔註71〕等泉觀。千里淵瀁涵暉〔註72〕遠，一鑑渟泓〔註73〕照影寒。虛受自能容萬派，曜靈〔註74〕終古浴雙丸。魚龍出沒蛟宮近，欲取珊瑚作釣竿。

劉氏喜用生僻字詞，「鱗獵」、「韡紋」、「淵瀁」、「曜靈」表現海底世界的華麗與神祕。頸聯省思何以海底美景清晰可見？領略出澄淵如鏡，虛則能容受萬物的道理。詩中提及的「珊瑚」，是生長澎湖海域中著名的物產，人多採擷加工爲飾品，清時因技術關係，開採不易，傳言有蛟龍守護，尾聯所寫與此相關。

### （四）香爐起霧

「香爐嶼」位於湖西「鼓架嶼」南方的海中，僅由五個岩礁構成，蔣毓英《臺灣府志》載：「香爐嶼：嶼有三層，形如香爐，故俗爲香爐嶼。」〔註75〕香爐嶼形狀特殊，起霧時，如煙篆繚繞於香爐上，景色迷濛優美，遂爲澎湖八景之一。呂成家〈香爐起霧〉〔註76〕云：

> 怪石當年列畫圖，天然形勢擬香爐。輕籠薄霧濃還淡，細篆微煙有若無。文豹潛藏看隱約，騰蛇吞吐認模糊。欲知獸炭〔註77〕頻添處，有客吟詩正撚鬚。

---

〔註69〕　參見蔣鏞：《澎湖續編》，頁120。

〔註70〕　「鱗獵韡紋」：鱗，此指像魚鱗層層般排列的水波。獵，形容風聲。鮑照〈還都道中作〉詩云：「鱗鱗夕雲起，獵獵曉風道。」（見《文選》）韡，音ㄨㄟˇ，光明盛大的樣子。此指海面被風吹起似魚鱗狀的波紋，盛大貌。

〔註71〕　「湛然心跡」：指淡泊的想法。

〔註72〕　「暉」：日光。

〔註73〕　「一鑑渟泓」：渟，音ㄊㄧㄥˊ，水流停止不動。泓，水深的樣子。此指海水深廣，水波不興，澄淨如鏡。

〔註74〕　「曜靈」：曜，音ㄧㄠˋ。太陽。屈原〈天問〉：「角宿未旦，曜靈安藏？」

〔註75〕　參見蔣毓英：《臺灣府志》，頁30。

〔註76〕　參見蔣鏞：《澎湖續編》，頁112。

〔註77〕　「獸炭」：用獸骨燒成的炭或用炭屑和水製成的獸形炭。

首聯寫「香爐」因外形奇特，遂贏得此名。頷聯寫香爐「輕籠薄霧濃還淡，細篆微煙有若無」，將香爐此地薄霧輕飄，細細煙篆若有若無之貌，和燒香拜神之香爐相結合，意象豐富。頸聯描繪著煙霧似文豹潛藏，似騰蛇吞吐，將霧的騰飛描繪極為生動。尾聯寫來逸趣橫生，想著密密不斷的煙霧到底從何處添獸炭，正在納悶中，文意一轉，「有客吟詩正撚鬚」，這有一遊客對此奇景讚賞不絕，正捋鬚苦思，吟哦推敲詩句。那人就是詩人的化身。整首詩將香爐嶼描繪得既如仙境夢幻，又充滿趣味性。再看游宦此處的劉伯琛的〈香爐起霧〉〔註78〕，又是何等風景：

> 匡廬五老望中分，海上爐峯近始聞。岫〔註79〕連博山排錯落，霧瀠沈水熱氤氳。天留勝境供清眺，賦有佳題媿藻文。迴意書窗寥寂夜，細然石葉挹餘芬。

首聯充滿詩人驚訝之情，劉氏將香爐嶼和匡廬五老峰對列，見其聽聞海上也有一爐峰驚訝的神情，也想前往看看。明顯以一「他者」凝視此景，呂成家是在地人，便不作此語。「岫連博山排錯落，霧瀠沈水熱氤氳」寫出此嶼之特別。頸聯讚嘆上天留此美景供人欣賞，實應有佳句美文好好稱誦一番。回到住處，寂寥夜靜時，坐在書窗前搦管欲書，細細回想，仍餘味無窮。尾聯「細然石葉挹餘芬」，「石葉」，晉王嘉《王子年拾遺記》載：「道側燒石葉之香，此石重疊，狀如雲母，其光氣辟惡厲之疾。」〔註80〕蓋見石葉外表、功效與香氣特殊。詩以此石葉香味繚繞作結，見作者陶醉其中的神情。但從「寂寥」二字，亦見詩人客居他鄉的寂寞。整首詩寫來清雅可誦，非純然寫景，尾聯有作者濃厚的情感。

### （五）奎璧聯輝

林豪《澎湖廳志》云：「按奎璧聯輝，在龜鼊澳後，人取名稍雅馴者名之，非真有殊景也。與太武樵歌似皆可刪。」〔註81〕林豪認為「奎璧聯輝」並非真有特殊景致，而是人們取雅馴的名稱來稱呼它。筆者認為林氏所言「人取名稍雅馴者名之」，可信。奎璧，為今澎湖湖西鄉北寮村之奎璧山，始稱「龜鼊」，蓋山形似之而名，後名為「奎璧」，字意是雅馴於「龜鼊」。但是

---

〔註78〕 參見蔣鏞：《澎湖續編》，頁121。
〔註79〕 「岫」：音ㄒㄧㄡˋ，峰巒。
〔註80〕 參見王嘉：《王子年拾遺記》卷七（臺北市：臺灣商務，1979年），頁30。
〔註81〕 林豪：《澎湖廳志》，頁25。

言其「非眞有殊景」，卻待商榷。該地視野遼闊，風景秀麗，附近島嶼星羅棋布，較近者有番黍尾嶼、赤嶼、番仔石，較遠者有毛常嶼，大小雞善嶼、錠鉤嶼等，〔註 82〕如眾星拱奎璧，交相輝映，以之爲澎湖八景，蓋兩者相合而取焉！呂成家〈奎璧聯輝〉〔註83〕云：

> 遙瞻奎璧應天文，一帶聯輝島嶼分。港有藏珠同煥爛，澳還韞玉
> 〔註84〕共繽紛。依稀斗柄移芳甸〔註85〕，彷彿星垣接瑞雲。形勢漫
> 論相仿處，地靈人傑正堪云。

首聯將奎璧山及附近諸嶼環繞與天上奎、璧二星，眾星拱之相擬；中國將天上星宿人格化，諸星宿各有掌管人間事之職責；而奎、璧二星主管文章，古人重視讀書，常將它們類比才學。往昔奎璧澳文風頗盛，故與天上奎璧相應，頷聯「港有藏珠同煥爛，澳還韞玉共繽紛」可見。頸聯寫奎璧山之山勢像似北斗七星的柄勺，遙指天邊，彷彿就接著雲端，巧妙的將地紋與天文銜接起來。透過虛與實，將空間延展得相當遼闊。尾聯總結讚美此處形勢不僅與天上星宿位置相仿，還應天上星斗的特質，地靈人傑。詩作一虛一實，將天上、地上的「奎璧」的意象充分發揮，亦見詩人對自己鄉土的期許。劉伯琛〈奎璧聯輝〉〔註86〕：

> 珠躔〔註87〕聯絡近文昌，華蓋天垂作作芒〔註88〕。波靜影常沈璧
> 彩，地靈名恰應奎匡。人文蔚起誇翹楚，象緯分明視煥章。他日奏
> 言煩太史，瀛涯重見聚星堂。

詩中「珠躔聯絡近文昌，華蓋天垂作作芒」、「地靈名恰應奎匡」、「人文蔚起誇翹楚，象緯分明視煥章」亦扣緊當地文人蔚起，與奎、璧二星主文章的特點相合。最後稱頌澎瀛重見「聚星堂」。呂成家、劉伯琛二詩皆稱許當地地靈人傑，此處昔日風光可見，但二人用語卻有所不同。劉氏言「人文蔚起誇翹楚」，有因受教化而漸漸興盛的意味，劉伯琛遊宦至此，顯見此語是由上對下的視角。尾聯「他日奏言煩太史，瀛涯重見聚星堂」也明顯是官宦

---

〔註 82〕　參見國史館臺灣文獻館編印：《臺灣地名辭書・卷六澎湖縣》，頁 192。

〔註 83〕　參見蔣鏞：《澎湖續編》，頁 113。

〔註 84〕　「韞玉」：韞，音ㄩㄣˋ，藏。此指掩藏的人才。

〔註 85〕　「芳甸」：長滿芳草的郊野。

〔註 86〕　參見蔣鏞：《澎湖續編》，頁 121。

〔註 87〕　「珠躔」：躔，音ㄔㄢˊ。此指日月星辰在其軌道上運行。

〔註 88〕　「作作芒」：即「作作有芒」，形容光芒四射。《史記・卷二十七・天官書》：「歲陰在酉，星居午。以八月與柳、七星、張晨出，曰長王，作作有芒。」

至此，將所見稟告上級的話語。而呂氏言「地靈人傑正堪云」，是在地人對自己鄉土的肯定。由此可見不同身分與視域，即便是同題創作，展現的風貌各異。

### （六）案山漁火

案山位於馬公灣的南灣，乾隆中期澎湖十三澳七十五社，案山為東西衛澳七社之一。道光年間區分為「案山」、「小案山」兩部分，前者指半島，後者指隔案的小島。同治年間明確區分大小，半島稱「大案山」、隔岸小島稱「小案山」。〔註89〕案山名稱由來之說明，首見於《澎湖廳志》：「小案山：在大山嶼東西澳案山社西，距廳治四里，一帶平巒若几案，為書院朝山。」〔註90〕文石書院座落位置朝向案山，見案山地理位置特殊。呂成家〈案山漁火〉〔註91〕云：

> 群峰環繞案山橫，點點漁燈一望平。沙際誰為垂釣者，江干獨有羨魚情。還看嵐氣分仍合，旋訝珠胎暗復明。搔首幾曾清眼界，虛涵夜月喜相迎。

首句以案山大環境入筆，寫案山群峰圍繞的特殊地理；第二句縮寫近處的漁燈。偌大空間出現一點一點燈火，更顯空間之遼闊，大小、明暗相映成趣。由漁燈尋去，誰在沙際垂釣？進而詩人關注的是，魚在水中自由自在的悠遊閒逸。自己站在岸邊看著嵐氣氤氳，分分合合，而漁燈亦隨之暗了又明，明了又暗。由此引發「搔首幾曾清眼界」的慨嘆，最後將此慨嘆還予虛空，擡望眼喜見明月相迎，以景作結，餘韻無窮。言為八景詩，但與清初八景詩的純然寫景不同，這裡多了詩人情感的抒發。再看劉伯琛〈案山漁火〉〔註92〕：

> 嶼潮痕上短篷，晚收笒簹〔註93〕泊菰叢〔註94〕。瀰漫春水連天碧，次第漁燈隔岸紅。世慮盡捐雲樹外，人家都住畫圖中。菱塘柳陌吾廬在，歸去還思理釣筒。

---

〔註89〕 參考國史館臺灣文獻館編印：《臺灣地名辭書‧卷六澎湖縣》，頁 99。
〔註90〕 參見林豪：《澎湖廳志》，頁 18。
〔註91〕 參見蔣鏞：《澎湖續編》，頁 113。
〔註92〕 參見蔣鏞：《澎湖續編》，頁 121。
〔註93〕 笒簹：ㄌㄧㄥˊㄒㄧㄥˇ，指貯魚的竹籠。唐皮日休〈奉和魯望漁具十五詠‧笒簹〉：「朝空笒簹去，暮實笒簹歸。歸來倒卻魚，挂在幽窗扉。」
〔註94〕 「菰叢」：菰，音ㄍㄨ，俗稱「茭白筍」，葉叢生，呈狹長形。

劉伯琛是在道光九年到澎湖，案山的漁火他是知曉的。詩由「罛嶼潮痕上短篷」，趁著潮汐出海布網起筆，「晚收筝箸泊菰叢」時間推移至晚間，「漁火」主題乃現。接著寫眼前如畫似圖的海景，水連天碧，漁燈隔岸紅，人住這美麗畫圖中。靜中有動，動中有靜，一幅漁村好風光。劉氏運用了描寫江南的詞語，如「菰叢」、「菱塘」、「柳陌」，美化了澎湖的漁火，這些景物是不見於澎湖的。作者筆下的案山漁火是非常浪漫、美麗的，道「人家都住畫圖中」，使人有「世慮盡捐雲樹外」，最後道出自己「歸去還思理釣筒」，也想釣魚去，融入這無爭的漁家生活。這是劉伯琛看到漁家燈火的感觸，情感更貼近這塊土地。

### （七）天台遠眺

　　此景位於望安島的西岸，望安鄉人又稱爲「天奶山」，是望安島的最高點。《澎湖廳志》載：「天台山：在八罩水垵澳南，距廳治水程八十里。山上平坦，廣數百步。近視不甚高，登臨遠眺，則環澎島嶼，依稀在目。上有仙人足跡。里人於正月十五日，釀錢賽神於此，謂之天台勝景。」〔註95〕登臨遠眺，則環澎島嶼依稀在目，視野極佳；又有仙人足跡的傳說，里人正月十五，在此釀錢賽神，因具備這樣的優勢，被選爲澎湖八景，足以代表當地特色。呂成家〈天台遠眺〉〔註96〕云：

> 突兀天台聳碧空，恰宜遠眺辨西東。放開眼界群峰小，展擴襟懷萬派通。半幅雲箋封遠岫，一行雁字寫秋風。登臨逸興遊仙景，縹緲虛無一望中。

詩前四句即寫天台山有「小天下」的氣勢；頸聯寫遠眺雲天遼闊，一行雁子劃過天際，同時點出季節。尾聯拉回自己身上，登臨傳說中的仙境，人在虛無縹緲間，與天地同化，情景交融。劉伯琛將此景題爲〈南天夕照〉〔註97〕：

> 一輪西墜蕩空濛，波浴山銜望未窮。遠渚乍分初月白，遙天低映晚霞紅。數家漁網蘋洲外，十幅蒲帆翠靄中。最愛夕陽歸牧句，霏霏薄霧起寒叢。

呂成家〈澎湖八景詩〉：「天台勝景足凝眸」，許縉纓〈澎湖八景詩〉：「天台遠眺擬遊仙」，紀雙抱〈澎湖八景詩〉：「天台遠眺百媚生」，三首在地人之作，

---

〔註95〕參見林豪：《澎湖廳志》，頁 19。
〔註96〕參見蔣鏞：《澎湖續編》，頁 113。
〔註97〕參見蔣鏞：《澎湖續編》，頁 122。

均做「天台遠眺」書寫。林豪《澎湖廳志》列澎湖八景名，則採劉伯琛「南天夕照」的命題，在地者與游宦者顯見對此景的命題有不同見解。從詩作內容觀之，在地者從登臨遠眺所展現的雄偉氣魄而寫；遊宦者則是站在外來者的角度看這漁村。在當地居民眼中的漁網蘋洲外，是再平常不過之景，但在一位外地來的眼中，卻是新鮮的畫面。同一處卻不同的命名，可見二者不同的審美觀。

劉伯琛詩清雅浪漫，可謂「詩中有畫」，將澎湖閒靜、遼闊之美表達的淋漓盡致。首聯寫站在望安天台山上眺望西落海平線的太陽。平台的地勢，視野無礙，旋轉一圈全無障蔽，天與地與海連成一個無懈可擊的圓，這是在天台山觀賞落日特殊處。頷聯寫一邊晚霞紅映西天，一邊是月初白。此景若非親臨，無以體會。筆者農曆七月四日於天台山欣賞晚霞，滿天穹廬四望，待薄暮初上，猛見白色初月已掛天際，二景同現，美不勝收，這是天地獻給天台山的最佳禮物。自然之景美不勝收外，數家漁網，十幅蒲帆亦美。晚霞漁唱，景中有人，人在景中，自然與人文交織成一幅安詳和諧的圖畫，詩情畫意，在劉伯琛眼中是最美的呈現。

### （八）太武樵歌

太武村位於今成功水庫的東側，聚落則處在機場的東北邊。﹝註98﹞《澎湖紀略》云：「林投澳：……太武社（有一小山，名太武。距廳治陸路一十四里）」﹝註99﹞據耆老表示：太武村民原定居在太武山南方的山腳下，故以「太武」為聚落的名稱。太武這座山乃澎民祖先由金門遷居時，為懷念家鄉有座太武山而命名的。﹝註100﹞《澎湖廳志》載：「太武山，在大山嶼林投澳太武社後，距廳治十四里，三峰圓秀，大小相伯仲。俗以大太武二太武三太武名之。」﹝註101﹞呂成家〈太武樵歌〉﹝註102﹞云：

> 迴環太武迥嵯峨，樵採行行唱浩歌。韻繞高峰流曠野，聲喧絕壑度平坡。檐頭日暮孤雲伴，林外煙晴一鳥過。最好澎山饒逸興，重開仙曲奏如何。

---

﹝註98﹞ 參考郭金龍等撰：《臺灣地名辭書・卷六澎湖縣》，頁 247。
﹝註99﹞ 參見胡建偉：《澎湖紀略》，頁 34。
﹝註100﹞ 參考郭金龍等撰：《臺灣地名辭書・卷六澎湖縣》，頁 247。明末遺臣盧若騰東渡臺灣，後因病留澎湖，即居太武。
﹝註101﹞ 參見林豪：《澎湖廳志》，頁 21。
﹝註102﹞ 參見蔣鏞：《澎湖續編》，頁 113。

首聯寫太武山環繞，樵夫一邊砍柴薪一邊唱歌，悠遊自在的神態。頷聯寫樵歌流洩曠野，繞過山峰，迴盪山谷。透過空間的移轉，寫出歌聲不絕於耳，也寫出空間的寧靜與空曠。頸聯點出採樵的時間已近黃昏，「擔頭日暮孤雲伴，林外煙晴一鳥過」呈現悠閒無爭的世界。末聯讚嘆澎湖饒富逸興，真是人間仙境，足見詩人所展現「轉邊陲為自在」的心境，自安自樂於邊陲。劉伯琛〈太武樵歌〉〔註103〕則云：

> 疊巘層巒蘚逕深，風傳樵唱出霜林。丁丁伐木聲相應，戞戞敲秤響
> 共沈。葉墜濕雲雙屐雨，巖高影落半溪陰。負薪力學今誰繼？餘韻
> 流風尚可尋。

首聯描繪樵夫在幽深林木中砍柴，風將歌聲吹送出林間。林外聽到這歌聲，不禁覺得身在桃源。頷聯寫一起一落的丁丁伐木聲和戞戞敲秤聲與歌聲相應，在這曠野中別有韻味。頸聯寫砍柴的辛勤。尾聯遂問「負薪力學今誰繼？」以「他者」的視角如此問，這樣辛苦的活兒，還有誰做？但在澎湖仍可見。林豪認為「太武樵歌」：「人取其字稍雅馴者名之，非真有殊景。」〔註104〕然就呂、劉詩觀之，所傳達的是澎民與世無爭的性格，勤奮卻又樂在其中，在崗原上呈現出一幅不落凡塵的曠野美感，景亦殊。

　　八景之選取，有因歷史淵源，如「西嶼落霞」；有因景致特殊，且地名雅馴、含富貴功名象徵者，如「龍門鼓浪」、「奎壁聯輝」；有地形別緻，如「香爐起霧」；有景致特殊，如「虎井澄淵」、「天台遠眺」；有呈現澎湖淳樸恬淡生活，如「太武樵歌」、「案山漁火」。就內容觀之，諸詩概皆與清末〈西嶼落霞〉書寫風格相近，有著當地人文之特色。詩人藉景抒情，或表達對此地深厚的情感，或表達個人生命體悟。在在顯現詩人由「主體認同」轉為「在地認同」，這是此期澎湖八景詩最大轉變。

## 二、澎湖十六景的書寫

　　《澎湖廳志》載：「島上八景：曰龍門鼓浪，虎井澄淵，香爐起霧，奎壁聯輝，案山漁火，太武樵歌，西嶼落霞，南天夕照。今增其四：曰晴湖泛月，燈塔流輝，風櫃飛濤，大城觀日（蔣氏「續編」）。」〔註105〕澎湖由原八景又新增「晴湖泛月」、「燈塔流輝」、「風櫃飛濤」、「大城觀日」四景，成為十二

---

〔註103〕參見蔣鏞：《澎湖續編》，頁121。
〔註104〕參見林豪：《澎湖廳志》，頁25。
〔註105〕參見林豪：《澎湖廳志》，頁25。

景。據「今增其四」判斷，此四景應是蔣鏞任內新增，並在編纂《澎湖續編》時一併載入，只可惜今未見此四景的詩作。《廈門志》載：「又按《鷺江志》載：八景曰……；後人又補十二景。凡志皆有八景、十二景之名，並繪圖焉。」由八景又增四景之舉，見清時地方官之雅尚與風潮。

　　光緒七年（1881）八月，鮑復康〔註106〕任澎湖通判時，據《澎湖廳志》載，於十二景又增四景：「籜火宵漁」、「負箕晨牧」、「短鑱劚草」、「伐鼓敺魚」，並課諸生，首唱小詩四章，〔註107〕成了十六景。可惜今未見鮑復康與諸生之作，僅見詩題，甚憾。今存林豪和鮑復康〈新增澎湖四景和鮑吉初別駕〉四首，〔註108〕及〈鮑吉初別駕以新增四景命題課諸生余既擬作而意有未盡復成四首以博別駕一粲〉連章詩四首，這些都以當地百姓生活樣貌入景，全無特定的地點，別於前期所選之景。最初八景，著重於自然景觀，其中有六景是自然景觀，「案山漁火」、「太武樵歌」二景是人文景觀。後來增加四景成十二景，所選多為自然景觀。光緒年間的四景詩，顯見文人更關注此地的人文活動。走進這社會，認同這社會，因此詩中充滿特有的生命力。下就「籜火宵漁」、「負箕晨牧」、「短鑱劚草」、「伐鼓敺魚」四景分述之。

### （一）籜火宵漁

　　林豪〈籜火宵漁〉〔註109〕書寫夜晚海釣的愜意畫面：

　　　絕島潮迴夜色清，滿船風月釣竿輕。細鱗巨口誰分得，為有波心一
　　　點明。

此詩描寫夜晚駕船出海垂釣，滿船風月，浪漫愉快的心情。詩從大空間著手，首先寫整個澎湖夜色清朗的感覺，進而將鏡頭拉近至夜釣的船隻，再聚焦於釣竿下的魚，但在夜晚，光線不足，根本無法看清魚兒，只見波心一點明。景致利用由遠拉至近的運鏡手法，最後點出夜間用竹籠子罩著的燈火捕漁的那點「明」，全詩輕快活潑。在夜色清朗與滿船風月下，闃暗的大海閃閃籜火，交織著確實是一幅美景。

---

〔註106〕鮑復康，字吉初，安徽歙縣人，附監生。光緒七年八月實任澎湖海防通判。（參見林豪：《澎湖廳志》，頁 299、369、374。）

〔註107〕林豪《澎湖廳志》：「又按鮑通守復康以新增四景命題課諸生，曰：籜火宵漁，負箕晨牧，短鑱劚草，伐鼓敺魚，並首唱小詩四章。」（林豪：《澎湖廳志》，頁 299。）

〔註108〕參見林豪：《誦清堂詩集·卷八·澎湖草》，頁 17～18。

〔註109〕參見林豪：《誦清堂詩集·卷八·澎湖草》，頁 17～18。

### （二）負箕晨牧

林豪〈負箕晨牧〉〔註110〕云：

> 一輩田頭自負箕，爭從牛後誘童兒。蠢然不解枯桐韻，也管人家杜
> 下炊。

此詩寫早晨負箕牧牛，在牛後撿牛糞，並誘使童兒也一起撿。童兒不知這牛糞的好處，將它曬乾還可爲柴火。胡建偉〈牛柴〉詩前小註云：「澎湖無薪木，以牛糞炊爨，土人呼爲牛柴。」牛柴成爲澎湖的在地特色。此詩呈現一幅逗趣的田野風光，躍然紙上。

### （三）短鑱劚草

林豪〈短鑱劚草〔註111〕〉〔註112〕云：

> 澤畔離離露未乾，短鑱細細劚應難。天涯未必無香草，收拾筠籠仔
> 細看。

此詩描寫澎民在露水未乾的清晨，就拿著短鑱到澤畔劚草的辛苦貌。末二句文意一轉，寫遠在天涯的澎湖，未必沒有香草，快仔細瞧瞧筠籠。此處似有所指，或暗寓澎湖也有不錯的人才。

### （四）撾鼓敺魚

林豪〈撾鼓敺魚〉〔註113〕云：

> 伐鼓聲喧過怒流，迢迢韻落海天秋。老漁雅有仁人意，故遣窮鱗識
> 避鈎。

首二句寫撾鼓敺魚之景。林豪以海天秋之景搭配伐鼓聲，展現鼓聲瀰天蓋地而來，壯闊的空間感。後二句，詩意一轉至仁慈的老漁夫身上，意蘊深遠。林豪詩中總充滿著悲天憫人的襟懷。從此詩中，得見當時澎民捕魚的情形，與今迥異。今未見聞伐鼓驅魚，齊力圍魚的景貌，唯聞發動機碰碰響著。

繼之，鮑復康命諸生以此爲題賦詩，林豪意猶未盡又賦連章詩四首，題〈鮑吉初別駕以新增四景命題課諸生余既擬作而意有未盡復成四首以博別駕

---

〔註110〕同上註，頁 17～18。
〔註111〕「短鑱劚草」：鑱，音ㄔㄢˊ，古代一種掘土或挖藥草的鐵器。劚，音ㄓㄨˊ，斫削。此指用短鑱鋤草。
〔註112〕參見林豪：《誦清堂詩集・卷八・澎湖草》，頁 17～18。
〔註113〕參見林豪：《誦清堂詩集・卷八・澎湖草》，頁 17～18。

一粲〉〔註114〕：

> 莫怪樵青掃葉遲，鴉鋤尺許草如絲，杜陵亦有長鑱柄，好待黃精結實時。（1）

> 淵淵聲壴為淵甌，四合圍攻網罟俱，怪底吞舟思跋扈，故應鳴鼓率吾徒。（2）

> 朝朝牛後費搜羅，為待炊煙得幾何，却笑龐然誇大物，腹中糟粕亦無多。（3）

> 案山山下繫輕船，一點籌燈水上懸，莫道夜潮天氣黑，任他漏網去悠然。（4）

就詩內容知第一首是寫「短鑱劚草」。第二首是寫「攊鼓甌魚」。第三首是寫「負箕晨牧」，畫面相當有趣。農夫早晨負箕牧牛，卻辛苦的在牛後搜羅牛糞，做為日後柴薪。結果這麼一龐然大物，糞卻那麼少，跟在其後，真是枉然。澎湖人以牛糞為柴，在富裕地區的人眼中，或甚為鄙夷，然在林豪筆下卻充滿著生活趣味。其實澎湖人就是這麼樂天知命，隨遇而安。第四首是寫「籌火宵漁」，所描寫為案山海域之漁火，與八景之「案山漁火」有所重複，足見此處海灣魚產豐富。透過諸詩，得以窺知清時漁民夜間捕魚的器具，除必備的釣竿、魚網外，還以竹籠罩著火為燈懸於水面吸引魚群，燈火幢幢充滿詩意。

## 第三節　日治戰後澎湖新八景

自《澎湖續編》出現有澎湖八景詩之時計算，至今已有一百五十餘年。光緒年間，八景不足，還思增列數景，增至十二景，又增至十六景，景詩的選定與創作，一直是文人雅尚所在，與在地文化的展現。景區成為當期共同遊賞與創作的題材，形成時尚的集體創作，為生活增添共同話題與趣味，也傳遞著人們對該地的審美認知。後人亦得以藉由前人詩作，窺知昔時澎民的生活百態。

日治時期林獻堂蒞澎湖，還特別詢問澎湖八景，高子騰就此賦〈先生垂問澎湖八景因賦其梗概以答〉，見日治時期仍承襲清朝八景之傳統。陳錫如

---

〔註114〕同上註，頁 17～18。

〈奎璧山晚眺（集澎湖大八景）〉云：「奎璧聯輝地勢嵬，登臨晚眺異天台；香爐起霧暮烟捲，西嶼落霞夕照催。漁火案山看散去，樵歌太武聽歸來；澄淵虎井深深見，鼓浪龍門亦壯哉。」〔註115〕詩題〈奎璧山晚眺〉，所詠內容則是清時澎湖八景。值得注意的是，陳錫如詩小註特別稱之爲「澎湖大八景」，推想當時澎湖定有「小八景」與之對稱。查閱陳錫如詩作，果見〈集澎山小八景〉、〈澎湖小八景（藏頭絕句八首）〉，此小八景分別是「青螺泉穴」、「風櫃飛濤」、「烏崁潮聲」、「紅埕城跡」、「小池文石」、「大嶼異花」、「通梁榕徑」、「八罩洞山」。〔註116〕另外，昭和十年（1935）《詩報》登有蔡子聘的〈澎湖廳西嶼八景〉，分別是「石觀音山」、「內垵白馬」、「蟳廣甘泉」、「內塹漁灯」、「牛心曉望」、「龜頭觀釣」、「煙敦晚眺」、「大池魚躍」，足見日治時期文人除奉清朝澎湖八景爲大八景外，又另闢澎湖小八景，在小區域也出現了小小八景。八景書寫風尚仍存，且越來越精細。

戰後對於清人所選定的大八景有所變異，旅高鄉賢顏大雅發表〈新澎湖八景詩〉〔註117〕一首，詩云：

> 赤崁晨曦一抹紅，小門仙洞闢鴻濛，姑婆北去天連水，七美南行浪拍空，鶴算通梁思古樹，鴛儔時里沐薰風，觀音亭畔眞如畫，跨海大橋架彩虹。

西瀛吟社曾以「澎湖觀光新八景」爲題徵詩，經左右詞宗合評結果，以呂隱臥氏之作最佳。詩曰：

> 觀音亭畔眺飛船，孔廟巍峨拜聖賢，嵵裡汐潮雄拍岸，林投蒼翠獨摩天，大橋橫海千排雁，帆嶼凌霄九月煙，七美貞坟生異樹，小門鯨洞夕陽妍。〔註118〕

從二詩見個人對八景之看法與取法，並不一致，各自表述其美感的取捨。顏大雅所取八景，分別是：白沙鄉的赤崁晨曦，西嶼鄉的小門鯨魚洞，隸屬白沙鄉的姑婆嶼，取其往北延伸之水連天碧的空間；往南空間的延伸，則是七美的濁浪拍空。白沙鄉通梁古榕，時里（應是指嵵裡）薰風，馬公市觀音亭畔，以及對岸銜接白沙、西嶼二島，如彩虹的跨海大橋。

呂隱臥氏取八景，分別是：觀音亭畔遠眺飛船，文澳的孔廟，隸屬馬公

---

〔註115〕詩收於陳錫如：《留鴻軒詩文集卷下附女弟子詩鈔》。
〔註116〕詩收於陳錫如：《留鴻軒詩文集卷下附女弟子詩鈔》。
〔註117〕參見莊東撰述：《澎湖縣誌文化志第十三》，頁18。
〔註118〕同上註，頁18。

的嵵裡汐潮拍岸，林投蒼翠樹林，跨海大橋橫海千排雁，望安鄉的船帆嶼，七美鄉的七美人塚，小門鯨魚洞的夕陽。

　　小門鯨魚洞、跨海大橋、觀音亭、嵵裡，是二人共同認定之區，但選取焦點略異。就小門鯨魚洞而言，顏氏看中的是小門鯨洞如仙境，呂氏看到的是鯨魚洞外連天的夕陽紅。跨海大橋者，顏氏書其形狀如彩虹，呂氏多些想像，描繪大橋如天上的鵲橋，由千排雁搭起。觀音亭者，顏氏寫整體的亭畔美如畫，呂氏寫亭畔遠眺的飛船，具動態之美。嵵裡者，顏氏寫陶醉薰風中的感覺，呂氏則寫汐潮拍岸的雄偉。

　　從此二詩窺知，今人重新省思舊八景之適當性，而各自表達心目中的澎湖新八景，與清時封建體制下的官員──權力核心下所凝聚的八景，時代意義不同。謝霞天也有一組〈澎湖八景〉連章詩，題詠的八景又有些不同，分別是〈林投拾翠〉、〈水庫迎曦〉、〈魁樓映月〉、〈貓嶼翔禽〉、〈漁島飛霞〉、〈小門湧浪〉、〈榕樹遮陽〉、〈虹橋跨海〉。〔註119〕陳紀文有一首〈澎湖新八景〉，〔註120〕分別將謝霞天所題詠的八景嵌在詩句中。這是民國六十四年（1975），縣文獻會向地方父老、旅高鄉親，徵求「澎湖新八景詩」，五人小組集會多次，翌年，擬定的「澎湖新八景」。〔註121〕2002年陳國彥又賦〈澎湖新八景〉云：「大橋龍跨攬流光，榕陰鬚飄四百霜；鯨洞石磯風浪絕，林投沙毯樹花香。觀音亭畔詩情湧，西嶼海昏霞帔張；醉臥天台身羽化，雙心美滬好魚嘗。」〔註122〕選跨海大橋、白沙通梁大榕樹、西嶼小門鯨魚洞、湖西林投公園、馬公觀音亭、西嶼落霞、望安天台山、七美雙心石滬為他心中的澎湖新八景。陳鼎盛和〈澎湖新八景〉云：「菓葉金輪孵海光，石岩鯨洞雪飛霜；雙心古滬棲魚屑，仙跡天台透野香。榕樹飄鬚華蓋蔭，虹橋攬勝健軀張；林投園秀沙灘美，霞落漁翁絢爛嘗。」〔註123〕選西菓葉觀日、西嶼小門鯨魚洞、七美雙心石滬、望安天台山、白沙通梁大榕樹、跨海大橋、湖西林投公園、西嶼落霞為他心中的澎湖新八景。兩人所選，有同有異。值得一提的是當今澎湖觀光頗夯的景點──雙心石滬，也出現在2010台北世界花藝

---

〔註119〕參見澎湖縣西瀛吟社編印：《西瀛吟社詩穗》，頁 101～103。其中〈水門湧浪〉應是〈小門湧浪〉之誤，詩第一句云：「小門湧浪景澄姸」。
〔註120〕同上註，頁 178。
〔註121〕參考陳鼎盛、陳國彥合著：《澎湖之美百題唱和詩文集》，頁 83。
〔註122〕參見陳國彥、陳鼎盛合著：《菊島之美──百題唱和詩文集》，頁 76。
〔註123〕同上註，頁 76。

博覽會未來館。

　　《澎湖縣誌‧文化志》撰者，提及昔時所選澎湖八景，除「西嶼落霞」、「香爐起霧」二景，不因時代與環境變遷而有所改變之外，其餘各景，均有再檢討，再考慮之必要。〔註124〕有的古時景觀不存，如「案山漁火」、「太武樵歌」；有的非實景，如「奎璧聯輝」，其認爲時代之進步，觀光事業之發展，故代表澎湖地區風景之風景，就不能僅憑想像與虛構，僅做爲文獻之資料，應配合時代之要求。〔註125〕時代的腳步往前走，各階段都有其不同的背景，他們各自表述他所屬時代的美與自己心中的美。

　　但此類詩作有一弊。若各別從其文句之形式與其意義觀之，十分雅馴，讀之如詩如畫。但因居多同景而作，故多陳陳相因、吟詠類似，較乏趣味，這是八景詩最大弊病。

---

〔註124〕參見莊東撰述：《澎湖縣誌文化志第十三》，頁17。
〔註125〕同上註，頁17。

# 第五章　島上風情

劉勰《文心雕龍·原道篇》開宗明義即云：

> 文之爲德也，大矣！與天地並生者，何哉？夫玄黃色雜，方圓體方，
> 日月疊璧，以垂麗天之象；山川煥綺，以鋪理地之形，此蓋道之文
> 也。……惟人參之，性靈所鍾，是謂三才。爲五行之秀氣，實天地
> 之心生，心生而言立，言立而文明，自然之道也。〔註1〕

天地具有美麗的文采，具備天地之心的人類當然也有文采。人類面對那動人
的形體與絢麗的色彩，心生感動，發而爲言，發而爲文爲詩。王必昌總輯
《重修臺灣縣志》云：「陰陽寒暑之異候、剛柔燥濕之異宜、山谷水陸之異
產，而習尚因以不同。」〔註2〕澎湖居民雖多來自福建，然因氣候、地理環境
與之不同，物產遂異，生活習尚亦因之不盡相同，此皆清朝遊宦詩人筆下
新鮮的題材。時至當代，區域文化崛起，在地詩人不斷題詠當地特色，不論
是歷史、地理，還是物產，詩人竭盡所能的歌頌自己鄉土的美好。本章掌
握時間脈動，探討詩人關注的澎湖風情。茲分（一）純樸民風；（二）勤學士
子；（三）悠久古蹟；（四）歲時節慶；（五）抗旱農作；（六）文石特產，論
述之。

## 第一節　純樸民風

王必昌《重修臺灣縣志》載：

---

〔註1〕　參見劉勰著、王更生注譯：《文心雕龍讀本》上篇（臺北市：文史哲出版社，
　　　　 1983 年），頁 2～3。
〔註2〕　參見王必昌：《重修臺灣縣志》，頁 395。

臺地東阻高山，西臨大海，沿海沙岸，土性輕浮，風起揚塵蔽天，雨過流為深溝。然易種植，凡樹藝芃芃鬱茂，稻米有粒大如小豆者。露重如雨，旱歲遇夜轉潤。又近海無潦患，晚稻豐稔，資贍內地。更產糖蔗、雜糧，有種必穫。故內地窮黎裋至，商旅輻輳，器物流通，價雖倍而購者無吝色。貿易之肆，期約不愆。傭人計日百錢，趑趄不應召。屠兒牧豎，腰纏常數十金。邑境窄狹，開墾年久而地曉，每歲不能再熟。民非土著，大抵漳、泉、惠、潮之人居多，故習尚與內地無甚異。五穀悉運自南北諸港，百貨皆取資於內地。男有耕而女無織，以刺繡為工。視疏若親，窮乏疾苦相為周恤。民雖貧不為奴婢；凡臧獲之輩，俱從內地來。此亦風俗之不多覯者。〔註3〕

臺地因東有高山阻隔，氣候易於栽種稻、蔗、雜糧，還可輸至內地；然澎湖四面環海，無高山為障，地表因海風侵襲，植被流失，土多貧瘠，不適耕作稻穀，布帛菽粟，取資於臺。《重修臺灣縣志》又云：「澎湖無田可耕，無山可樵，以海為田，以漁為利，以舟楫網罟為生活。居屋牆垣，皆用海石砌築。種地瓜以佐粒食，鋤細草以當薪，晒牛糞以炊爨。出作入息，婦女共之，其民多朴。」〔註4〕澎民以海為田，食地瓜，以細草、牛糞乾當柴火，民風多純樸。胡建偉《澎湖紀略》載：

土瘠民勞，善心易生，人無作奸犯科，亦無僧尼左道之惑。秀業詩書，愚安漁佃，夜戶不蔽，牛羊散牧於野。士知自愛，遵守臥碑，十三澳中，雞窗螢火，朗朗書聲，不減內地。

胡建偉認為「土瘠民勞，善心易生」，澎民生活環境苛刻，卻因此長養人刻苦耐勞、純樸善良的性情。人民安於漁佃，士子知自愛，用心於詩書，人無作奸犯科，夜不閉戶，與孔子所言之「大同世界」相近。林豪《澎湖廳志》云：「澎地自入版圖，經胡、蔣諸賢吏拊字栽培、興養立教、用宣聖天子雅化者百餘載於茲；是以歷年臺地揭竿之徒，至四十餘案，而澎則士食舊德，農服先疇，熙熙然不識不知，順帝之則。豈瘠土之人能自好善哉？鼓之舞之，輔之翼之，觀感漸摩，遂成習俗。蓋儒吏之澤長矣。用是稽其四民之業，與歲時食用之經，或樸或漓，犁然在目，是又操風化之原者，所當善持其後也已。」

---

〔註3〕 參見王必昌：《重修臺灣縣志》，頁397。
〔註4〕 同上註，頁401。

〔註5〕就林豪所見，澎民風俗朴善非因瘠土而人自好善，而是經過胡建偉與蔣
鏞諸賢吏教化之功。人民生活困苦，但是賢吏不斷地鼓之舞之，輔之翼之，
觀感漸摩，遂成習俗。筆者認為一地習俗之成，自然環境影響與人為教化都
不可或缺。

　　一地民風由食衣住行可見。澎湖僻居海島，形成相對封閉的社會，人民
生活自有其特殊習性，此常為文人書寫的題材。下文分論澎湖古典詩中食衣
住行的描繪，以見詩人筆下的澎湖民風。

# 一、食

　　《澎湖紀略·風俗紀》載：

> 《臺郡志》稱澎湖居民煮海為鹽、釀秫為酒，採魚蝦、螺蛤以佐食
> 云。查澎湖並無煮鹽、曬鹽之處，其鹽政俱係臺府管理，販運至澎，
> 散賣民食。至釀秫為酒，澎地並無秫酒，媽宮舖以糖釀酒，名曰「糖
> 燒」，以薯釀酒，名曰「地瓜燒」；人家有宴客，俱樂飲此。然澎民
> 嗜酒特甚，每日三頓不離飲酒者，十室而九，竟有飲成酒病而不悔
> 者，何況湎酒至此極也！每日飯三餐，閭閻皆然，無足怪者。澎人之
> 飯，並無稻米甑飯，惟用薯乾煮粥而食，名曰「薯米」。爨無薪木，
> 以牛糞乾炊爨，名曰「牛柴」。薯米、牛柴，名亦新穎可聽。澎亦不
> 產茶，採買亦貴；澎人飲茶者絕少，惟飲水一瓢以解煩渴而已。澎
> 之人，蓋亦苦矣哉！

從此段史料所載，可見乾隆期澎湖飲食之幾項重要訊息，（一）澎湖無煮鹽、
曬鹽：澎民所需鹽由臺灣輸入。（二）酒品：以糖釀酒，稱「糖燒」，以薯釀
酒，稱「地瓜燒」，以此宴客。平日三餐也都不離酒。（三）薯米為飯：澎湖
不產稻，三餐以薯乾煮粥而食，稱「薯米」。（四）牛柴為薪：澎湖因東北季
風狂吹，大樹不多，故澎民將牛糞曬乾當柴火，稱「牛柴」。（五）飲茶者少：
澎不產茶，採買也貴，故澎人飲茶者絕少，口渴了就喝一瓢水解渴。胡建偉
認為澎民生活，較之它處，還是苦些。

　　清末林豪《澎湖廳志》記澎民之飲食云：

> 澎湖並無煮鹽晒鹽，其鹽政俱係臺府管理，販運至澎散賣民食。至
> 釀秫為酒，澎地並無秫酒，媽宮舖以糖釀酒，名曰糖燒；以薯釀酒，

---

〔註 5〕　參見林豪：《澎湖廳志》，頁 303。

名曰地瓜燒。澎民嗜酒特甚，每日三頓不離飲酒者，十室而九；有
飲成酒病而不悔者。澎人並無稻秫甑飯，惟用薯乾煮粥而食，名曰
薯米糜。無薪木，以牛糞乾炊爨，名曰牛柴。澎不產茶，採買亦貴，
澎人飲茶者絕少；惟飲水一瓢，以解煩渴而已。〔註6〕

所載澎湖飲食與《澎湖紀略・風俗紀》同，見終清之際，澎湖飲食習慣無多
大改變。翻閱清詩，描繪澎民的飲食有劉家謀〔註7〕《海音詩》，云：

一盌糊塗粥共嘗，地瓜土豆且充腸；萍飄幸到神仙府，始識人間有
稻粱。〔註8〕

寫澎民物質生活缺乏，到府城方大開眼界。詩前二句載澎民以地瓜、土豆充
腸；以海藻魚蝦雜薯米，煮成一大鍋糜，即詩中所言「糊塗粥」，全家共嘗。
末兩句寫道有幸到神仙府，才得知人間還有稻粱這美食。辭意充滿羨慕之情，
比較意味濃厚，意味著食地瓜、土豆不如稻米，視角很明顯是站在以食稻代
表富庶的角度書寫。「神仙府」即「府城」，劉家謀詩註：

草地人謂府城曰「神仙府」。韋澤芬明經云：「鄭氏有臺時，置府曰
承天，今外邑人來郡者猶曰：「往承天府」。神仙，承天，殆音訛
也。〔註9〕

明鄭以後，鄭成功將重心擺於臺灣，明朝活絡的海上貿易漸趨沒落，此後澎
湖繁榮遠不如臺灣本島。註云「草地人謂府城曰神仙府」，或因音近訛誤，或
見府城外的人對府城繁榮生活的嚮往。而詩云「萍飄」、「有幸」，則見劉家謀
以繁榮的城市觀看來自鄉下的窮民。劉家謀關注澎地女子詩作頗夥：

辛苦耕漁朝暮偕，飢來薯米糜牛柴；煌煌六十年中紀，貞節如林聚
一涯。〔註10〕

澎地女子一天之工作量繁重，「耕漁朝暮偕」，除了栽種耘耨外，又隨潮水消
長，拾取蝦蟹，嬴蛤之屬，以助家計。以薯乾煮粥而食，無薪以牛糞為柴。
胡建偉《澎湖紀略》載：

〔註6〕 參見林豪：《澎湖廳志》，頁 320～321。
〔註7〕 劉家謀字芑川，福建侯官人。清道光十五年舉鄉薦。二十九年以寧德教諭遷
臺灣府學左齋。約士嚴，衛士尤以勇見稱。家謀善詞賦，早有「外丁卯橋居
士初稿」行世。居臺灣四載，又著「海音詩」一卷，體例獨創，引註翔實。
有吳守禮校注本。（參見許成章編校：《高雄市古今詩詞選》，頁 235。）
〔註8〕 參見劉家謀著、吳守禮校：《校注海音詩全卷》，頁 5。
〔註9〕 同上註，頁 5。
〔註10〕 同上註，頁 28。

> 澎民男有耕而女無織。凡一切種植，俱係男女並力；然女更勞於
> 男，蓋男人僅犁耙反土，其餘栽種耘耨俱女人任之。俗云：「澎湖女
> 人臺灣牛」。蓋言其勞苦過甚也。澎湖地皆赤鹵，可耕者甚少，俱以
> 海爲田。男子日則乘潮掀網，夜則駕舟往海捕釣；女人亦終日隨潮
> 長落，赴海拾取蝦蟹螺蛤之屬，名曰討海。易曰：以畋以漁；澎俗
> 有焉。〔註11〕

早在劉家謀之前，胡建偉時已流傳「澎湖女人臺灣牛」這一俗諺。男女一併
下田，男人僅犁耙反土，其餘栽種耘耨都由女子任之；男子白天乘潮掀網，
夜則駕舟往海捕釣，女人亦終日隨潮長落，赴海濱拾取蝦蟹螺蛤之屬。澎
地女子較之臺地、內地，實是辛勞許多，但卻樂天知命。劉家謀《海音詩》
又云：

> 蔣通守澎湖續編去胡通守建偉紀略之成僅踰周甲，而列女一門增至
> 一百二十二人，比他志獨盛。魯敬姜之言曰：「凡人勞則思，思則善
> 心生，逸則淫，淫則惡心生」，其此之謂歟？〔註12〕

從蔣鏞編《澎湖續編》距胡建偉《澎湖紀略》才過六十年，列女一門就增加
122 人，較他志獨盛。劉家謀認爲這與澎地女子勤勞耐苦有關，前胡建偉已論，
勞則思，思則善心生，民心善良，固能刻苦守貞節。而詩中「爨牛柴」，蓋因
澎湖東北季風強大，樹不易生長，居民遂以牛糞曬乾爲柴火。燃燒媒材異於
臺地與內地，遂爲熱門題詠的話題。「牛柴」一辭常見書寫澎民生活，足見在
外地人眼中它新奇無比。早在乾隆胡建偉任澎湖通判時便作有〈牛柴〉（澎湖無
薪木，以牛糞炊爨，土人呼爲牛柴）一詩：

> 漫云牛後遜雞聲，糞出呼柴亦令名。跨竈人驚烟縷縷，登山誰聽斧
> 丁丁？輸他榾柮原無累，剩得煨煤更有情。雖不用燔郊上帝，力能
> 調鼎著和羹。

道光年間周凱〈澎湖雜詠二十首和陳別駕廷憲〉之十三云：「媽宮澳裏市廛饒，
西嶼前頭好待潮。但願船多什物賤，不需牛糞作柴燒（澎無薪，以牛糞爲炊，呼牛
柴。）」亦以「牛柴」爲題材。周凱是到澎湖賑災，遂著眼於疏困之問題，期
待風平浪靜，船隻得以開航，能裝載更多貨物，貨多物價自然下跌，人民就
不必曬牛糞當柴燒了。

---

〔註11〕　參見胡建偉：《澎湖紀略‧風俗紀》，頁 149。
〔註12〕　參見劉家謀著、吳守禮校：《校注海音詩全卷》，頁 28。

劉家謀寫「牛柴」，側重人民生活辛勞的書寫；胡建偉表達的，則是農家樸素恬靜的氣氛。筆者以爲胡建偉任澎湖通判，與民接觸密切，或見澎民對此炊爨方式並無多大怨言。生此環境，澎民自會找到一套適應生活之方式。雖苦，人民安安分分於此，胡建偉倒反而覺得這是一帝力無爭的淨土。

## 二、衣

《澎湖紀略·風俗紀》載：

> 男女衣服悉用布素，至於綾羅綢緞，則絕無而僅有者也。地不產桑麻，女人無紡績之工，所有棉、夏布疋，俱取資於廈門。婦人最喜著青布衣裙，上山討海、出門探親，俱用青布一幅裹頭。男子則喜著色繭衫褲，服此者，則爲有體面人。家有喜慶時，則穿鞋襪，平日俱皆赤足。秋冬時亦用青布包頭，以禦寒風。近日富室及秀士間亦有服綢緞者，此亦風氣日趨於華也，然亦不可多得者矣。

從此段史料所載，可見乾隆期澎湖衣著之幾項重要訊息，（一）男女衣著素布：以前穿綾羅綢緞的，絕無而僅有。胡建偉任澎湖通判不久，澎湖富室及秀士，已有穿綢緞的，見風氣日趨奢華。但在胡建偉眼中，比起他處，澎湖風氣還是純樸的。（二）澎女不紡績：澎湖女子不工紡績，並非偷懶，而是此地不產桑麻。（三）棉、布來源：由廈門輸入。（四）澎女衣著習慣：婦人最喜著青布衣裙，上山討海、出門探親，都用青布一幅裹頭。（五）澎男衣著習慣：男子喜著色繭衫褲，穿著此者，是有體面的人。家有喜慶時，就穿鞋襪，平日都赤足。秋冬時也用青布包頭，以禦寒風。至於詩中對衣服的描繪，陳廷憲〈澎湖雜詠二十首〉之十四云：

> 裙布終身既富饒，翻嫌羅綺太輕飄。桑麻機杼渾多事，自有鮫人會織綃。（澎俗古樸，男女衣服悉用布素。不產桑麻，女人無紡績之事。居常喜著青布衣裙，間有近市者亦服綾緞，此亦風氣日趨於華。然習俗勤儉，眞有唐、魏遺風，勝臺灣之華麗遠矣。）

詩以及註文描繪了清時澎湖居民衣著。澎湖不產桑麻，女無織，男女衣著遂較簡樸，多用素布。所述與《澎湖紀略·風俗紀》同，見澎民衣著從乾隆到嘉慶無甚改變。

道光年間徐必觀有詩〈壬辰春仲來澎撫卹，三閱月而蕆事。公餘閱蔣懌荐同年所輯澎湖續編，有前刺史陳廷憲澎湖雜咏詩；勉成和章，即爲懌荐同年誌別〉之十六云：

金鍼未暇繡鴛鴦，巧婦爲炊鎭日忙。報道臨淵先結網，更無人祀馬
頭娘。

寫澎湖無織婦，所以沒有人祀奉馬頭娘，情形與乾嘉時期一樣。清末林豪《澎
湖廳志》載：

婦人喜著青布衣，上山討海，出門探親，俱用青布裹頭。男子喜着
色繭衫褲，服此者則爲有體面。人家有喜慶則穿鞋襪，平日俱赤足。
秋冬時亦用青布包頭，以禦風寒。近日富室及秀士，間有服綢緞者。
此亦風習日趨於華也，然亦少矣。〔註13〕

所載澎湖男女衣著仍與《澎湖紀略・風俗紀》同。陳廷憲稱許澎湖習俗勤儉，
眞有唐、魏遺風，遠勝臺灣之華麗。林豪認爲土瘠薄，佃魚外別無他利，是
以鄉民自奉甚約；或不具床帳，亦安之若素。蓋地瘠民貧，不得不出於儉也。
〔註14〕環境使然，所言甚是，但貧而能安分，卻是不簡單。道光年間周凱〈勘
災四首〉之二云：

白浪掀天萬丈飛，夕陽閃閃動漁磯。有錢家始煨紅芋（著一呼紅芋），
無罪人多着赭衣（漁人以柿漆染衣，色紅）。但聽狂風連日吼，難逢零
露見朝晞（澎無露）。臺陽咫尺偏殊俗，三熟猶聞稼穡肥（臺灣露盛如
雨）。

周凱勘災時見漁人穿著以柿漆染布，裁成的衣服，頗覺新奇，直道「臺陽咫
尺」，怎就風俗差別這麼大。另周凱〈澎湖雜詠二十首和陳別駕（廷憲）〉之
三云：

着來服色更離奇，説耐婚膩海上宜。染就胭脂爲顏色，非紅非紫暮
霞時。

此詩與前詩互映，描繪澎湖漁人穿著柿汁所染的衣服，其色紺，〔註15〕非紅
非紫。在周凱眼中，這是頗奇怪的顏色。之十四又云：

婦女耕漁力作同，荊釵裙布大家風。畫眉亦有描新樣，多半人家在
媽宮。

此詩描寫澎湖婦女平日又耕又漁，穿著的是荊釵裙布；然亦有打扮嬌樣者，
但多半在媽宮地區。與陳廷憲時所見「間有近市者亦服綾緞」觀之，當時媽

---

〔註13〕參見林豪：《澎湖廳志》，頁321～322。
〔註14〕同上註，頁322。
〔註15〕同上註，頁322。

宮地區居民生活形態與澎湖他處已有所不同，媽宮「城市」雛形漸顯。

# 三、住

關於住，明、清澎湖屋舍建築頗具特色，因強烈的東北季風，房多低矮。《澎湖紀略・風俗紀》載：

> 《泉郡志》載澎湖居民以苫茅爲廬舍，今則全易以瓦，由忠質而漸
> 至文明，此亦理勢之必然也。其屋宇俱結於山凹之內、水隈之處，
> 故不名曰村，而名曰澳，即《書》所謂「四隩旣宅」者是也。牆壁
> 俱用老古石所砌，其石乃海中鹹氣所結，取出之時石猶鬆脆，迨風
> 雨漂淋，去盡鹹氣，即成堅實，價廉而取便，澎湖之房屋悉皆用此。
> 其屋亦高不過一丈一、二尺之外者，非爲省工價，爲因海風猛烈，
> 不敢高大，以防飄刮故耳。其木植瓦料，俱由廈門載運而來；本地
> 亦有燒瓦，然火色不好，且亦脆裂不可用；近日媽宮市有開設瓦料
> 舖，以資民間採買焉。

從此段史料所載，可見乾隆期澎湖屋舍幾項重要訊息，（一）屋瓦爲頂：在《泉郡志》所載澎湖居民尚以苫茅爲廬舍，到胡建偉任澎湖通判時，已全易爲瓦。（二）瓦料與來源：瓦爲木植瓦料，都從廈門載運而來；當地也有燒製瓦，但是火色不好，而且容易脆裂不可用；胡建偉任澎湖通判不久，媽宮市有開設瓦料舖，供澎民採買。（三）牆壁爲硓𥑮石所砌：硓𥑮石其實是海中各式各樣的珊瑚群，取出時鬆脆，經過風雨漂淋，去盡鹹氣後，變成堅實。便宜又容易取得，早期澎湖的屋牆多用此砌成。（四）屋舍低矮：屋高不過一丈一、二尺之外，並不是爲省工錢，爲因海風猛烈，不敢築高，以防飄刮。（五）屋宇俱結山凹、水隈：澎民結集住在山凹內、水隈處，因此當時聚落不稱村，而稱爲澳。證之以詩，陳廷憲〈澎湖雜詠〉之十七云：

> 海闊常多拔木風，工師故作小房櫳。自家門戶低頭慣，行到高堂向
> 曲躬（民居多矮屋，無高堂廣廈。）

此詩描寫澎湖因海闊風大，故工師作小房櫳，房屋低矮，一進門就習慣低頭而行，行到高堂仍曲躬。到清末林豪《澎湖廳志》亦載：「屋不欲高，門不甚廣；而屋上樑棟必堅，椽桷較密，蓋防海風猛烈也。」澎湖屋舍仍是低矮，門不廣。再看澎湖屋舍的另一特色，是硓𥑮石砌的牆。陳廷憲〈澎湖雜詠〉之十二，云：

> 浪激沙圓萬竅穿，犬牙相錯勝花磚。從茲版築成無用，百堵皆興不

費錢（海底亂石磊砢鬆脆，俗名老古石。拾運到家，俟鹹氣去盡，即成堅實，以築牆，比屋皆然。）

澎民牆壁不用磚砌，不用版築，乃就地取材，從海中拾回硓𥑮石砌之，便宜又好用，陳廷憲稱之「犬牙相錯」比「花磚」更好。社外附近田園，也用硓𥑮石堆砌短垣，以防強風，稱之爲「宅」。

矮屋與硓石牆，是清時遊宦文人眼中特殊之景。時至當代，澎湖屋舍已受臺灣騎樓式建築影響，改以鋼筋水泥。閩式建築僅存於少數村落，西嶼鄉二崁村保存最完整。而保存下來的舊式建築，反成今日觀光資源。今人陳紀文有首〈澎湖古厝老古城〉云：「寓意深藏老古城，遺痕世代俗民情；凸凹歷盡風霜襲，崎皺披經日月精。遠眺彷彿瓜萬孔，近觀猶似棘千荊；奇形怪狀任君幻，思古悠悠百感生。」〔註16〕描繪古厝硓𥑮城的歷史歲月，有著先人的遺跡與代表著澎湖純樸民風。陳國彥〈硓𥑮石〉云：「傲骨嶙岣榮辱挑，風沙雨日自然雕；屋牆妝點良材選，團結一羣才見嬌。」〔註17〕除寫硓𥑮石外貌，特別掌握一堆硓𥑮石凝聚一起，團結抵擋強風的精神來書寫。陳鼎盛〈硓𥑮石〉云：「粗陋身驅重責挑，長年磨礪長年雕；天生材料爲人用，堆砌成牆態更嬌。」〔註18〕寫硓𥑮石外貌不揚，但卻身挑重責，防風護農。今人所寫，著重它團結堅毅的一面，與清朝遊宦文人書寫旨趣相異。澎湖北寮社區精神保壘，則一巨大之硓𥑮石，重數公噸，造型渾然天成，不假人工絲毫，以此顯居民之奮鬥精神。〔註19〕

陳廷憲的〈澎湖雜詠二十首〉，書寫風格影響於後，道光年間到澎湖賑災的周凱，亦賦有〈澎湖雜詠二十首和陳別駕（廷憲）〉；徐必觀〈壬辰春仲來澎撫卹，三閱月而蔵事。公餘閱蔣懌葊同年所輯澎湖續編，有前刺史陳廷憲澎湖雜咏詩；勉成和章，即爲懌葊同年誌別〉。詩風近竹枝詞，藉諸詩讓後人得以觀清時澎湖的風土民情。這些詩作都是以外來者的視角看澎湖這塊土地，總體而言，他們對澎湖民風是讚美的。周于仁「行年將六十」，還「三仕到澎陽」，他是很有資格評論澎湖的，〈丙辰六月別澎湖十六韻〉（時乾隆元年丙辰六月二十四日也），云：「行年將六十，三仕到澎陽。……風景雖多別，民情卻甚良。勤耕蕷作飯，儉用布爲裳。麥稻還須糴（不產稻麥），豆麻尚可糧。黍黃

---

〔註16〕參見澎湖縣西瀛吟社編印：《西瀛吟社詩穗》，頁178。
〔註17〕參見陳鼎盛、陳國彥合著：《澎湖之美：百題唱和詩文集》，頁155。
〔註18〕同上註，頁155。
〔註19〕同上註，頁155。

邶火密（澎地雜糧，黍其佳者），草綠訟庭荒（詞訟絕少）。柴戶何嘗閉，蒲鞭不用揚。官閒惟嘯月，民樂可烹羊（多羊）。」周于仁讚美道：澎湖風景雖和他處不同，但是民情卻很善良。蕷作飯，布為裳，人民生活簡樸又少爭訟，訟庭閒到長滿綠草。門戶不閉，無偷盜，蒲鞭也不用揚，人民安樂，官員清閒無比。〈留別澎湖諸同事〉亦云：「勞勞俗吏兩經邊，纔到澎湖便是仙。盜息何須鳴竹柝，民良無處試蒲鞭。」到胡建偉任別駕時，民風依舊，其〈澎湖歌〉云：「俗儉勤、人椎魯，熙熙恬恬風近古……漁者恆漁農者農，饑食渴飲安井伍。更無雀鼠訟譸張，公庭清晏如召、杜。」澎湖人仍是勤儉、憨厚，捕漁的捕漁，種田的種田，饑食渴飲，安安分分的生活，無爭無訟，公庭清閒無事，使得胡建偉直誇澎湖「熙熙恬恬風近古」。道光年間，周凱到澎湖賑災，〈澎湖雜詠二十首和陳別駕（廷憲）〉之十八云：「民氣敦龐樂太平，鼠牙雀角少紛爭。訟庭寂靜閒無事，恰笑青青草不生。」所見亦如是。這是澎民的無形資產，當永續保有。

## 第二節　勤學士子

《澎湖紀略‧風俗紀》載：

> 舊《志》稱澎民聚居，推年大者為長。至今澳中凡有大小事件，悉
> 聽鄉老處分，以故鼠牙雀角，旋即消息。且亦最重讀書之人，不特
> 紳衿、秀士為凡民所敬，即訓蒙社師，澳中人亦加禮焉。其士子亦
> 能知自愛，遵守「臥碑」，並無武斷鄉曲、出入衙門之事。至童子就
> 塾讀書者，務必穿著衣履，不肯露體赤足，餘人則否，故望而知其
> 為業儒之士也。近日十三澳中雞窗螢火，朗朗書聲，不減內地，就
> 而聽之，有不令人欣快者哉！

從此段史料所載，知（一）澎民大小事件都聽從鄉老處分，不隨便告至衙門。（二）居民敬重紳衿、秀士和讀書人。（三）士子能自愛，恪遵「臥碑」〔註20〕教條之一：「生員當愛身忍性。凡有司官衙門，不可輕入。即有切己之事，止許家人代告。不許干與他人詞訟，他人亦不許牽連生員作證。」無武斷鄉曲、出入衙門之事。（四）就塾讀書者衣著端正，不赤腳。（五）「雞窗螢

---

〔註20〕順治九年，命禮部因明舊制，復刊臥碑文於學宮之左，曉示生員，上報國恩，下立人品。台南孔廟明倫堂仍存有臥碑。

火，朗朗書聲」，澎湖十三澳士子用功勤學不下內地。胡建偉看到澎湖民風善良，心中也感到欣快。

林豪《澎湖廳志》載：

> 乾隆間，胡勉亭通守創建書院，雅意栽培，並詳請由澎廳考試送道，而人始知學。繼之者若蔣若王若鄧，皆自爲山長，誘掖獎勸，文教漸興。其時則有辛孝廉齊光，蔡司馬廷蘭連擢甲乙兩科，而文風日盛矣。〔註21〕

澎湖惡劣的自然環境養成澎民刻苦耐勞的習性，而賢吏的教化鼓舞使民安於貧苦無怨，士子能恪遵地方官示諭，嚴守聖教，刻苦勤勉好學。經過胡氏建書院，栽培士子，澎民知所向學。胡建偉開啓澎湖文風，厥功甚偉。繼者蔣鏞（道光元年借補澎湖通判，九年六月謝任；十一年春回任，十六年九月去任）、王廷幹（道光二十二年署澎湖通判）、鄧元資（道光二十四年八月代理澎湖通判）〔註22〕親自爲山長，誘掖獎勸士子，澎湖文教漸興。澎士子因歷任通判的用心而中科舉，如辛齊光舉孝廉，蔡廷蘭連擢甲乙兩科，更加鼓舞澎湖士子進學，使澎湖文風日盛。

蔣鏞有〈示文石書院諸生〉二首，見其教育士子之用心：

> 簿書七載勉從公，政拙還兼課士功（時書院停延山長，留脩金以幫工費。余於官師二課，皆躬爲校閱）。講貫苦難音語譯，品評惟賴道心同。八行制勝詞須洽，五字呈才句必工。自愧擁臯非博物，敢云西蜀效文翁！
>
> （之一）
>
> 寒氊誦習貴心堅，暑繼三冬念勿遷。屛去俗情徵實學，闢來新義獲眞詮。詩書到熟方生妙，志氣能勤始益專。莫謂科名遺此地，蓬瀛有願竟登先。（之二）

蔣鏞百忙於政務之後，還教導澎湖士子讀書，作詩文之方，並勉士子志氣要勤要專，定能中科舉。這給澎湖士子無限的鼓舞，生徒受其獎掖而勤奮於學，功名最著者就是開澎進士蔡廷蘭。蔣鏞謙稱自己虛擁教師的講席，學非博物；但是自己作育英才，如景帝末文翁爲蜀郡守，興建學校，崇尙教化的心是有的。林豪《澎湖廳志・職官》云：「蔣鏞……文石書院，年久圮廢，鏞自爲山長，以脩金充修理工資，與士之秀者論文倡和，若家人父子，士民皆愛而親

---

〔註21〕參見林豪：《澎湖廳志》，頁303〜304。
〔註22〕同上註，頁225〜226。

之。九年六月卸事，十一年春回任，適鹹雨爲災，次年大饑，即馳稟請帑賑恤。先事籌捐義倉錢三千五百餘緡，借給貧民，並借碾兵穀平糴，民賴以活。前後判澎十餘年，軫恤孤貧，修舉廢墜，與諸生蔡廷蘭、陳大業纂輯《澎湖續編》一書，補胡氏《紀略》所未備，富陽周兵備凱爲序而刊之。」蔣鏞的用心澎民看到了，學生無形中也受其身教感化，蔡廷蘭任官時，一如其師，勤政愛民。

周凱到澎湖賑災，也看到澎湖士子的表現。看到蔡廷蘭詩文，大爲讚賞澎地有此英才。蔡廷蘭赴臺灣應考時，周凱還以詩、春裘相贈，〈送蔡生臺灣小試〉記之：「海外英才今見之，如君始可與言詩。志高元幹空流輩，文媿昌黎敢說師！大木定邀宗匠斲（謂平遠山觀察），小疵先把俗情醫。島中相贈無長物，聊解春裘作饋遺。」見其惜才。又賦〈刺裙草〉（穗刺人衣，或云雞鳴時抖之脫落，一名雞鳴草。心可編爲笠，亦可爲筆）勉勵士子，云：

小草形如白蒺藜，蒙茸海外亦生之。刺裙名字中多刺，好讀雞鳴戒旦詩。

刺裙草的穗刺人衣，俗名倒兜刺。有的說在雞鳴時抖一抖，刺會脫落，所以又名雞鳴草。〔註23〕此詩先就草的外觀著筆，描繪它形狀如白蒺藜，接著藉引刺裙草以穗刺人衣，隨人走，在雞鳴時抖之脫落的特性，戒勉士子珍惜光陰，勤奮學習。全詩讀來平易近人，親切有味。

此外，清時也不乏詩作記載澎士勤奮於學的情景，胡建偉書十三澳之〈鼎灣澳〉：「禮讓易興緣俗樸，書聲時聽和春絃」澎民俗樸遂禮讓易興，澳內亦時聽書聲和絃。范學洙〈澎湖三十六島歌〉：「南嶼之北即頭巾，其西八罩名最傳；周環僅匝三里餘，迤左迤右皆人煙。衡宇周密居相錯，雅有書聲曉夜喧。於今英俊多遊泮，澎島人文莫之先。」寫到八罩嶼範圍僅三里餘，然人煙稠密，且讀書風氣盛，日夜皆可聽到士子讀書聲，遊泮之多占全澎之冠。

吳性誠任滿離別時賦〈留別澎湖諸生〉：「風塵俗吏老書生，擊楫滄溟歷幾更（臺灣距澎湖水程五更）。到此頗慚爲政拙，去時深愧好官名。三秋仙島看雲幻，五日廉泉飲水清。惟有絃歌忘未得，旗亭詩酒送行人（同學諸生多以詩文就正，瀕行復贈送行之什，依依惜別）。」寫澎湖士子平日即勤於寫作詩文，請其批改，今離別亦賦詩相贈。於此見澎士賦詩不少，然甚爲可惜者，今多亡佚。

---

〔註23〕參考林豪：《澎湖廳志》，頁336。

諸詩的記載，看到澎湖士子勤學的一面，也得以觀知清時澎湖的儒學教育。

# 第三節　悠久古蹟

漢人開發臺、澎，澎湖歷史又早於臺灣本島，故存有更悠久的古蹟，如天后宮、古城、燈塔，這是澎湖古典詩常見的古蹟書寫。

## 一、天后宮

天后宮是澎湖今存最古史蹟，亦是全臺最早的媽祖廟。歷來澎湖古蹟之書寫，總是將它擺在第一位，足見它的名氣是澎湖古蹟之冠。媽祖爲中國沿海備受尊崇的海神，澎湖爲我先民乘大海，入荒陬的中點站，澎湖天后宮之建，自有其特殊意義在，今列入國家一級古蹟。〔註24〕《澎湖古今事》「名勝古蹟」載「媽祖宮」云：

> 媽祖宮位於馬公街馬公。創建年代不詳，若以明萬曆三十一年（1603）
> 荷蘭人佔據臺灣時，本地早已形成漢人市集來推論，可知必爲在此
> 之前，漢人遷移至此定居不久之後，即已被創建。清康熙二十二年
> （1683）水師提督施琅率大軍討伐鄭氏，過程一路風平浪靜，兵勇
> 輜重得以均安，終一舉平定而凱旋，端賴媽祖顯靈庇佑所致，因此
> 上疏奏請加封媽祖爲天妃。……清廷准其所奏，派禮部郎中雅虎抵
> 澎，舉行祭典，並於翌康熙二十三年（1684）正式加封爲天后，媽
> 祖宮即因此而成天后宮。雅虎祭文以金屬鑄造之匾額，至今仍被懸
> 於該廟內：……本廟爲媽祖廟，且爲全臺最古老之媽祖廟，比諸北
> 港之媽祖廟、臺南之天后宮，皆更爲古老。而與臺南天后宮相比，
> 本廟乃居總壇地位之開臺本廟。大正十二年（1923），日本內地人與
> 澎湖島官紳相互商議，進行大規模之重修整建工程。〔註25〕

明萬曆三十一年（1603），荷蘭人韋麻郎親率艦隊要與中國通商，途遭颱風襲擊，轉達澎湖。初到澎湖，文獻記載荷蘭人在一個比較避風的港灣登陸，那個地方有一些漁民以及一座老的教堂（Oud Kerk）。戴寶村認爲這座老的教堂

---

〔註24〕參考陳鼎盛、陳國彥合著：《澎湖之美百題唱和詩文集》，頁9。
〔註25〕參考林有忠譯：《澎湖古今事》「名勝古蹟・媽宮城址」（《硓𥑮石》第50期，2008年3月，頁79～80。）

就是現在的天后宮。〔註 26〕據此推明萬曆三十一年（1603）以前，即有漢人定居於澎湖，媽祖宮當建於此之前。就日人考證，澎湖媽祖宮為全臺最古老之媽祖廟，比諸北港之媽祖廟、臺南之天后宮，皆更為古老。而與臺南天后宮相比，本廟乃居總壇地位之開臺本廟。在中國福建、廣東沿海一帶，從事海洋活動，風險極大，需要精神信仰作支柱，而海洋守護神「媽祖」就成為最重要的信仰。中國東南沿海，甚至於華人所到之處，都會有媽祖廟，澳門、香港也有許多人拜媽祖，不過他們都稱作天妃。〔註 27〕媽祖信仰傳至臺灣，因為施琅在澎湖一役打敗明將劉國軒，藉言得媽祖之助，上疏奏請加封媽祖為天妃，康熙二十三年（1684），媽祖始被封為天后。

　　黃瑞玉，彰化人為文石書院掌教，賦〈恭紀御賜「平章臺逆」匾額於澎湖天后宮〉：

> 貞靈默運顯鷹揚，靖鎮南邦躋壽康。不盡石泉流化雨，無邊雲艦下慈帆。王師一旅誅鯨赫，天語三章紀績香。舊澤新恩盈蔀屋，青青楊柳帶春光。〔註 28〕

此詩站在清人角度書寫天后宮，感恩媽祖顯靈，王師才得以擊敗鄭軍。且看今人謝霞天所作的〈澎湖天后宮〉，云：

> 威靈顯赫廟媽宮，丹刻鼇飛起鳳雄；四壁珠璣光聖德，千門弧矢祝神功。恩週海上波瀾靜，澤被人間物產豐；但願天妃常施法，管教兩岸息兵戎。〔註 29〕

謝霞天，浙江省溫州人，民國七年（1918）生。〔註 30〕詩中觀注的話題，除感念天后讓海上波瀾靜，人間物產豐富外，可看到當代海峽兩岸的問題。海峽對岸的執政者常以兵戎恫嚇臺灣，詩人祈請媽祖施法，讓海峽兩岸息兵戎，莫讓人民處在不安的氛圍下。詩反映了當代的時事，別具意義。陳鼎盛〈澎

---

〔註 26〕戴寶村言：「這些紀錄非常珍貴，說明在荷蘭人來之前，澎湖就已經有媽祖宮。」其實，最遲在元朝洪希文寫此詩之前，澎湖已有媽祖宮了。「媽宮」也因此變成澎湖的地名之一。（戴寶村：〈海洋史視野下的澎湖〉，收於《世界海洋 vs.澎湖群島系列講座實錄》，台南市：國立臺灣歷史博物館籌備處，2004年，頁 6）。

〔註 27〕參考戴寶村：〈海洋史視野下的澎湖〉，《世界海洋 vs.澎湖群島系列講座實錄》，台南市，國立臺灣歷史博物館籌備處，2004 年，頁 6。

〔註 28〕參見林豪：《澎湖廳志》，頁 466。

〔註 29〕參見澎湖縣西瀛吟社編印：《西瀛吟社詩穗百年度專輯》，頁 104。

〔註 30〕同上註，頁 74。

湖天后宮〉云：

> 天后慈心一視同，宮門古樸現瓏瓏，斯民舟子平安濟，海表馨香頌
> 偉功。〔註31〕

陳鼎盛此詩著眼之處則在於天后宮建築之特色，以及庇佑澎湖漁民出海捕
魚，能平平安安的出門，快快樂樂滿載而歸，更顯在地特色。

## 二、古城

澎湖具規模之城池，是清光緒十五年（1889）所建，餘皆爲規模甚小的
防禦性城堡。傳言澎湖有暗澳城、瓦硐城、紅木埕、虎井沉城、媽宮澳之西
的小城、媽宮新城，或不知年代，或不明地點。王必昌《重修臺灣縣志》，載
清朝以前築於澎湖的城有：

> 暗澳城，明嘉靖間，都督俞大猷逐海寇林道乾時，留兵守澎，築城
> 於此。清石址猶存。〔註32〕

> 瓦硐港城，明天啓二年，荷蘭出據澎湖，築城守之。其東有井名紅
> 毛井，泉脈盛，往來海舶在此取水。明年，毀其城。未幾，復築。
> 〔註33〕

林豪《澎湖廳志》：

> 紅木埕，在舊廳治西北二里許。前明時有小城，周圍一百二十丈。
> 今城垣已頹，其一在大城北山頂，遺蹟猶存。〔註34〕

> 虎井嶼東南港中沉一小城，周圍可數十丈，磚石紅色。每當秋水澄
> 鮮，漁人俯視波底，堅垣壁立，雉堞隱隱可數。有善水者，沒入海
> 底，移時或立成堞上、或近趁魚蝦之屬，言之鑿鑿。但不知何時沒，
> 滄桑變易，爲之一慨（參「續編」。按周凱有「虎井沉城」詩，載「藝
> 文」！按明末，外寇築礮樓於蒔裏澳海邊，堅緻如鐵。巡撫南居益
> 遣兵攻之。賊首高文律拒守不下，官軍以火藥轟之，樓傾入海（事
> 見「居益奏疏」及「外史」諸書））。虎井與蒔裏毗連，意者今之沉
> 城其即當日沒入海中之堅樓歟？不可考矣。媽宮澳之西有小城，逼
> 近海岸，城垣用糖水調灰疊磚，與臺灣之安平舊城一樣堅緻，似係

---

〔註31〕參考陳鼎盛、陳國彥合著：《澎湖之美百題唱和詩文集》，頁 8。
〔註32〕參見王必昌編纂：《重修臺灣縣志》，頁 535、550、551。
〔註33〕同上註，頁 535、550、551。
〔註34〕參見林豪編纂：《澎湖廳志》，頁 55。

前明時所築。今舊址已改建矣。

從上史料所載，概可歸納清以前城堡，有築於明朝的暗澳城，媽宮澳西小城；有荷蘭人築的瓦硐港城、紅木埕；還有不知築於何時的虎井海底沉城，是眞爲沉城？抑或爲傳言耳？撲朔迷離。

諸古堡常爲清人題詠者爲荷蘭人所築之紅毛城。西元十六世紀初，西方海權國家勢力東漸以後，荷蘭人佔領東印度群島，設立東印度公司，派兵貿易，想和中國沿海「互市」，但和朝廷沒有外交關係，因而覬覦澎湖。《澎湖古今事》「名勝古蹟」載「紅木埕城址」云：

> 位於馬公朝陽門外東北方 10 數町之處。紀元 2282 年（明天啓二年）荷蘭人凱諸耶魯柱恩（カイッエルッーソ）中將，率 17 艘戰艦捲土重來，登陸媽宮港，企圖長期佔領澎湖，故強徵當地中國住民及漁船 600 餘艘，迫其服苦役、搬土石、築城池、建砲臺，即如《澎湖廳志》所載「砲樓堅緻如鐵」及「周圍百二十丈」，是以其爲荷蘭人欲永久佔領澎湖長久之計。〔註35〕

當時荷蘭人奴役澎民數千，自海中取石築城，除位於馬公朝陽門外東北方 10 數町〔註36〕之紅木袁（紅木埕）外，還有風櫃尾、瓦硐等三處紅毛城，迄今僅存「風櫃尾荷蘭城堡」，尚有殘蹟可供查考，餘已不復見，且無跡可尋。〔註37〕其位於今馬公風櫃尾所突出的小半島上，此一帶繚繞如長蛇，名蛇頭，清爲媽宮左衛。〔註38〕蛇頭山與媽宮半島共同扼守媽宮灣，具有相當重要的戰略地位，荷蘭人據此建城堡，企圖開啓對中國東南沿海貿易。

依據西元 1623 年荷人所繪「澎湖港口圖」及史料記載，「風櫃尾荷蘭城堡」爲典型的歐洲小型城堡，平面呈正方形，長、寬個爲五十五公尺左右，城牆高約七公尺，其四角正對著、東、南、西、北四個方位，該堡係以土壘圍繞四周，上鋪草皮，以做爲掩體，西南面的城垣因鄰接風櫃半島，其外側以石料及石灰築成，土垣之外爲一道乾壕溝，其餘的三面臨接海洋，土垣的外側以木板圍成，木料來自日本、巴達維與及廢船。在城堡的四個角上各有一往外突出的稜堡，分稱東、南、西、北稜堡，在上述稜堡上共安置二十九

---

〔註35〕 參考林有忠譯：《澎湖古今事》「名勝古蹟・媽宮城址」（《硓𥑮石》第 50 期，2008 年 3 月，頁 78。）

〔註36〕 一町＝109 公尺。

〔註37〕 參考《澎湖縣誌》、《澎湖時報》，2006 年 8 月 13 日。

〔註38〕 參見林豪編纂：《澎湖廳志》，頁 19。

門大砲。〔註39〕

　　明天啓四年（1624）正月，南居益決心驅除荷蘭人，派遊擊王夢熊至澎，築鎮海城為前哨。又派總兵俞咨率領俞應龍、孫國禎等攻澎，南居益增兵於海中接應。六月十五日明軍會師進攻，荷軍抵抗失利。戰爭激烈，燬風櫃尾荷軍砲樓、荷軍投降、協商條件，荷軍必順拆除紅毛城，准許退回臺南。清康熙二十二年（1683），傳清將施琅將攻澎，明鄭將領劉國軒赴澎整修包括該堡在內之十二座砲臺。〔註40〕歷史建築的層層疊疊，實難以辨清何處該歸與誰？胡建偉任澎湖通判時常走訪各地，有一次同戴文煒、林五雲兩總戎閱紅毛城舊址，感念靖海侯綏靖海氛，遂賦〈同戴文煒、林五雲兩總戎閱紅毛城舊址，因懷靖海侯賦〉：

> 頹墉依舊紀紅毛，露冷雲寒野鼠嗥。負固夜郎曾自大，恢張天網更
> 誰逃？鯨鯢勢絕波濤靜（世傳鄭成功為鯨魚妖氛），臺、廈動懸日月高。
> 世盛永無烽火警，太平黼黻屬吾曹。

詩中無法得知紅毛城是指何處，僅見紅毛城時已剩頹墉。〔註41〕詩以「鯨魚妖氛」擬鄭成功，蓋傳言鄭成功為鯨鯢所化。「世盛永無烽火警，太平黼黻屬吾曹」，見其對施琅打敗鄭軍之崇敬。道光年間至澎湖的許宏，書〈紅毛城〉，著筆於古今盛衰無常：

> 海國高城巨鎮留，百年兵燹變平疇。沙場自昔誇馳馬，雉堞於今見
> 牧牛。月映頹垣孤島靜，烟鎖殘壘大江浮。堪憐蓬戶空啼鳥，一帶
> 寒壕夕照秋。

許宏詩亦不易見所言紅毛城是指何處，僅見是斷垣殘壘。其筆藉由今昔對照，寫出紅毛城的衰頹，曾經不可一世的沙場，如今是鳥空啼、夕照秋，無限荒涼。周凱至澎賑災，亦賦〈紅毛城（在廳治西二里）〉，就詩註言在廳治西二里，指的應是林豪、以及《澎湖古今事》所載朝陽門外東北方 10 數町之紅木埕。瓦硐城與風櫃尾城距廳治陸路一是二十六里，一是二十二里，

〔註39〕村上直次郎與包樂史兩位博士，於 1932 年和 1972 年分別往訪風櫃尾，查勘紅毛城的墟址，均稱尚能看出城壁與四隅稜角。此遺址是荷蘭人在臺澎地區最早構築的城堡，不但對臺灣早期歷史，更對明末中西交涉史和十七世紀歐洲海外擴展史上均具有很大歷史意義。

〔註40〕參考《澎湖縣誌》、《澎湖時報》，2006 年 8 月 13 日。

〔註41〕《澎湖時報》，2006 年 8 月 13 日載：「臺灣、澎湖入清以後，該堡似繼續被做為砲臺使用，康熙五十六年（1717）曾加以整修，並增設墩臺一座，營房數棟，持續至清末。」應是於舊垣旁增建之。

〔註42〕與二里相距甚遠。詩云：

> 荒陬寂寞首頻搔，但見掀天海上濤。劫歷千羊餘白浪，城空百雉指
> 紅毛。尚留北角殘基在，枉費南夷縮版勞。聞說荷蘭皆失守，無來
> 由處自深逃（無來由，海外大山名）。

從詩中見道光十二年（1832），廳治西二里的紅毛城遺址，北角尚留殘基。另一首〈留別八首和徐幼眉大令（必觀）見贈韻〉：

> 澎湖東海控咽喉，萬頃汪洋擬上游。赤嵌風雲全在握，紅毛城寨幾
> 經修。虎賁略地疆初闢（隋使虎賁將軍陳稜略地海上，得澎湖三十六島，名
> 始著），鱷浪滔天戰未休。自入版圖歸奠定，將軍不讓呂婆樓（靖海侯
> 施琅大破偽帥劉國軒於澎湖，招納賢豪，鄭氏就縛）。

「赤嵌風雲全在握，紅毛城寨幾經修」，見歷朝曾於荷蘭紅毛城址翻修。由「澎湖東海控咽喉，萬頃汪洋擬上游」，顯現澎湖軍事地位重要。詩以勝利者的姿態書寫澎湖在荷蘭人、鄭成功手中幾經更迭，經我靖海侯大敗劉國軒，今已是歸我大清帝國的版圖。但是，歷史的經驗告訴我們：沒有永遠強盛不衰的朝代，也沒有永遠存在的事物。光緒十年（1884）一月，因中法之間戰雲密布，劉璈緊急整修風櫃尾砲臺及西嶼砲臺，翌年三月，法軍攻擊臺北失利，將軍艦調往澎湖，二十九日七時艦隊航入澎湖灣，風櫃尾砲臺曾發砲攻擊，約八時許守軍即宣告棄守。光緒二十一年（1895），日本伊東福亨中將、進攻澎湖，三日佔據澎湖，〔註43〕又改朝換代了！

乾隆十七年（1752）王必昌《重修臺灣縣志‧城池》載「澎湖新城」建造時間與地點：

> 澎湖新城，在媽宮西金龜頭，偽時舊址。康熙五十七年，總督覺羅
> 滿保、巡撫陳璸、布政沙木哈捐造。周圍不及里許，設門二，內無
> 居民，惟營兵更番戌守。城南臨海，置砲位，以備守禦。〔註44〕

同乾隆時代的胡建偉，《澎湖紀略》力辨其誤，以為當時建議，後不果行。而蔣鏞《澎湖續編》，則疑為臆說。不論建成與否，然據此所載「澎湖新城」所在地點——媽宮西金龜頭，城南臨海，設置砲位，內無居民，僅有營兵戌守。提議新城的建置明顯為海防之考量。林豪編纂《澎湖廳志》考媽宮澳之

---

〔註42〕參見林豪編纂：《澎湖廳志》，頁79～80。
〔註43〕參考《澎湖縣誌》、《澎湖時報》，2006年8月13日。
〔註44〕參見王必昌編纂：《重修臺灣縣志》，頁90。

西，逼近海岸，有所謂新城者，小而堅緻。今已改建，其為何時所築，不可考矣。〔註45〕道光年間周凱〈新城〉（在媽宮澳，建築無考），明載新城在媽宮澳，建築已不可考：

> 澎湖天險不須城，剩有新城一角明。百尺頹垣無姓氏，幾枝斷戟墮滄瀛。賈帆葉葉灣前泊，戍鼓聲聲夜半鳴（今設汛兵守之）。何處俞龍前蹟在（明俞大猷都督海上，築澎湖暗澳城以備倭寇），欲尋暗澳不知名。

首聯言澎湖四周大海環繞是天險，就是無形的金湯，無須設城。這是一般官員的見解，胡建偉即云：「澎湖以大山嶼為主，四面八方，島嶼羅列；外而大海周環，汪洋萬頃；內而港汊分流，礁汕布伏。此則無形之金湯也。」〔註46〕但是林豪卻不如此認為，《澎湖廳志‧城池》言：「是說也，於王公設險之道，或有未盡。至於西嶼外、內塹，為咽喉重地，蒔裏蛇頭為媽宮唇齒，尤宜建礮城、駐重兵，用資防守，此實今日之第一要著耳。」〔註47〕林豪認為不應因澎湖四面環海而不置炮臺、不設重兵防守。光緒十一年（1885）春二月法國孤拔得以直指媽宮港，實因西嶼內外塹空有炮臺，而無兵防守，孤拔探得虛實，知其無備，遂得輕易進港。〔註48〕頷聯寫明遺頹垣，餘幾枝斷戟墮滄瀛的滄桑貌。頸聯則寫清治之下媽宮港商船雲集的繁盛茂，以及汛兵防守，軍備強大貌；對比尾聯寫欲尋明朝俞大猷都督海上，築澎湖暗澳城以備倭寇之處，今已頹廢，而不知在何處？暗貶明朝的盛世不再。

　　清道光年間（1821～1850），許宏（福建同安人）到澎湖，賦〈到媽宮新城〉：

> 書劍飄零日色低，媽宮風景對如迷。空濛漁艇爭波泛，料峭人家倚岸樓。歲月推移芳草歇，烟花冷落白鳩啼。歸來指引邊城路，滿地荒墟半蒺藜。〔註49〕

首聯、頷聯描繪媽宮、媽宮港的繁華景象；頸聯、尾聯則描寫歸來時，城邊道旁斷垣殘壁，蒺藜滿地的蕭颯景象。一繁華，一衰頹，強烈對比的景象，最易撩人思緒。許宏另有〈新城〉一首：

---

〔註45〕參見林豪編纂：《澎湖廳志》，頁55～56。
〔註46〕同上註，頁56。
〔註47〕同上註，頁56。
〔註48〕同上註，頁366。
〔註49〕參見林豪編纂：《澎湖廳志》，頁480～481。

高築堅城壁壘開，海門橫亘鎖陽臺。三軍金鼓臨江震，萬舳旌旗捲
斾迴。雉堞霜寒留月苦，妖氛膽落久心灰。於今屈指安瀾日，深荷
百年聖澤培。

首聯寫媽宮新城堅緻與地理位置之重要；頷聯寫軍備強盛；頸聯、尾聯寫聖
澤遠被，妖氛膽落，不敢為犯，社會一片昇平。

　　徐必觀，道光七年（1827）署鳳山知縣，旋改署臺灣知縣及再任鳳山知
縣。道光十二年（1832）隨周凱至澎賑災，賦〈壬辰春仲來澎撫卹三閱月而
蕆事公餘閱蔣懌荈同年所輯澎湖續編有前刺史陳廷憲澎湖雜詠詩勉成和章
即為懌荈同年誌別〉副題〈無城郭〉：「島嶼遙傳畫角聲，樓船威望靖長鯨。
瀛洲夜夜平安火，雉堞都從眾志成。」遂見周凱、許宏所寫之「新城」，並非
具有完整性之城池，應只是作為防禦性質之碉堡。真正具有完整性之城池，
有城門、護城河、更樓、敵樓、街市等，由城牆環繞圍護，遲至光緒十五年
（1889）始成。

　　清時澎湖之行政官衙為巡檢司，原位於文澳。清雍正五年（1727）廢巡
檢司，改設澎湖廳，亦僅將巡檢司官署加上一圈外牆而已，依然無澎湖廳城
池。光緒十年（1884）清法戰爭起，光緒十一年（1885）春二月，法酋孤拔
犯媽宮港，分兵由嵵裏登岸。綏靖副中營副將陳得勝逆戰不利，法軍入據媽
宮澳。〔註50〕後孤拔旋死於澎湖，夷兵亦多疫死。至六月二十四日，其酋李
士卑始率眾去。臺澎解嚴，而築城改鎮之議遂起矣。〔註51〕何以經過法軍佔
據之後，便興起遷移廳官署至媽宮澳並修築媽宮城？林豪《澎湖廳志・公署》
有段記載：

澎湖之腹地在大山嶼，大山之結聚在媽宮港。其地內港澄淨如湖，
小島環抱，帆檣雲集，煙火千餘家，為澎之市鎮，故設營駐守，洵
要地也。文澳則退處偏隅，居民稀少，較為僻陋。且文武號同城，
官乃相去四、五里而遙，未免睽隔。茲移治媽宮，有數便焉：賈舶
所聚，便於稽查也；官倉所在，便於防範也；兵民雜處，便於彈壓
也；朔望宣講，文武會商公事，便於往來也。夫廳、縣為親民之
官，而紳商者，小民之望也。今澎之紳商多萃媽宮，以廳治移此，
則腹地之勢常重、官紳之跡常親，耳目切近，下情亦可時達矣。有

〔註50〕同上註，頁366。
〔註51〕同上註，頁367。

賢吏出，宣上德、達下情，與父言慈、與子言孝，講學課士、務農通商，使疾苦得以時聞，情偽無由遁飾，眾心有所依附，而政於是成。〔註52〕

從上所述，蓋可得知媽宮澳在光緒年間，居民已千餘家，已爲澎湖之市鎮。賈舶繁集、官倉所在、兵民雜處、朔望宣講所在、紳商居之，是澎湖最繁榮之處，爲了便於管理，遂將地處偏陋的文澳公署遷至媽宮澳。城池的規模詳見於林豪《澎湖廳志‧城池》：

澎湖城垣，在媽宮澳。周圍長七百八十九丈二尺五寸，牆垛五百七十筒，牆身連垛計高一丈八尺，腳根入地三尺五寸，厚二丈四尺，設東、西、南、北、小西、小南共六門。東南臨海，西接金龜頭砲臺，北面護城河一道。其東、西、北、小西、小南五門，上蓋敵樓各一座；東、西、北三門內旁，蓋更樓各兩間，西間內南首更樓一門。其東城安設砲位一尊，城牆內蓋兵房四間。光緒十三年十二月總兵吳宏洛領項建，十五年十月竣工（訓導黃濟時採）。〔註53〕

這是澎湖最具規模，最無疑異的一座城池。光緒十三年（1887）十二月，由總兵吳宏洛著手建城並親自督工，調派兵勇協助且補足工費，光緒十五年（1889）十月竣工後，將廳治移進城內。日治時仍設爲廳治，郡公所亦沿用原有廳治官署。〔註54〕

　　媽宮城建置之因與臺灣主要城池的建造不同。早期臺灣開發，由於位處邊區、亂賊頻出，康熙、雍正皆有「臺灣不宜建城」的想法，甚至認爲官兵可輕易收復朱一貴所占據點，就是因爲亂賊沒有城牆可守，此爲早期臺灣的「築城指導原則」，使得臺灣早期府、廳、縣治所在的城牆，多是莿竹編插的「竹城」。這種不築城的政策，直到乾隆五十三年（1788）林爽文事件彌平之後，有所改變。撫臺欽差福康安建議改建臺灣各城城垣，但僅臺灣府城、諸羅縣城獲准先改磚石，彰化、鳳山則「不妨仍用莿桐、竹木等類栽插」（《清高宗實錄選輯三》）。至嘉慶年起，各縣城士紳紛紛主動要求築城，而幾乎都是國家消極，地方熱絡。士紳提議、監工、募款，並與官府交涉執行，還承擔絕大多數的經費，甚至動員平民參與捐錢。嘉慶十三年（1808）彰化縣城

〔註52〕 參見林豪編纂：《澎湖廳志》，頁 68～69。
〔註53〕 同上註，頁 499～500。
〔註54〕 參考林有忠譯：《澎湖古今事》「名勝古蹟‧媽宮城址」（《硓𥑮石》第 50 期，2008 年 3 月，頁 77。）

的改建，同期鳳山縣城居民代表也要求重建，道光七年（1827）新竹城籌議改建，還要求改建石城，目地之一就是要與南部的行政城市抗衡。這意謂著士紳要求築城，不完全是為了防禦需求，也不完全是為了政治或行政功能，「面子」反而是最好的解釋理由。光緒六年（1880）臺北城的建置，位置選在大稻埕和艋舺之間的稻田空地，而非人群最密集的兩個聚落，也說明築城具有防衛之外的「開發性」動機。〔註55〕澎湖媽宮城則是為了防禦需求，以及行政功能。但築城後不久，光緒二十年（1894）清日甲午戰起，二十一年（1895）就淪為日本所據，短暫的時光，適值多事之秋，今未見任何詩作題詠，清人似乎來不及歌頌她的美，日治時代亦未見之，僅見日人《澎湖古今事》將其載於「名勝古蹟」的第一條「媽宮城址」，下文附載：

> 於當時而言，23,000 兩乃一驚人鉅款，即如唐朝詩人駱賓王所歌頌的「不覩皇居壯，安知天子尊。」對於物質上崇尚黃金、武力、儀文之輝煌隆重，並一向喜好規模龐大且講究各類形式之漢民族而言，並非毫無意義之徒勞，而是確有其象徵性意義與價值。現今仍存環繞馬公街 3 面城牆，以及朝陽、拱振〔註56〕、順承、小西 4 座城門，完全保有著原本之舊觀，即曾於市區改革規劃中，有一半城牆及 2 座城門被拆除。特別是面海那座即敘門城樓，自海面船上遠望，呈現出有如龍宮畫卷般雄偉壯麗景致，而今卻已消失，實令人深感惋惜。〔註57〕

從日人所述，這座臨海而建的城池，是相當雄偉壯麗，惜因日人市區改革規劃，拆除部分城門與城牆，至今都市的再擴展，現僅存順承門一處。歷史就在這拆與建之間，建構著。今人陳國彥〈媽宮古城──順承門〉云：「光緒年間築古城，城垣綿亙六門行；設防原為家鄉靖，景物殘存兩樣情。」陳鼎盛〈媽宮古城──順承門〉云：「清季媽宮議築城，六門自在自由行；浮雲世變遭摧毀，獨有順承懷舊情。」〔註58〕今人觀之，充滿緬懷之情。

---

〔註55〕 關於臺灣各城垣之建造來由，詳見蘇碩斌：《看不見與看得見的臺北》（臺北：左岸文化，2007 年 11 月），頁 111～114。

〔註56〕 就林豪《澎湖廳志》所繪「澎湖全圖」書「拱辰門」，此「振」應為「辰」之誤。

〔註57〕 參考林有忠譯《澎湖古今事》「名勝古蹟‧媽宮城址」（《硓𥑮石》第 50 期，2008 年 3 月，頁 77。）

〔註58〕 二詩參見陳鼎盛、陳國彥合著：《澎湖之美：百題唱和詩文集》，頁 16。

## 三、西嶼燈塔

謝維祺任澎湖通判時，於乾隆四十三年（1778）孟冬建西嶼燈塔，四十四年（1779）季夏竣工，其〈建修西嶼塔院落成碑記〉云：

> 臺灣補東南之缺，而澎湖爲之樞。澎湖當臺、廈之交，而西嶼爲之障。廈居乾而臺在巽，自廈而東者則左西嶼而轉以抵臺；自臺而西者，則右西嶼而轉以抵廈。官民商船之來往，稍遇飛廉之乖近，羣望西嶼以爲依歸焉。予於丁酉秋蒞澎之始，間嘗一陟嶼之巔，則見有故壘□成邱者，廣不過仞，高不越尋常，殊不足係遙瞻而遠矚；心擬捐資建一浮圖於崇山，以作迷津之指南，兼以壯地方之形勢。……經始於戊戌孟冬，落成於己亥季夏。高、廣適宜，爲級者七。宮其前，奉天后之神。廠其頂，懸長明之燈。所有常住日用之資，與夫敬神香燭、燈油之費，則捐眾而出諸同欲焉。〔註59〕

西嶼地理位置之重要，由上段碑文足見，亦見這位官員之體恤人民，藉建浮圖拔渡苦海，不特往來官商，當地居民亦大共之福。當時西嶼燈塔建以浮圖形式之石塔，塔頂夜懸長明油燈，有僧人長住。章甫（1760～1816），嘉慶四年（1799）歲貢，三次渡海赴試，行經西嶼燈塔下，作〈西嶼燈〉〔註60〕云：

> 黑夜東洋裏，紅燈西嶼頭；搖風圍塔定，照水共波流。一島浮光現，
> 千航認影收；安瀾紀功德，長荷使君麻。

首聯以黑、紅兩色對比，寫出航行在一片闐暗的大海，遇浮現明燈指引的喜悅，亦點出此燈塔的重要性。頷聯寫船隻隨著燈塔指引前行，景致由遠景一點紅燈拉近至燈光照映的水面。粼粼波光，使得航行在大海上不再那麼恐懼。頸聯即扣緊西嶼燈塔之功效，來來往往的船隻因望見島上的燈影，便知道澎湖到了！尾聯順著頸聯寫誰讓航海平安無事？這都得感恩謝通判的恩澤。詩善用映襯筆法，「黑夜」對「紅燈」，「一島」對「千航」，寫出西嶼燈塔之重要，同時也點出使君德澤。後燈塔因屢遭風災而傾頹，照管乏人，塔燈興廢不時，有名無實，道光三年（1823）春，蔣鏞商請水師提憲陳元戎籌款，就

---

〔註59〕　參見蔣鏞：《澎湖續編》，頁82～83。
〔註60〕　參見章甫：《半崧集簡編》，頁15。詩下小註云：「嶼在澎島，三十六嶼之一，琴川蔣太守造塔設燈，捐俸置資，俾舟人夜渡認燈收澳，至今賴之。」後人所加，因章甫生卒年1760～1816，而蔣鏞重修是在1823年，章甫所見應是謝維祺1779年所建的。

原基重修廟宇。〔註61〕道光十二年（1832），周凱至澎賑災，就特別嘉許蔣鏞重修西嶼燈塔，賦〈西嶼燈塔〉：

> 撑室一塔夜燈青，西嶼峯頭照杳冥。欲使賈帆歸淼淼，不同漁火散星星。水中百怪驚光燄，島上三更認影形。幾費經營懷小謝（澎湖廳謝維祺建），莫教風雨任飄零（陳提督化成為副將時，與通判蔣鏞重修）。〔註62〕

本詩前六句就西嶼燈塔之光和其功能作一番描繪，尾聯對建塔與修塔者之讚頌，並期許德政能延續。後周凱門生林樹梅隨養父林廷福至澎，行經燈塔下有感而賦〈西嶼鐙塔〉，云：

> 澎湖當臺廈之交，西嶼為之障，自廈而東者，從西嶼左轉抵臺，自臺而西者，由西嶼右轉抵廈，往來群泊西嶼，然無高山可遠矚，故多犯淺壞舟，海行病焉。乾隆己亥，通判謝君維祺建石塔於西嶼之巔，道光癸未，蔣懌荼先生重修積貲，置長明鐙燃塔頂，風雨晦冥，引舟收泊，遂免失道之虞，厥功偉矣！樹梅兩經其下，敬志以詩。

> 浮圖孤聳碧琉璃，一髮澎山勢轉低。指引檣帆都得路，任他風雨亦開迷。仁山原現光明藏，福海何煩德政題。從此乾坤長不夜，洪波無處匿鯨鯢。〔註63〕

林樹梅用了極長的詩序，稱讚謝維祺、蔣懌荼二公的善政。一始建石塔，一重修頹壞塔燈，嘉惠無數來往船隻。自己兩次身經此處，深受其惠，遂賦詩志之。詩言浮圖形燈塔飾以碧琉璃，孤聳山巔，夜燈燃起，指引來往檣帆，即便是風雨瀰漫，船隻亦不致迷航。清人對於西嶼燈塔的書寫，見其對建造西嶼燈塔的肯定，亦見在以海上交通為主的時代，燈塔之重要性。它不僅是海上船隻的指引者，更是內地文化得以傳播至臺澎的導航者。

　　西嶼燈塔實為全臺灣、澎湖燈臺之濫觴。光緒元年（1875），仿效西洋式，而成為燈臺。日治時代，再加以改修，結構為鐵造、圓形、白色。等級與燈質為第4等、不動白光、透明燈罩、360度，高度自基座計起28尺高，自水面計起15丈8尺高，燭光數500，光照遠距15海里。〔註64〕幾經翻修，現今

---

〔註61〕 參見蔣鏞：〈續修西嶼塔廟記〉（《澎湖續編》，頁85。）

〔註62〕 參見林豪編纂：《澎湖廳志》，頁500。

〔註63〕 詩收於林樹梅：《歗雲山人詩鈔》。

〔註64〕 參考林有忠譯：《澎湖古今事》「名勝古蹟‧媽宮城址」（《硓𥑮石》第50期，

燈塔形貌與清時不同。

# 第四節　歲時節慶

　　就林豪《澎湖廳志》所載澎湖歲時有：新正元旦、初四接神節、元宵、清明節、端陽節、六月望日祭祖、七月十五中元節、中秋節、重陽節、冬至長至節、臘月二十四日小除、除夕諸節日。〔註65〕綜觀清時澎湖古典詩作，未見諸節皆入詩。節慶入詩者以中秋、重陽最夥，概承襲傳統，偏重秋的書寫；次則寫除夕、元旦、立春、清明。節慶雖傳承中原，但是因在不同區域，遂雜揉當地的特色。詩中重現澎湖節慶活動樣貌，今昔對照，見文化的遞嬗。下就除夕談起。

## 一、除夕

　　胡建偉〈除夕作〉：

> 白酒黃柑共勸酬，歲除清燕也風流。明朝考曆欣添算，此夕傳杯笑舉籌。暖氣迎春爐火活，寒香送臘嶺梅幽。占年何事憑龜卜，海晏河清是有秋。

這是胡建偉首次在澎湖過年之情景。首聯舉「白酒」、「黃柑」代指除夕圍爐之美酒佳餚，與親朋好友酌白酒，啖黃柑，圍爐歡聚的溫馨畫面，躍然紙上。這樣的歲除清燕，別有一番翩翩風流的韻味。頷聯寫明天就是新年，大夥除夕傳杯談笑迎新春。頸聯寫圍爐活火迎春，嶺梅寒香送臘，此蓋寫除夕送舊迎春慣用之熟語。尾聯寫不必憑藉龜卜，就知明年將是國泰民安。「海晏河清」，藉由澎湖視野遼闊的空間，表現太平的景象。

　　今人陳國彥〈除夕〉云：「澎島俗風除夕多，掃除批貨喜穿梭；尊神祭祖佳餚獻，辭歲安心長者哦。闔第圍爐情意漲，紅包入袋子孫歌；通宵守夜人添壽，祈禱豐年歡樂過。」，陳國彥〈除夕〉云：「貨批南北炮聲多，道是光陰去似梭；祀祖辭年欣跪拜，圍爐把盞快吟哦。肉香菜美魚端饗，糕嫩酒酣人醉歌；飯罷桃符新換舊，平安守歲福來過。」的民俗書寫，更清楚的記載著澎民除夕過節的樣貌。相較下，胡建偉詩句典雅，陳國彥、陳鼎盛詩句口語化。

2008年3月，頁87～88。）
〔註65〕參見林豪：《澎湖廳志》，頁316～318。

## 二、元旦

胡建偉〈元旦次前韻（丁亥歲）〉：

> 震行坎止遞相酬，律轉東皇大化流。萬國朝元嚴鵠立，五更待漏聽
> 雞籌。陽回澎海韶光普，春到湖山淑景幽。滿酌屠蘇人盡醉，椒花
> 銀勝祝千秋。

爆竹聲中除舊歲，過了除夕，緊接是春節。詩首聯書季節遞嬗，「坎」爲雪
寒，「震」爲春、雨穀，坎止震行表時序由冬寒轉爲春暖。東風拂過，大地回
春。接著頷聯遙想朝廷萬國使者依序儼然並立，向皇帝拜年；群臣聽漏刻、
雞鳴亦準備入朝拜見皇帝，展現泱泱大國的風貌。雖身處海嶠，心仍繫在京
城的君王，此亦見封建體制下的君臣之義。頸聯拉回身處之地，「陽回澎海韶
光普，春到湖山淑景幽」，寫澎湖春景，韶光普照，景致清幽。尾聯再縮小聚
焦於澎民家中，寫澎民如何過元旦節慶。家人先幼後長飲屠蘇酒避邪、除瘟
疫，大家喝得醉醺醺，互相祝福千秋百歲，大地一片樂陶陶。詩由大寫到小
布局，見胡建偉謀篇之用心；從內容，則見當時澎湖年節氣氛濃厚。

今依舊如此，反映著偏遠的澎湖，保有傳統的習俗。陳鼎盛〈春節〉云：
「元日曈曈風轉輕，家家恭喜暢心情；城隍廟口孩童鬧，媽祖宮中香火盈。
來往人人迎面賀，穿梭隊對舞龍行；陌頭放炮如雷響，一片笙歌奏太平。」
陳國彥〈春節〉云：「連綿爆竹夜眠輕，燈映餅糕春探情；戶戶紅聯閭里耀，
聲聲吉語福財盈。上香宴飲哄堂笑，對奕電玩隨興行；廟宇琳宮情景熱，龍
獅逗陣慶安平。」〔註 66〕二詩寫出現在澎民春節時的景象，並融入當代的流
行產物──電玩。與胡建偉詩相較，少了對朝廷的歌功頌德，更如實的描繪
春節樣貌。

## 三、立春

胡建偉〈立春日作〉四首，寫大地回春的榮景。從方志錄詩看，胡建偉
四季的書寫，多以「春」爲題材，展現其積極進取的一面。：

> 農祥晨正肇今朝，有腳陽春到海嶠；但願均調多雨露，更祈清晏絕
> 風颸（澎地多風少雨，故云）。洞庭酒酌黃柑滿，粉署花明白晝饒（地無
> 花卉，僅植得美人蕉二株）。澳社十三人盡樂，秧歌齊唱舞翹翹。（之
> 一）

---

〔註 66〕二詩收於陳鼎盛、陳國彥合著：《菊島之美：百題唱和詩文集》，頁 248。

九十春光第一朝，十分和氣滿孤嶠；祥開紫陌迎新眂，瑞擁青旛拂
曙颷。寶字帖來人事快，土牛鞭罷歲華饒。瞻雲海國思羅勝，莫笑
坡公老插翹。（之二）

春應堯蓂六葉朝，東風何地不員嶠。仙齡浪侈三千歲，花信難忘廿
四颷。白首橫釵喧戴勝，青郊行酒羨杯饒。從今天地多生意，甲拆
勾萌漸長翹。（之三）

宦遊閩地八春朝，遠駐澎瀛海外嶠。舊雨縈懷舒柳眼，故園入夢憶
梅颷。及瓜方代星初易（澎地海域，三年報滿），剪綵相遺俗尚饒。株守
一官虛歲月，風流何日扈雞翹？（之四）

詩內容除寫陽春三月大地榮景外，處處表露地方官對當地風土民情的掌握，
以及融入當地的深厚情感。立春爲中國農業社會中一重要節氣，春耕之始，
人人無不祈求風調雨順，展望豐年。此組詩表現春來人間，大地一片欣欣向
榮，充滿生機，活潑快樂的春耕之景。亦透露出地方官所期盼之國泰民安。
從第四首中知此組詩作於胡氏新到任時，詩中「舊雨縈懷舒柳眼，故園入夢
憶梅颷」，滿懷對家鄉的思念。第二首「莫笑坡公老插翹」，胡建偉引蘇東坡
入詩，將己到澎湖海國與坡公到海南島類比，見其情感與坡公類化，亦見坡
公成爲至海國者的典範人物。錢琦：「臺陽一番島，宛在水中央。古稱毘舍耶，
或云婆娑洋。自從歸入版圖後，穿胸儋耳咸循良。我來啣命持羽節，要將帝
德勤宣揚。……茲遊之奇平生冠，東坡快事吾能償。」引用東坡事；周凱寫
澎湖文石：「曾向黃州探怪石，又看文石到澎湖。磨礱半借人工巧，笑問坡翁
入供無？」亦引坡公事典，寫海角澎湖。

## 四、清明

周凱到澎賑災，時值清明，賦〈清明有感〉云：

海上春光絕可憐，清明誰把柳條牽？餧而并及墦間鬼，不見飛飛插
紙錢。

清明節，澎人俱於節之前後十日內，拜墓祭祖。〔註67〕此詩乃周凱至澎賑災，
閱三月，適逢清明所作。其見澎湖因飢荒，連墦間鬼都受到波及，不見人家
掃墓壓紙錢。

今人陳鼎盛〈清明〉云：「家家春餅又犧牲，祭過先人祭掃行；雜草砍除

---

〔註67〕 參見林豪：《澎湖廳志》，頁316。

培土壤，紙條張掛認墳塋。楮錢香燭焚燒上，水果醴花端奉呈；風起南山時雨落，子孫追遠話清明。」陳國彥〈清明〉云：「宅拜祖先有酒牲，氣和光景俗風行；閭閻長老牽童稚，田陌山坡培墓塋。揮手塵灰荒草理，上香供品素花呈；飄飄掛紙紛紛雨，追遠敦親再闡明。」〔註68〕觀之今人之作，著墨於清明節澎民祭祖掃墓習俗之介紹。扶老攜幼追念先人，承先啓後，世代相遞，大地一片祥和與處處顯露純樸的民風。

## 五、重九

清陳士榮〈重九登樓二首〉：

> 兩度重陽憶壯遊，況逢佳節更登樓。臨風有客開襟抱，入座何人借箸籌！平遠江山天淡蕩，高寒雲物影沈浮。憑欄幾遍難成句，崔灝題詩在上頭。

> 宦情羈思兩難堪，且喜追陪竟日談。物外蕭疏容我覽，望中區畫幾人諳。雁歸中澤聲猶急，蝶繞東籬舞正酣。敢謂獨醒拚一醉，笙歌宴罷漏敲三。

陳士榮〈重九登樓〉詩之基調為鄉愁的抒發，此為重九詩之傳統——藉登樓以思鄉。吳性誠〈澎湖九日登高六首〉：

> 曾聞海外有仙山，無那蓬萊是此間。斷嶺排衙分遠近，平岡列障抱灣環。幾人蠟屐堪遊展，何處雲深可扣關！島嶼縱橫三十六，扶筇指點且開顏。

> 天際微雲一抹青，石嘲精衛滿烟汀（澎島皆石結成）。波喧鼉鼓潮聲息，風過魚梁水氣腥。戲馬呼鷹空有恨。求仙採藥恐無靈。忘情名利身還健，不飲茱萸酒獨醒。

> 難尋幽徑陟高巖，漠漠平原斥鹵鹹。白露秋深蛟蜃窟，紫瀾晴挂海天帆。疏籬未有凌霜菊，野岸曾無帶雨衫。如此登臨誰送酒？不須張蓋愧頭銜。

> 管領秋光倍豁然，氣吞雲夢水連天。乾坤浩落中流楫，日夜蒼茫外海船。眼闊壯遊五岳後（予遊遍五岳），心娛奇勝十年前。江鄉兄弟登高處，好景當憑雁字傳。

---

〔註68〕二詩收於陳鼎盛、陳國彥合著：《菊島之美：百題唱和詩文集》，頁240。

書劍蕭然吏隱兼，因風落帽正無嫌。丹楓烏柏三山渺，碧海青天萬
里黏。瑚長可知非網密，珠還未必是官廉。釣鼇莫下任公餌，向若
徒驚白髮添。

荒烟瘴雨簇哀鴻，杼軸愁吟大小東。破屋柴扉寒日閉，薄田秋薯熟
年豐。何曾雞酒聯高會，却把鳶魚放遠空（兒童於九日皆放風箏）。便是
龍山情景好，也應蒿目對西風。

吳氏〈澎湖九日登高〉六首，鄉愁氣氛不甚濃烈，著墨的是登高所見的澎湖
壯闊海天。林豪《澎湖廳志》記：「重陽節，各澳塾舘備酒殽，請社師燕飲。
俗競放風箏，或掛響絃，乘風直上，聲振天衢。夜則繫燈其上，恍如明星熠
燿，彼此相賽。此雖遊嬉瑣事，亦足見太平之樂也。」〔註 69〕詩中「却把鳶
魚放遠空（兒童於九日皆放風箏）」證澎湖重九放風箏之風俗。王雲鵬〈九日
即景〉：

千古無如此地秋，重陽佳氣滿空浮。山圍大海波濤壯，天迥平原島
嶼幽。八景風雲開石壁，七閩烟雨鎖滄洲。茱萸繫臂成何事，記取
楓林集舊遊。

本詩首聯、頷聯稱許澎湖重九日秋高氣爽，島嶼縈洄，海波壯闊，千古無如
此地秋。此乃澎湖特有環境使然。頸聯、末聯文意一轉，以茱萸、楓林表達
重九思鄉、思友之基調。許宏〈秋夕旅懷〉：

溶溶月色寂臨除，一盞寒燈半榻餘。南浦幽開花睡盡，西風蕭瑟雁
來初。長年鄉思逢秋亂，此夜羈情對影疎。冷酒盈樽難獨酌，徘徊
窗外數星虛。

所寫雖未特別明言為重九而作，然基調仍為秋思之作，藉由秋夕書寫羈旅孤
獨的身影。而澎民辛齊光〈澎湖秋興〉：「錯落澎山翠影收，天然屹峙鎮中流。
曉來蜃氣侵人冷，夜半濤聲入耳愁。島嶼縈洄窮水際，帆檣浩蕩挂雲頭。登
臨極目滄波外，疑是洞庭一色秋。」非羈旅他鄉，然所寫亦扣住「秋愁」的
書寫傳統，深受內地文化影響。

綜觀清詩歲時的書寫與今之歲時活動相較，可見今昔之變，如清時澎湖
重陽節，各澳塾舘備酒殽，請社師燕飲，以及競放風箏之俗，今者並無。再
者，遊宦詩人藉清明、重九諸節令，抒發懷鄉之情。今人書寫歲時節慶，多
就一般民俗風貌書寫，少抒發個人情感，這是內容上與清詩最大不同處。此

---

〔註 69〕　參見林豪：《澎湖廳志》，頁 318。

外，清詩用語典雅，今人用語淺白。

# 第五節　抗旱農作

除漁產，山產則因氣候地形不適五穀，惟栽種高粱、小米、花生（澎民稱土豆）、番薯等旱糧，還有蔬果茱瓜、瓜果等植物。清朝常題詠薯米（番薯曬乾爲薯米）、花生，當代多題詠茱瓜、瓜果、金瓜等。

## 一、番薯

澎湖缺水又土瘠，稻米不易栽種，居民以種番薯爲主食，於收成後，鑢成絲曬乾貯存。清時澎民以海藻魚蝦雜薯米爲糜，這樣特殊的吃法，常引起遊宦詩人的好奇。胡建偉〈薯米〉（澎湖無稻粱，居人以薯乾供食，名爲薯米）云：

> 番薯當米渡年華，鼓腹安閒海外家，義士不須勞指困，將軍何事慨量沙！笑殊香秔供天府，喜並山芋喚地瓜（閩人呼番薯爲地瓜）。一自海隅分種後，風流隨處咏桃花（紅白相參，爲桃花米）。

番薯就何喬遠《閩書》云：「皮紫味甘，可生熟食，亦可釀酒。自明萬曆甲午歲荒，巡撫金學曾從外國勾種歸，教民種之，後乃繁衍。」《臺海采風圖》云：「番薯結實於土，生熟皆可噉。有金姓者，自文萊携回種之，故亦名金薯。」《赤嵌筆談》云：「薯長而色白者是舊種，圓而黃赤者得自文萊國。」金薯或文萊薯說法雖稍有不同，然從外國引進卻是可確定的，詩末二句言「一自海隅分種後」及說此。

周凱〈澎湖雜詠二十首和陳別駕廷憲〉有數首題詠澎湖農家生活，之七云：

> 謀生大半海爲田，也把犁鋤只望天。種得高粱兼薯米，七分收穫已豐年。

詩寫澎人多以海爲業，此爲家中經濟的主要來源，婦人亦種些高粱、番薯爲糧食。

## 二、花生

林豪《澎湖廳志》記：「凡有地百畝者，僅種地瓜二、三十畝，取供一家終歲之食；其餘悉種花生。因是物可作油與枅，易於售賣，而農家終年用度，

骨恃有此耳。」清時澎民若地有百畝，僅種番薯二、三十畝，其餘七、八十畝都用來種花生，因為花生經濟價值高，不但可以炸油又可以製成油粃賣給商舶壓載。周凱〈澎湖雜詠二十首和陳別駕廷憲〉之八云：

> 番荳生來勝地瓜，油粃（音辛，油渣也。俗讀如枯）魂魂出油車。糞田
> 內地人爭重，壓載強於載海沙（花生可為油，其渣可以糞田，曰油粃。性重，
> 商舶購以壓載）。

澎地花生向來馳名，由此詩知清時花生行情勝過番薯。其經濟效益頗高，不但可食、可榨油，油渣又可糞田，當有機肥；又因質重可壓艙底，商舶爭購。今日澎民將花生製成花生糖、花生酥，或乾炒五香，或直接帶殼烘乾。澎湖花生味美負盛名，遊客爭相購買，花生身價仍高居不落。陳國彥有詩〈花生〉：「殼黃紅米脆香名，土味深藏鄉土情；成串族群生命體，同胞落地落花生。」陳鼎盛〈花生〉云：「埋藏土下不求名，莫道人間誰有情；小豆一身全奉獻，製成食品利民生。」〔註70〕書寫的角度、旨趣，和清詩不同。

## 三、菜瓜

澎湖菜瓜，春夏兩季生產。肉細白，放久不變黑，口感脆美甘甜。它的外表有十稜，順著菜瓜的成長，下大上小，和臺灣本島圓柱形的絲瓜不同。因為「十稜」的台語諧音近「雜念」，即「嘮叨」之意，故人若很嘮叨，常被謔稱是「澎湖菜瓜」。近年澎湖發展觀光，菜瓜常是遊客餐桌上的地方風味佳餚。陳國彥與陳鼎盛唱和〈菜瓜〉之作，陳國彥云：「藤蔓青青瓜架穿，脆鮮溫嫩味纏綿；長條多樣行情俏，雜念諧音別外傳。」陳鼎盛云：「架上瓜藤自在穿，十溝青綠果綿綿；人言雜念何輕薄，暖玉脆香遍遍傳。」〔註71〕二詩皆就上述菜瓜的特色書寫，陳鼎盛特對菜瓜如此「暖玉脆香」，卻被戲稱雜念而抱屈。

## 四、哈密瓜

澎湖沙質土壤適合栽種瓜類，春末夏初採收。因陽光充足，雨水少，瓜皮厚，果肉淡橙色，特別香甜多汁，風味獨特，近年觀光業興盛，夏日多遊客品嘗。洪水河〈澎湖密瓜〉云：

> 生來粗絀像皮球，成長西瀛夏日收；薦與嘉賓同品味，清芬香氣嘴

---

〔註70〕二詩收於陳鼎盛、陳國彥：《澎湖之美：百題唱和詩文集》，頁163。
〔註71〕同上註，頁147。

中留。〔註72〕

此詩詩意平實，詩句口語化。第一句就密瓜外形描繪，第二句寫瓜果夏日收成，第三句寫與嘉賓品嘗，第四句寫瓜果的味道清香，淡淡道出澎湖密瓜之美與迎客的熱情。陳國彥與陳鼎盛也互相唱和著〈哈密瓜〉，陳國彥云：「黃袍一襲似瓜王，肉細如脂綻玉光；荔月澎湖新上市，包君香溢脆如糖。」陳鼎盛云：「瓜中難論是誰王，偌大圓球映日光；哈密移來栽菊島，汁多可口啖甜糖。」〔註73〕皆就針對哈密瓜的外形、果肉口感與香甜描繪。另陳鼎盛特別提到哈密瓜的傳入，有人言臺灣改隸之後，日人帶來的美國種；有言何應欽將軍自黎巴嫩帶回試種者；或言來自新疆哈密者。〔註74〕但不管從何而來，哈密瓜來到了澎湖，深受澎湖環境的影響，而有著不同的風味。

## 五、金瓜

澎湖稱「南瓜」為「金瓜」。它是一年生的藤蔓性草本植物，澎民常將其植於宅邊空地，極易栽種。葉綠而大，上有絨毛，花開橙黃色，雌雄異花，澎民幫其授粉，闔雄蕊擠入雌花柱頭，再以細絲絪住雌花瓣，防雄蕊掉落。繁衍迅速，熟透時色澤金黃，口感鬆軟香甜又帶點嚼勁，優於臺地所產。澎民常加入蝦米炒成金瓜米粉，今日成為地方風味餐。陳國彥與陳鼎盛唱和〈金瓜〉之作，陳國彥云：「淺綠橙黃配碎花，呵呵圓滾出農家；家鄉名菜聲名久，米粉相調信不差。」陳鼎盛云：「深長藤蔓綻黃花，圓滾結于田野家；炒拌古來同米粉，箇中風味果無差。」〔註75〕橙黃與圓滾，視覺鮮艷又飽滿，不禁讓人食指大動。

# 第六節　文石特產

澎湖特產自古為人津津樂道的，就屬文石。文石常見於方志、詩文中。《重修臺灣縣志》土產類載石之屬云：「文石（產澎湖外塹山麓。石中有花紋，可為朝珠及扇墜）」〔註76〕《澎湖紀略》云：「產於外塹、小池角二處，石外有

---

〔註72〕參見澎湖縣西瀛吟社編印：《西瀛吟社詩穗》，頁149。
〔註73〕參見陳鼎盛、陳國彥：《澎湖之美：百題唱和詩文集》，頁153。
〔註74〕同上註，頁153。
〔註75〕同上註，頁159。
〔註76〕參見王必昌：《重修臺灣縣志》，頁422。

璞，剖璞始出。石有五色，錯而成文，以黃者為上。土人以有眼者為貴，琢為念珠以供玩賞。然石質鬆脆，遇北風則折裂，近日挖掘殆盡，購求甚難，不過零星細小，只可作扇墜而已。殆不及壽山石遠矣。」澎湖文石之特色在於其花紋與紋眼，據胡建偉載，乾隆年間此物被挖掘殆盡，欲購得已很難；亦見此物雖易碎，仍為大眾所好。乾隆十六年（1751）二月任巡臺御史錢琦〈澎湖文石歌〉云：

> 茫茫元氣虛空鼓，長波汗漫蛟龍舞。忽然蓬萊失左股，幻結澎湖護仙府。秀靈磅礡孕扶輿，滄桑閱歷成今古。遂有寶氣磨青蒼，知是奎星墮沙渚。雷電追取敕神丁，冰霜琱鏤運鬼斧。合則成璧分如珪，圓成應規方就矩。蘚斑隱躍漬璘璘，螺文屈曲旋楚楚。或如端溪鴝鵒眼，或如炎州翡翠羽。蒼然古色露精堅，秀絕清姿工媚嫵。几案有時煙雲供，光怪猶作蛟龍吐。底用珊瑚採鐵網，那復夜光誇懸圃。我來海外搜奇材，誰料眼中盡塵土。塵土塵土何足數，此石莫共匣劍處。惟恐神物不自主，夜半飛騰作風雨。

二十八句長歌，前二十二句以神祕的色彩書寫耳中所聞的澎湖文石，而今他充滿期待來海外搜奇材，怎料盡是不可勝數的塵土，失望之情可見。詩中亦見其以中原的視野審視此島，充滿獵奇的心態。

相較於任澎湖地方官的胡建偉，他對澎湖這一塊土多了一分溫厚。其〈文石〉題下小註云：「石產於澎瀛之西嶼，居人採取，琢為人物、花卉、鳥獸、魚蟲、圓璧、方圭、念珠、手串，色色皆備，以供案頭雅玩。閩中人士過此者，莫不購求焉。斯亦大塊之菁華、一方之貴重歟！」對於文石的描繪，用語溫雅，道「閩中人士過此者，莫不購求焉。」文末肯定云：「斯亦大塊之菁華、一方之貴重歟！」詩亦多讚許之辭，並且創建澎湖書院時，還特別以「文石」命名。賦〈文石〉詩四首如下：

> 地靈何處不仙洲，且看文章點石頭。寶氣陸離威鳳舞，金光灼爍錦龍浮。好將閱世存雙眼（石以有眼者為佳），未許違時老一坯。海外自來多瑰異，願隨方物備共球。（其一）
>
> 輝山潤木最精神，雅重儒林席上珍。幾度沉埋封草莽，一朝磨琢出風塵。不愁抱泣同和氏，轉恐拋奇有魏人。藻采更饒堅確性，問從何處覓緇磷？（其二）
>
> 光華日月著文石，肯共雕蟲小巧爭？鎮物本來資厚重，補天由此費

經營。樹從玄圃花常滿，種向藍田玉自生。絲竹一時訴合奏，大成〔註77〕猶藉振金聲。（其三）

大作圭璋小念珠，方圓隨意總規模；鏤光錯彩如三棘，奪目怡神亦五都。成子漢庭推碩學，充宗文苑頌鴻儒（二公俱遇異人授文石吞之，後大明悟，遂為一代名儒）。琅玕〔註78〕肺腑璠璵〔註79〕品，價重連城出海隅（時建書院，額名「文石」）。（其四）

詩描繪文石外貌外，又賦予文石豐富的內涵。連章詩之首便稱許澎湖是仙洲，才能出產文石這塊物。之二，首聯寫文石為儒林所珍愛。頷聯寫文石為經為人發掘前，沉埋草莽中，一朝經人尋獲琢磨，即為世人所愛，頸聯遂言：「不愁抱泣同和氏，轉恐拋奇有魏人」。尾聯寫文石具有華麗的文采且堅硬，結語一改平鋪為反詰，問何處能尋得此佳物，表達對澎湖特產——文石之讚美。

之三，首聯直誇文石受日月光華之蘊育，那肯與一些雕蟲小巧同論，寫出文石之特殊。頷聯用「女媧煉五色石補天」的神話傳說，再強調文石之不易得與貴重。頸聯又用「玄圃」、「藍田種玉」典，言仙人居處多異樹奇花珍寶，暗指澎湖如仙界，亦多奇珍異寶。詩將文石與神話傳說聯結，使澎湖充滿神話色彩外，亦顯文石之珍貴。

之四藉成子、漢庭二公遇奇人異士授文石吞之，後大明悟，遂成為一代名儒的故事，於是將澎湖書院命名為「文石書院」，期勉澎湖諸生在此接受禮樂教化，將來也都能成為一代名儒。范君倓任澎湖山長時，和胡建偉韻，也寫了四首〈文石〉（次胡別駕原韻），云：

澎湖一島類瀛洲，石韞山輝品望優；敲鑿得來文自顯（產於山之根，破璞而石始出），磨礱琢就彩應浮。漫嗤落落輸雙琥，最愛粼粼重九邱。海嶼只今非易覓（石已採取殆盡），十分珍貴勝鳴球。（其一）

把玩低徊妙入神，他山怎與比儒珍。連珠的爍渾懸薏（謂有眼為重），五色晶瑩那染塵？詎似梧臺藏大寶，還同禹穴探遊人。休言堅潤難

---

〔註77〕 古樂一變為一成，九變而樂終，至九成完畢，稱為「大成」。《孟子‧萬章下》：「孔子之謂集大成；集大成也者，金聲而玉振之也。金聲也者，始條理也；玉振之也者，終條理也。」孟子稱讚孔子聖德兼備，正如奏樂，以鐘發聲，以磬收樂，集眾音之大成。

〔註78〕 「琅玕」：圓潤如珠的美玉，後比喻華美的詞藻或佳文。

〔註79〕 「璠璵」：一種產於魯國的美玉。

如玉（冬寒風燥，常易裂），磨琢功深卻不磷。（其二）

誰云海外妄邀名，虹氣光隨日月爭。象物宛然傳睿巧，摹人彷彿極經營。莫嫌璚璚零星見，須識瑩瑩大塊生。不必價增踰十萬，留情人盡布芳聲。（其三）

分明聲價等明珠，玉振於今紹聖模。案上生花排筆陣（有做成筆架玩好者，甚佳），日邊浮尹誦瓊都。九疑覆去傳金簡，五鹿吞來見碩儒。從此文名增海甸，璠璵應貢鳳城隅（時建書院以「文石」爲名，故云）。（其四）

四首對澎湖文石亦多是稱譽之辭，「誰云海外妄邀名，虹氣光隨日月爭」，給與澎湖文石最大的肯定。道光年間，周凱到澎湖賑災也寫了一首〈文石〉，詩云：

曾向黃州探怪石，又看文石到澎湖。磨礱半借人工巧，笑問坡翁入供無？

此詩描寫文石需透過人工磨礱，方使其美麗的花紋顯露出來。詩末還戲稱坡翁有否此石，有向古人誇耀之情。周凱另一首〈澎湖雜詠二十首和陳別駕（廷憲）〉，云：「競誇文石與空青，海底年來何處尋？剩有螺杯生理好，不教枉費琢磨心（文石亦須磨琢始成）。」詩中亦提及文石，稱它和空青都是令人誇讚的佳物。清末林豪更賦五十句長詩〈澎湖奇石歌〉，詠澎湖文石，茲錄如下：

西瀛碧海奇所鍾，琪花鐵樹森珠宮。紅溝黑溝鬱光怪，稜稜石骨波濤舂。天生神物不久秘，物色誰向風塵中。大蘇好奇世無兩，超超物外結眞賞。一朝滄海來搜尋，遺珠紫貝價皆長。嶄然片石生瀛壖，携出市上爭揶揄。君顧之笑摩挲久，袖中東海言非誣。澎人最喜稱文石，目前玩好競珍惜。惜哉年久骨不堅，徒有其華無其實。可憐此石差足尚，曾在晶宮永寶用。一從眞識拂塵埃，玲瓏骨格留圓相。朝朝碧水浸窗前，歲歲名葩開几上。閱盡世態更滄桑，肯與泥沙付淘浪。君今橫海麾戈船，風波萬里消風煙。已看海上安磐石，聲價還將介節傳。我飲君酒識君意，再拜石兄爲題識。他時仗鉞羅群材，相士當如此石矣。但取其瑜匿其瑕，未必一拳非國器。嶔崎盤鬱不求知，勿使路側長廢棄。若歌攻玉向他山，定有瑰材不脛至。磨礱沙礫發光華，有時鐘鼎堪位置。石乎爾今得所與，寵以席珍堪賀汝。

> 必逢佳士亦心傾，惟有石交共千古。古來名物幾廢興，千金萬鎰須
> 品評。安得鬱林船上客，更增金石錄中名。〔註80〕

詩題以奇石稱澎湖文石，有別於一般人直題文石，知林豪必有一番不同見解。林豪善古體長詩，洋洋灑灑從文石的出生地澎湖海濱論起，到經過琢磨展現美麗風姿，而深爲世人所珍愛。但林豪更要警醒世人，不要像文石年久骨不堅，徒具美麗外表。「可憐此石差足尚」，林豪語意又一轉，文石也並非全不可取，也有值得學習處：它在晶宮中，「閱盡世態更滄桑，肯與泥沙付淘浪」，能耐心等待識貨者。林豪進而期勉「他時仗鉞羅群材，相士當如此石矣」，取瑜匿瑕，勤琢磨，他日或位列鐘鼎。「嵌崎盤鬱不求知，勿使路側長廢棄」，寄託深意。期勉諸生或自己，雖在「邊緣的邊緣」，但也希望有朝一日能被「中心」聽聞。「磨礱砂礫發光華，有時鐘鼎堪位置」，就像澎湖進士蔡廷蘭，爲臺郡當道名流所器重，爲周凱所讚賞，「更增金石錄中名」，林豪蓋有所寄望於諸生。全詩有述、有論、有寓意，是首不可多得的詠物詩。

至日治、戰後仍不斷有人題詠文石，魏清德（1886～1964）賦有〈澎湖文石歌〉，云：

> 酒債纏償意殊適，十千買得澎湖石。石中無數秋螺蚊，團團彷彿鴝
> 眼碧。吾聞澎湖位置大瀛西，浪花亂打鮫入宅。玟瑁浮游海氣昏，
> 蜃樓起滅尋無迹。何來仙侶驂龍虯，下有珊瑚森若戟。水晶宮闕牡
> 蠣牆，鐵樹枝柯荇藻席。造化無物不神奇，更鍾文石聲名藉。吾聞
> <u>澎湖文石種特多，今所得者不盈尺</u>。雕琢未堪成硯材，供奉僅可娛
> 朝夕。黝然而黑氣深沉，繚繞煙雲生虛白。歸然而厚勢渾雄，半股
> 蓬萊傳地脈。貯以沈檀之古盤，薰以千年之老柏。濯以無垢之靈泉，
> 伴以名山之簡冊。玩賞奚殊照乘珠，摩挲肯讓連城璧。小廬果樹頗
> 清華，山人素有襄陽癖。亦曾寫照試傳神，腹稿頻向肚皮劃。斐然
> 慚愧未成章，持此歌詞誰愛惜。〔註81〕

三十四句長詩，前寫以十千買得澎湖文石，點出文石價錢不斐。緊接著書寫購得的文石有團團的螺紋，像鴝眼那樣碧綠。「吾聞澎湖位置大瀛西，浪花亂打鮫入宅……造化無物不神奇，更鍾文石聲名藉」寫聽聞中的澎湖海物產豐富奇特，其中又以文石最爲知名。「吾聞澎湖文石種特多，今所得者不盈尺」，

---

〔註80〕　參見林豪：《誦清堂詩集・澎海草》，頁 12～13。
〔註81〕　此詩收於《潤庵吟草》。

今昔對比。聽聞文石種類繁多，但是今所得不盈尺，語不免有所遺憾。亦見澎湖文石有過度開採的現象，當局宜加以重視保護。「雕琢未堪成硯材，供奉僅可娛朝夕」寫世人如何賞玩文石。句末自謙「斐然慚愧未成章，持此歌詞誰愛惜」，表示對文石的珍惜。

　　大正十三年（1924），蔡旨禪以〈澎湖文石〉參加西瀛吟社之徵詩，獲掄冠元，詩云：

　　　　生成五彩大文章，僻島何來此石良。疑是女媧曾煉過，補天剩棄水
　　　　中央。堪誇島嶼若崑岡，特產無殊璞玉良。大器一經磨琢就，好同
　　　　瑚璉共爭光。〔註82〕

此詩是站在稱讚的角度書寫，然詩中用語與典故，前人都已稱說，無特別新意。今人陳國彥〈文石〉云：「澎湖文石世聞名，形象繽紛質色精；綴飾印材光潤顯，靈思遙寄萬千情。」陳鼎盛〈文石〉云：「由來此石美聲名，玄武岩中孕至精；色彩斑斕稀是貴，惹人憐愛付真情。」〔註83〕二詩似竹枝詞，辭語淺白的介紹澎湖名產。

　　同以澎湖文石為題，但評價不盡相同，錢琦視為塵土；胡建偉、范君儼、周凱讚賞有加，胡建偉還誇其價重連城；林豪有褒有貶，立論肯切；魏清德則側重賞玩之趣；今在地人則以推銷的角度書寫。人人欣賞角度不同，澎湖文石呈現更多元的面貌。

〔註82〕此詩收於《旨禪詩畫集》。
〔註83〕二詩參見陳鼎盛、陳國彥：《澎湖之美：百題唱和詩文集》，頁175。

# 結　論

　　本論文以析論澎湖古典詩的內涵與發展歷程為研究基礎，先介紹澎湖古典詩發展的外緣條件，進一步析論每一時代重要作家的詩作，建構澎湖古典詩史；從此再析出不同時期，詩人共同關注的主題，並比較不同時期的寫作特色。以下三點即為本論文的研究成果：

## 一、確立澎湖古典詩在漢語文學史的位置和意義

### （一）臺灣漢語詩文的起點

陳信雄《大員紀事十七世紀的臺灣》云：

> 中國人的海外發展始於唐代晚期，第十世紀；而後在宋元期間，十二到十四世紀蓬勃發展；到了明末，十七世紀，民間海上勢力活躍，並且與西來的歐人接觸並互動。中國海外發展的三個階段，都觸及澎湖或臺灣。
>
> 中國海外發展的第一波，五代十國晚期，越窯青瓷等文物，觸及澎湖少數幾個地點；第二波，宋元陶瓷，遺留在澎湖的五十五個地點，說明澎湖是當時中國對外貿易的中途站，而且中國人知道臺灣的存在；第三波，十七世紀，漢人移居澎湖，進出並定居臺灣，臺澎成為漢人的新的鄉園。〔註1〕

從這段研究中，明白可知澎湖的漢人歷史遠早於臺灣本島。一個地區有人類活動後，方有文學的產生。漢人接觸澎湖早於臺灣本島，澎湖之名出現在漢詩也早於臺灣本島。澎湖的古典詩為臺灣古典詩之始，這是澎湖古典詩

---

〔註1〕　參見陳信雄《大員紀事十七世紀的臺灣》，國立成功大學，2003年，頁13。

在臺灣文學史上不可疑異的位置。而澎湖古典詩的創作，來自中國文人，所以其創作模式承自中國古典詩，其呈現的思想內容、文化底蘊亦承自中國，直言說，他是中國古典詩的海外延續。這就事實而論，無摻雜任何政治色彩。也因澎湖特殊的歷史、地理環境，提供文人新的書寫材料，使得澎湖古典詩別具一格，充溢著海島性格，有著冒險、神秘、詭譎、遼闊與遺世獨立的特色。

### （二）臺灣海洋文學的啟航站

漢人接觸澎湖遠早於臺灣本島，有意識的漢文化輸入，也是先經過澎湖，再前往臺灣。要談臺灣漢詩，起點在澎湖；要談海洋文學，起點也在澎湖。早在鄭經書寫海洋時，施德政的〈醉仙巖題壁〉、〈橫海歌〉，就已寫到澎湖海戰時，「舳艫百尺浪平鋪」，遼闊的海洋。此外，鄭經的〈觀滄海〉是《東壁樓集》的開端，之後才寫到臺灣本島海域，故言澎湖海洋文學是臺灣海洋文學的啟航站。

### （三）在地生根——邊陲的自在

從文石書院建立後，澎湖士子更扎實的學習，以漢詩書寫澎湖，不再是遊宦文人的專利。日治時期，前清秀才更是以漢詩來捍衛中國文化，並教導更多的後輩創作。著名的像是林介仁、陳梅峯、陳錫如、洪少陵、楊爾材等等，他們不只是塾師，同時都是著名的詩人。他們教育出來的優秀學生也接替香火，傳承漢學，像吳爾聰、陳家駒、陳春林、陳文石、陳月樵、陳春亭等都是陳梅峯的高徒，澎湖第一才女蔡旨禪曾師事陳梅峯和陳錫如，盧顯師事陳錫如，可謂百花齊放。在異時代，漢詩仍縣延不絕。戰後，吳爾聰率領澎民安然渡過二二八事件。之後新文學興盛，但是在地古典詩人，更努力透過詩作，以自己在地人的視野建構澎湖的主體性，前所未有大量題詠澎湖。從傳說、古蹟、勝景、物產、休閒、民俗、文教，到宗教信仰，無一不入詩。澎湖的美，盡在他們真誠純樸的文字裡，呈現的是世外桃源的勝景，不再是清朝、日治，那悲苦萬分的賑災詩，貧病交集，仰賴救濟的苦吟。澎湖古典詩不是「邊緣的邊緣」，而是「邊陲的自在」。

### （四）開枝散葉——繁衍於外

日治時期，「澎湖仙」名號響亮，「祖代」、「父代」詩人，陸續應聘到臺灣講授漢學，影響臺灣某些地區漢詩的發展。他們不但國學基礎甚佳，也兼

擅詩文，在臺灣創設詩社，教授詩藝，有些人更時常擔任詩文徵試的文宗、詞宗。如陳梅峯、陳錫如在高雄成立了第一個詩社，盧耀廷、洪少陵、陳春林、陳月樵、陳春亭等，對高雄漢詩發展也都有貢獻。黃南薰是「麗澤吟社」的首任社長，陳家駒是「汾津吟社」的講師，楊爾材是「樸雅吟社」的創辦人，對嘉義詩學貢獻不小。陳文石對高雄、臺南，羅山、屏東等地詩學，也都有其影響。日治初期居高雄市，後遷居東港的蕭永東，以及居潮州屏東兩地各達十餘載的陳春鵬，對屏東詩學的推動，其功不少。革命烈士歐清石，居臺南，爲活躍的律師與詩人。李漢如前進大陸，與當時名人徐世昌、梁啓超交遊；陳春亭，到廈門辦學等等。他們帶著澎湖的漢詩種子，往外播散。

## 二、建構澎湖古典詩發展史

本論文以「紀傳體史書」的體例，探討澎湖古典詩各期重要作家作品，再由個別主體析出共同的創作趨向，得以清楚地掌握澎湖古典詩發展的脈絡與內涵。

### （一）明朝

就目前所見，確信題詠澎湖的漢詩，始自明萬曆二十九年（1601）五月施德政〈醉仙巖題壁〉、〈橫海歌〉，李楊〈和施氏醉仙巖題壁韻前韻〉，描寫大軍前往澎湖，征剿倭寇的情形。天啓四年（1624）南居益〈視師中左〉二首，描寫進攻澎湖荷人賊巢之事。明朝的澎湖並不是個安穩的地方，兵事不斷，因此海角兵事，遂成題詠的材料。

之後，明末國勢衰頹，遺臣盧若騰、王忠孝等，1664年東渡臺灣。王忠孝有題詠東渡經澎湖之事；盧若騰因病留澎湖，雖無詠澎湖詩作，但是詩文集在澎流傳，古樂府創作，關懷民生的社會寫實風格影響澎湖甚深。蔡廷蘭的《請急賑歌》、林豪的《少婦哀》、《囫圇滿》、陳錫如的《澎湖荒年歌》、李漢如的《澎湖饑荒長歌行》等等，諸作精神以及用語都承自盧若騰的寫實詩作。

永曆十八年（1664）三月，鄭經東渡臺灣，經澎湖寫下〈觀滄海〉、〈駐師澎島除夜作得江字〉，既沉鬱又悲壯激昂。

### （二）清朝

清朝因為政治因素，往返臺、澎、廈頻仍，題詠澎湖的詩作明顯增多。

此期多爲遊宦文人，詩描寫渡海經驗最多。其中較特殊的是居住此地較久，對此地有著較深厚的情感，詩中不僅僅是渡海詩作，還有澎湖風土、民情書寫，關懷此地民生者，一位是創設文石書院的澎湖通判胡建偉，一是三度任文石書院山長的林豪。二位透過教育傳播詩學，使澎湖古典詩往下札根，逐漸培育不少在地文人。

### （三）日治

因爲有著清朝諸遊宦文人在澎湖的努力，澎湖遂有「海濱鄒魯」之稱。不幸乙未之變，澎湖文人科考無望，但又不願漢文化被滅，反而形成一股強大的民族意識。結社吟詩，凝聚力量，捍衛漢學，空前未有的詩人大量產生。更有不少的「澎湖仙」前往外地設帳教學，影響著該地文學。「祖代」作家，西瀛吟社第二任社長林介仁、第三任社長陳梅峯、第四任社長吳爾聰，以及陳錫如；「父代」作家，盧顯、顏其碩、蔡旨禪，詩作都有可觀處。卜居嘉義的楊爾材，著有《近樗吟草》，曾與日籍東石郡守森永信光創立樸雅吟社；曾居嘉義、屏東的陳文石，著有《漱齋詩草》，詩會擊缽，或各地徵詩時常掄元或名列前茅；曾寓臺灣北部和天津的李漢如，擔任過《臺灣日日新報》記者，主編《新學叢誌》；卜居屏東東港的蕭永東，還有洪少陵、陳家駒、陳春亭、陳月樵、陳春林等等，他們的詩作皆有可觀之處，合力爲日治時期的澎湖文學，寫下璀璨的一頁。

### （四）戰後

戰後整個臺灣以新文學爲主流，但是澎湖長青詩社「西瀛吟社」，也是全臺長青詩社，至今仍吟詩不斷，還注入了一股來自戰後隨國民政府來臺的新力量。從詩社課題，和個人創作主題，他們投入更多的焦點，觀注澎湖的一切。

## 三、澎湖古典詩主題特色

從明朝到現在，從澎湖群島到臺灣本島、中國大陸，跨越數百年的歷史，與跨越浩渺的臺灣海峽，無數的人與事發生在這群島，建構了澎湖古典詩的基本素材。筆者從五花八門的澎湖古典詩中，發現自然海洋、人文海洋、災難、澎湖八景、島上風情，是詩人多所關注的主題。

自然海洋書寫中呈現了複雜多變的海風巨浪，孫元衡渡海時，就因遇颶風而迷航。航行時還常見奇幻的海洋異象，范咸渡海時看見了海上青燐，千

千萬點閃爍海面。若遇天晴，夜晚月亮高掛海上，與潮水細波相戲，太虛一片清朗寂靜。還有絢麗的霞光映照萬波，以及風大時，如雷轟隆的濤聲，這些海上特有的景致，都深深烙印在渡海人的腦海裡。而海中生物也千奇百種，不管是在海上遇到，還是在岸上吃到，總是吸引著詩人的目光。

人類思維的元素滲入，海洋不再是單純的海洋，而是充滿人文氣息的海洋。詩人加入了自己的情感寫渡海時的感受，有的寫來豪氣、霸氣橫生，如孫元衡、錢琦；有的詩寫來豪氣中蘊涵著平和、通透的人生哲理，如胡建偉；而劉伯琛則言：「他日歸田頗足自矜炫，川淳瀆渚何嘗漚泡浮坳堂」。詩人還汲取文化的精髓，將海神祝融、陽侯、天吳、海若、天妃媽祖、水仙尊者等，加入詩中。也將神話傳說，如鮫人居海底織綃，蓬萊仙山、精衛填海、仙人乘槎，以及歷史涉海事蹟，如徐福入海求仙、田橫義士避居海島等等，援引入詩。而一趟航行，不論是為了經濟貿易，抑或是此岸航向彼岸的交通，皆需具備諸多元素，如船中的工具，帆、櫓、碇、舵、指南針、探水器、沙漏等，以及身手矯捷的亞班，掌舵的舵公等。他們各司其職，各顯其用，都成了詩人筆下鮮活的題材。海洋的生命，因詩人而更加活躍、更加精彩。

澎湖群島四面環海，特殊的地理、氣候，導致海難、旱災、風災、鹹雨災，時有所聞。俗云：「水可載舟，亦可覆舟。」當風平浪靜時，大海是一面光亮的鏡子；當颶風起時，滔天巨浪，大海是一隻可怕的猛獸，多少船隻入其腹中，不可勝數。清時，交通仰賴海運，又航海技術不如今，常發生海難。清遊宦人士多所記錄，詩中不難看到人類面對大海時的恐懼心情。而讓在地人最為生懼的是從海上潑來的鹹雨，鹹雨一下，遍地焦黑，草木盡腐，隨之而來的就是五穀欠收。本已是多風少雨，植物不易成長，遇此鹹雨，更是雪上加霜。澎民的苦，文人代為發聲，雖隔一層，卻也引起上層的關注。道光十二年（1832），周凱的賑災，蔡廷蘭作急賑歌上呈，通判蔣鏞的愛民，激盪出一段感人肺腑的史事。

世事總是一體多面，特殊的地理環境，除了引來一些災害，但也有其美好的一面。「西嶼落霞」在高拱乾修《臺灣府志》時，即被列為臺郡八景。之後，文人承襲臺郡八景的書寫，將目標轉至一地八景，澎湖在嘉慶時期也有了八景書寫。「龍門鼓浪」、「虎井澄淵」、「香爐起霧」、「奎璧聯輝」、「太武樵歌」、「案山漁火」、「天台遠眺」、「西嶼落霞」成了在地八景。此八景非全為

自然景觀，「太武樵歌」、「案山漁火」，以百姓生活形態入景，展現十足的地方色彩，更貼近這塊土地的人情。蔣鏞編纂《澎湖續編》，又新輯入「晴湖泛月」、「燈塔流輝」、「風櫃飛濤」、「大城觀日」四景。光緒七年（1881），鮑復康任澎湖通判時，據《澎湖廳志》載又增四景：「籌火宵漁」、「負箕晨牧」、「短鑱劚草」、「伐鼓毆魚」。《澎湖續編》內載四景，多為自然景觀。光緒年間的四景，全是當地居民的生活面貌，顯見文人走進這社會，認同這社會。日治時，在地文人對外聲稱澎湖八景，仍襲清朝；但是已有不少文人，開始以自己的眼光書寫自己家鄉的八景。稱清朝澎湖八景為「大八景」，另闢的稱為「小八景」。陳錫如有〈集澎山小八景〉、〈澎湖小八景（藏頭絕句八首）〉，分別是「青螺泉穴」、「風櫃飛濤」、「烏崁潮聲」、「紅埕城跡」、「小池文石」、「大嶼異花」、「通梁榕徑」、「八罩洞山」。昭和十年（1935），蔡子聘還有〈澎湖廳西嶼八景〉：「石觀音山」、「內垵白馬」、「蟳廣甘泉」、「內塹漁灯」、「牛心曉望」、「龜頭觀釣」、「煙敦晚眺」、「大池魚躍」，刊登在《詩報》，詩風格悠閒自在。戰後澎湖文人主導自己地方八景的選定，不再稱為「小八景」，而命名為「新八景」，而且詩人也各自表述心中的八景，「澎湖新八景」呈現多元面貌，熱鬧非凡。

除了八景外，島上還有諸多風情：以海為田，純樸刻苦耐勞的民風；孜孜不倦的勤學士子；擁有全台最古老的天后宮，歷史悠久的明朝古城，指引臺廈航線的西嶼燈塔；保有古風的歲時節慶；栽種土豆（花生）、薯米（地瓜）、茱瓜等抗旱農作；紋眼特殊的文石，這都是詩人青睞的題材。透過詩人妙筆，澎湖更加多彩多姿。

## 四、本研究的困境與展望

本研究針對與澎湖相關的古典詩作，所跨越的時間與空間，都非常廣泛。在從事此研究時，筆者頗感困頓的有如下數點：

（一）蒐集資料，頗為費事：有些作品可能出版了，卻被我忽略；有些作品可能是稿本，田野調查時，仍無緣以見的。囿於個人才學，一定有不少闕漏之處，這是將來必須陸續補足的地方。

（二）解讀古典詩作的困難：有些詩作使用難字、僻辭、罕見別稱、罕見名物，形成紆曲難讀的文字風格；有些則使用生僻典故以及將個人創作背景資料轉化為詩作內容，都加深閱讀的難度。

（三）作家的生卒年、事件的年代、相關議題等，常見不同說法，花費
　　　筆者相當的時間、腦力，從事考證。

（四）田野調查時，遇上子嗣已凋零，或子嗣未能妥善保管先人作品，
　　　致散佚不存，而相當沮喪。如沙港陳家三代秀才，卻未留下隻字
　　　片言。

（五）作家論部分，除筆者所選擇的作家外，實還有不少作家影響力稍
　　　弱，但作品寫得不錯，囿於個人才學與精力，只得暫時割捨，留
　　　待日後繼續努力完成。

（六）在澎湖古典詩書寫主題的歸納，囿於個人才學與精力，除筆者目
　　　前所列五項外，實還有不少可探討的主題，一樣留待日後繼續努
　　　力完成。

（七）西瀛吟社是澎湖的長青詩社，也是臺灣的長青詩社，從日治到現
　　　在，每期課題都蘊含著時代意義，其中栽培了無數的詩人，也創
　　　作無數的詩作，值得進一步深入研究。

（八）高雄壽峰吟社有許多澎湖籍詩人，值得進一部研究。囿於個人才
　　　學與精力，一樣留待日後繼續努力完成。

（九）旅臺南詩人，筆者目前僅列歐清石一人，相信還有其他詩人未被
　　　發掘，需待日後繼續努力。

　　以上諸點是筆者在此拙著後，計畫繼續努力的方向，期望能進一步為故
鄉、先賢盡一分綿薄之力。

# 徵引及參考文獻

## 一、詩文本

### （一）專書（依朝代排列，同期以刊行先後排列）

#### 甲、別集

#### 已刊行

1. 明・王忠孝：《惠安王忠孝公全集》，南投縣：臺灣省文獻委員會，1993年。

2. 明・周廷用：《八崖集》，中國科學院圖書館藏清乾隆十三年（1748）重刻本，濟南：齊魯書社，2001年。

3. 明・盧若騰著、吳島校釋：《島噫詩校釋》，臺北市：臺灣古籍出版社，2003年。

4. 清・劉家謀著、吳守禮校：《校注海音詩全卷》，臺北市：臺灣省文獻委員會，1953年。

5. 清・林豪：《誦清堂詩集》，菲律賓：大眾印書館刊行，1957年。

6. 清・丘逢甲：《嶺雲海日樓詩鈔》（第一冊戊戌稿），臺北市：臺灣銀行經濟研究室，1960年。

7. 清・陳肇興：《陶村詩稿》，臺北市：臺灣銀行經濟研究室，1962年。

8. 清・章甫：《半崧集簡編》，臺北市：臺灣銀行經濟研究室，1963年。

9. 清・陳璸著、丁宗洛編：《陳清端公（璸）詩集》，臺北市：文海出版社，1973年。

10. 清・吳德功：《瑞桃齋詩稿》，南投縣：臺灣省文獻委員會，1992年。

11. 清・孫元衡：《赤嵌集》，南投縣：臺灣省文獻委員會，1994年。

12. 清‧楊廷理：《知還書屋詩鈔》：南投縣，臺灣省文獻委員會，1996年。

13. 清‧劉家謀：《觀海集》，南投縣：臺灣省文獻委員會，1997年。

14. 清‧宋際春：《宋拓耕詩文集》，廈門：廈門大學出版社、九州出版社，2004年。

15. 清‧徐一鶚：《宛羽堂詩鈔》，光緒二年（1876）刊本。廈門：廈門大學出版社、九州出版社，2004年。

16. 清‧季麒光著、李祖基點校：《蓉洲詩文稿選輯》，上海圖書館藏康熙三十三年（1694）刻本，香港人民出版社，2006年。

17. 清‧趙翼：《甌北集》，合肥市：黃山書社，2009年。

18. 清‧楊浚：《冠悔堂詩鈔》，光緒十八年（1892）刊本福建省立圖書館館藏。

19. 清‧戴湘圃、林豪箋釋：《戴氏戒潞詩》三十首。（筆者所見為吳爾聰所珍存）

20. 伊藤貞次郎：《劍潭餘光》，東京：株式會社東京築地活版製造所，1914年7月。

21. 陳錫如：《留鴻軒詩文集附女地子詩鈔》（上、中、下卷），高雄市：苓洲吟社刊行，1927年12月。

22. 久保天隨：《澎湖遊草》，1933年自刊本。

23. 楊爾材：《近樗吟草》，嘉義縣：近樗草堂刊行，1953年9月。

24. 陳文石：《漱齋詩草》，屏東縣：1965年刊本。

25. 顏其碩：《陋巷雜草》，臺北縣：龍文出版社，1969年10月。

26. 蔡旨禪：《旨禪詩畫集》，澎湖縣：1977年。

27. 黃南薰、黃光品：《西園吟草》，鳳山市：延平印刷廠，1974年5月。

28. 吳克文：《藻卿吟草》，澎湖縣：澎湖縣西瀛吟詩會，1984年11月。（附於《慶祝西瀛吟社創立八十週年紀念特刊》第三集之末）

29. 賴潤輝：《梅山吟草》，澎湖縣，澎湖縣西瀛吟詩會，1984年11月。（附於《慶祝西瀛吟社創立八十週年紀念特刊》第三集之末）

30. 吳剛：《彩元吟草》，澎湖縣：澎湖縣西瀛吟詩會，1984年11月。（附於《慶祝西瀛吟社創立八十週年紀念特刊》第三集之末）

31. 鄭獲義、鄭洪月嬌：《鄭獲義畫集‧鄭洪月嬌詩集合編》，高雄市：福澤慈善事業基金會發行，1994年12月。

32. 賴潤輝：《賴潤輝先生詩文集》，澎湖縣，賴立銘、賴立德、賴美芳出版，1997年5月。

33. 許保富：《杏園雜草》，手稿影印刊本，1993年。（許玉河先生提供）

34. 陳鼎盛：《退思軒吟草》，澎湖縣：澎湖文化中心，1999年。

35. 許成章：《許成章作品集 2——正名室詩存》，高雄市：春暉出版社，2000年。

36. 洪東碧：《賞霞山莊吟草》，澎湖縣：澎湖文化局，2001 年。

37. 張達修：《醉草園詩集（上）》，臺北縣：龍文出版社，2006 年 6 月。

**未刊稿**

1. 林介仁：《林介仁先生佳作對聯》，手稿本。（許玉河先生提供）

2. 蕭永東：《蕭永東先生遺稿》，手稿本。（蕭永東先生子嗣提供給胡巨川先生影印）

3. 盧耀廷：《盧耀廷先生遺稿》，手稿本。（洪東碧先生提供）

4. 吳爾聰：《澎湖吳爾聰先生生平暨詩聯集》，手稿本。（吳爾聰先生子嗣捐贈澎湖文化中心，澎湖文化中心主任秘書洪敏聰先生借閱）

5. 吳克文：《大陸旅遊詩百首》，手稿本。（陳信雄教授提供）

**乙、合集**（詩集作者皆為澎湖人，籍隸澎湖或出生澎湖。依出版年代排列）

1. 澎湖文獻委員會編：《西瀛吟社擊鉢課題詩集》，手稿本。（辛丑年元旦至癸卯年擊鉢課題，許保富藏本，許玉河先生提供）

2. 澎湖文獻委員會編：《西瀛詩叢》（第一集），澎湖縣：澎湖縣文獻委員會刊，1973 年 5 月。

3. 一新社樂善堂編：《覺悟選新》（共六部），澎湖縣：一新社樂善堂出版，1978 年。

4. 澎湖文獻委員會編：《西瀛詩叢》（第二集），澎湖縣，澎湖縣文獻委員會刊，1981 年 5 月。

5. 澎湖池東國小編：《澎湖池東國民小學創校八十週年校慶專輯・校友詩文集》，澎湖縣：澎湖池東國小出版，1983 年 5 月。

6. 一新社樂善堂編：《聖真大會雅集》（第三卷），澎湖縣：一新社樂善堂，1983 年。

7. 澎湖文獻委員會編：《慶祝西瀛吟社創立八十週年紀念特刊》（第三集），澎湖縣：澎湖縣西瀛吟詩會刊，1984 年 11 月。

8. 澎湖縣西瀛吟社編：《澎湖縣慶祝民國七十八年己巳詩人節暨西瀛吟社創立八十五週年紀念全國詩人大會專輯》（《西瀛詩叢》第四集），澎湖縣：澎湖縣西瀛吟詩會、澎湖縣立文化中心刊，1989 年 5 月。

9. 澎湖縣西瀛吟社編：《澎湖縣慶祝西瀛吟社創立九十週年紀念全國詩人大會專輯》（《西瀛詩叢》第五集），澎湖縣：澎湖縣西瀛吟社、澎湖縣立文化中心刊，1994 年 6 月。

10. 陳鼎盛、陳國彥著：《澎湖之美：百題唱和詩文集》，澎湖縣：澎湖縣文化局，2000 年 4 月。

11. 陳鼎盛、陳國彥著：《菊島之美：百題唱和詩文集》，澎湖縣：澎湖縣文化局，2002 年 5 月。

12. 澎湖縣西瀛吟社編：《西瀛吟社詩穗百年慶專輯》，澎湖縣：澎湖縣西瀛吟社刊，2005 年 9 月。

**丙、選集**（部分作家爲澎湖人，或與澎湖相關詩作。依出版年代排列）

1. 尾崎秀眞輯：《鳥松閣唱和集》，台北府：臺灣日日新報社，1906 年。

2. 旗津吟社編：《旗津吟社徵詩集》：高雄市：旗津吟社刊行，1922 年。

3. 苓洲吟社編：《高雄苓洲吟社徵詩初集》：高雄市：苓洲吟社刊行，1931 年 1 月。

4. 林欽賜編輯：《瀛洲詩集》：臺北市：林欽賜發行，1933 年 2 月。

5. 連橫編：《臺灣詩薈》，臺北市：臺灣銀行經濟研究室，1960 年。

6. 壽峰詩社編：《壽峰詩社詩集》，高雄市：王天賞，1964 年。

7. 林文龍編：《臺灣詩錄拾遺》，南投縣：臺灣省文獻委員會，1979 年。

8. 高雄市文獻委員會編：《高雄市古今詩詞選》，高雄市：高雄市文獻委員會，1983 年。

9. 連橫編：《臺灣詩薈》，南投市：臺灣省文獻委員會，1992 年。

10. 施懿琳等編撰：《全臺詩》（一至十二冊），臺南市：國家臺灣文學館，2004 年。

11. 賴子清編：《臺灣詩醇》，臺北縣：龍文出版，2006 年。

12. 賴子清編：《臺灣詩海》，臺北縣：龍文出版，2006 年。

13. 曾朝枝（笑雲）：《東寧擊缽吟前集》，臺北縣：龍文出版，2006 年。

14. 曾朝枝（笑雲）：《東寧擊缽吟後集》，臺北縣：龍文出版，2006 年。

15. 賴柏舟編：《鷗社藝苑四集》，臺北縣：龍文出版社，2009 年 3 月。

**（二）方志之藝文志**（依朝代排列）

1. 清·高拱乾纂：《臺灣府志》，北京市：中華書局影印版，1985 年 5 月。

2. 清·周元文纂：《重修臺灣府志》，臺北市：臺灣銀行經濟研究室，1960 年 7 月。

3. 清·陳文達等編纂：《臺灣縣志》，臺北市：臺灣銀行經濟研究室，1961 年 5 月。

4. 清·劉良璧纂輯：《重修福建臺灣府志》，臺北市：臺灣銀行經濟研究室，1961 年。

5. 清·范咸：《重修臺灣府志》，北京市：中華書局影印版，1985 年 5 月。

6. 清·范咸：《重修臺灣府志》，臺北市：臺灣銀行經濟研究室，1961 年 5 月。

7. 清・王必昌纂輯:《重修臺灣縣志》,臺北市:臺灣銀行經濟研究室,1961年11月。

8. 清・余文儀纂:《續修臺灣府志》,臺北市:臺灣銀行經濟研究室,1962年4月。

9. 清・胡建偉纂輯:《澎湖紀略》,臺北市:臺灣銀行經濟研究室,1961年7月。

10. 清・謝金鑾、鄭兼才合纂:《續修臺灣縣志》,臺北市:臺灣銀行經濟研究室,1962年6月。

11. 清・李元春輯:《臺灣志略》,臺北市:臺灣銀行經濟研究室,1958年10月。

12. 清・周凱纂輯:《廈門志》,臺北市:臺灣銀行經濟研究室,1961年1月。

13. 清・蔣鏞輯:《澎湖續編》,臺北市:臺灣銀行經濟研究室,1961年。

14. 清・陳壽祺纂、魏敬中重纂:《福建通志臺灣府》,臺北市:臺灣銀行經濟研究室,1960年8月。

15. 清・林焜熿纂輯:《金門志》,臺北市:臺灣銀行經濟研究室,1960年10月。

16. 清・周鍾瑄:《諸羅縣誌》,臺北市:臺灣銀行經濟研究室,1962年6月。

17. 清・董天工:《臺海見聞錄》,臺北市:臺灣銀行經濟研究室,1961年。

18. 清・薛紹元纂:《臺灣通志》,臺北市:臺灣銀行經濟研究室,1962年5月。

19. 清・林豪纂輯:《澎湖廳志》,臺北市:臺灣銀行經濟研究室,1963年6月。

20. 陳炎正等編:《豐原市志》,臺中縣:豐原市志編輯委員會,1986年。

## (三)報章雜誌

1. 《臺灣新報》、《臺灣日日新報》、《漢文臺灣日日新報》、《台南新報》、《詩報》、《南方》、《東津詩源旬報》、《風月報》、《三六九小報》、《鯤南詩苑》。

## 二、古籍 (依朝代排列,同朝代者則以出版先後排列)

1. 周・老子著、臺灣開明書店編譯部正話:《老子正詁》,臺灣開明書店印行,1996年臺六版。

2. 東周・莊子著、郭慶藩集釋:《莊子集釋》,臺北市:華正書局,1985年。

3. 東周・列禦寇:《列子》,臺北市:金楓出版社,1998年。

4. 袁珂校注：《山海經校注》，臺北市：里仁書局，1982 年。

5. 西漢・司馬遷著、瀧川龜太郎會注考證：《史記會注考證》，臺北縣：漢京文化，1983 年。

6. 晉・干寶：《搜神記》，臺北市：里仁書局，1982 年。

7. 南朝宋・劉義慶著、余嘉錫箋疏：《世說新語箋疏》，臺北市：華正書局，1991 年。

8. 南朝・劉勰著、王更生注譯：《文心雕龍讀本》（上篇），臺北市：文史哲出版社，1983 年。

9. 唐・房喬等撰：《晉書》，影印本，臺北市：臺灣商務印書館，1988 年臺六版。

10. 宋・蘇軾：《蘇東坡全集》，臺北市：河洛出版社，1975 年。

11. 宋・沈括：《夢溪筆談》，北京市：中華書局，1985 年。

12. 明・張煌言：《張蒼水集》，四明叢書約園刊本，臺北市：國防研究院出版，1966 年。

13. 明・董應舉編：《崇相集選錄》，臺北市：臺灣銀行經濟研究室，1967 年。

14. 明・王起宗、張燮：《東西洋考》，臺北市：西南書局，1973 年。

15. 明・王直：《抑菴文集》（卷十一），上海市：上海古籍出版社，1991 年 11 月。

16. 明・呂坤撰：《呂新吾先生去偽齋文集》，臺南縣：莊嚴文化，1997 年。

17. 清・黃叔璥：《臺海使槎錄》，臺北市：臺灣銀行經濟研究室，1957 年。

18. 清・藍鼎元：《東征集》，臺北市：臺灣銀行經濟研究室，1958 年。

19. 清・郁永河：《裨海紀遊》，臺北市：臺灣銀行經濟研究室，1959 年。

20. 清・夏獻綸撰：《臺灣輿圖》，臺北市：臺灣銀行經濟研究室，1959 年。

21. 清・蔡廷蘭：《海南雜著》，臺北市：臺灣銀行經濟研究室，1959 年 6 月。

22. 清・周凱：《內自訟齋文選》，臺北市：臺灣銀行經濟研究室，1960 年 5 月。

23. 清・杜臻：《澎湖臺灣紀略》，臺北市：臺灣銀行經濟研究室，1961 年 5 月。

24. 清・林謙光：《臺灣紀略附澎湖》，臺北市：臺灣銀行經濟研究室，1961 年 5 月。

25. 清・周于仁、胡格纂：《澎湖志略》，臺北市：臺灣銀行經濟研究室，1961 年 5 月。

26. 清・六十七：《使署閒情》，南投縣：臺灣省文獻委員會，1961 年。

27. 清・陳衍：《臺灣通紀》，臺北市：臺灣銀行經濟研究室，1961 年 8 月。

28. 清・周鍾瑄：《諸羅縣志》，臺北市：臺灣銀行經濟研究室，1962 年。

29. 清・周璽：《彰化縣志》，臺北市：臺灣銀行經濟研究室，1962 年。

30. 清・陳衍：《福建通志列傳選》，臺北市：臺灣銀行經濟研究室，1963 年。

31. 清・丁宗洛編：《陳清端公年譜》，臺北市：臺灣銀行經濟研究室，1964 年。

32. 清・諸家：《臺灣輿地彙鈔》，臺北市：臺灣銀行經濟研究室，1965 年 9 月。

33. 清・諸家：《碑傳選集》，臺北市：臺灣銀行經濟研究室，1966 年 3 月。

34. 清・諸家：《清耆獻類徵選稿》，臺北市：臺灣銀行經濟研究室，1967 年 4 月。

35. 清・沈定均等纂：《漳州府志》，臺北市：臺灣銀行經濟研究室，1967 年 7 月。

36. 清・郭賡武等重修：《泉州府志》，臺北市：臺灣銀行經濟研究室，1967 年 8 月。

37. 清・蔣毓英：《臺灣府志》，北京市：中華書局影印版，1985 年 5 月。

38. 清・聖祖御定：《全唐詩》（第一冊），臺北市：文史哲出版，1987 年。

39. 清・陳培桂：《淡水廳志》，臺北市：臺灣銀行經濟研究室，1993 年。

40. 清・孫元衡：《赤嵌筆談》，南投縣，臺灣省文獻委員會，1994 年。

41. 清・林樹梅：《歗雲山人文鈔》，臺北市：文听閣圖書有限公司，2007 年。

## 三、今人著作 (依出版年代排列)

### （一）相關史料、方志等

1. 臺灣總督府編：《臺灣人士鑑》，臺灣新民報社，1934 年。

2. 魏潤庵：《潤庵吟草》，1952 年刊行。

3. 陳正祥編修：《澎湖縣誌》，澎湖縣：澎湖縣政府出版，1955 年。

4. 國立中央研究院歷史語言研究所編輯：《明清史料》，上海市：商務館印行，1957 年。

5. 連橫：《劍花室詩集》：臺北市：臺灣銀行經濟研究室，1960 年。

6. 李紹章編修：《澎湖縣志》，澎湖縣：澎湖縣政府出版，1960 年。

7. 許南英：《窺園留草》，臺北市：臺灣銀行經濟研究室，1962 年。

8. 傅錫祺：《櫟社沿革志略》，臺北市：臺灣銀行經濟研究室，1963 年。

9. 連橫：《雅堂文集》，臺北市：臺灣銀行經濟研究室，1964 年。

10. 臺灣銀行經濟研究室編：《臺灣輿地彙鈔》，臺北市：臺灣銀行經濟研究室，1965 年。

11. 張默予編纂：《澎湖縣誌》，澎湖縣：澎湖縣文獻委員會，1972 年。

12. 張炳楠監修、李汝和等修：《臺灣省通志・卷五教育志文化事業篇》，南投縣：臺灣省文獻委員會，1973 年。

13. 張李德和、賴子清編纂：《嘉義縣志・學藝志》，嘉義縣：嘉義縣政府，1976 年 2 月。

14. 許神會編纂：《白沙鄉志》，澎湖縣：白沙鄉公所，1977 年。

15. 連橫：《臺灣通史》，臺北市：眾文圖書公司，1979 年。

16. 曹永和：《臺灣早期歷史研究》，臺北市：聯經出版社，1979 年 7 月。

17. 蔡立平：《澎湖通史》，臺北市：眾文圖書公司，1979 年。

18. 照史：《高雄人物評述》（第一輯），高雄市：春暉出版社，1983 年。

19. 杉山靖憲：《臺灣名勝舊蹟誌》，臺北市：成文出版社，1985 年重刊本。

20. 杉山靖憲：《澎湖を古今に渉りて》，臺北市：成文出版社，1985 年重刊本。

21. 紀雙抱書：《紀經才墨寶專輯》，澎湖縣：澎湖縣立文化中心，1985 年。

22. 陳信雄：《澎湖宋元陶瓷》，澎湖縣：澎湖縣立文化中，1985 年。

23. 藍田書院濟化堂編：《藍田書院濟化堂三十週年堂慶全國詩人大會特刊》，南投縣：藍田書院濟化堂，1990 年。

24. 伊能嘉矩著、江慶林等譯：《臺灣文化志》（中譯本），南投縣：臺灣省文獻委員會，1991 年。

25. 黃富三、陳俐甫編：《霧峰林家之調查與研究》，臺北縣：林本源中華文化教育基金會，1991 年。

26. ang Cheng-hwa: "Archaeology of The P'eng-Hu Islands", Taipei: Institute of History and Philology, Academia Sinica, l992.

27. 章巽主編：《中國航海科技史》，北京市：海洋出版社，1991 年。

28. 施士洁：《後蘇龕合集》，臺北縣：龍文出版社，1992 年。

29. 陳逢源：《溪山煙雨樓詩存》，臺北縣：龍文出版社，1992 年。

30. 金門縣立社會教育館編輯：《金門縣志》，金門縣：金門縣政府民政局，1992 年。

31. 陳信雄：《越窯在澎湖：五代十國時期大量越窯精品的發現》，臺南市：文山出版，1994 年。

32. 伊能嘉矩著、楊南郡譯註：《臺灣踏查日記》，臺北市：遠流出版社，1996 年 11 月。

33. 趙汝适：《諸蕃志》，南投縣：臺灣省文獻委員會，1996 年。

34. 洪國雄：《鹹水煙下的澎湖植物》，澎湖縣：澎湖縣立文化中心，1997 年 12 月。

35. 蔡主賓：《蔡廷蘭傳》，南投縣：臺灣省文獻委員會，1998 年。

36. 王曉波編：《台胞抗日文獻選》，臺北市：海峽學術出版社，1998 年。

37. 水電部水管司科技司等編：《清代浙閩臺地區諸流域洪澇檔案史料》，臺北市：中華書局，1998 年。

38. 高啓進：《西瀛人物志》，澎湖縣：澎湖縣立文化中心，1999 年。

39. 上海古籍出版社編：《漢魏六朝筆記小說大觀》，上海市：上海古籍社，1999 年。

40. 李世偉：《日據時代臺灣儒教的結社與活動》，臺北市：文津出版社，1999 年。

41. 林獻堂著、許雪姬等註解：《灌園先生日記》，臺北市：中央研究院臺灣史研究所籌備處，2000 年。

42. 曹永和：《臺灣早期歷史研究續集》，臺北市：聯經出版社，2000 年 10 月。

43. 楊彥杰：《荷據時代臺灣史》，臺北市：聯經出版社，2000 年 10 月。

44. 戴寶村：《近代臺灣海運發展——戎克船到長榮巨舶》，臺北市：玉山社，2000 年 12 月。

45. 湯錦台：《大航海時代的臺灣》，臺北市：貓頭鷹，2001 年 12 月。

46. 紀麗美：《澎湖人文景觀專輯》，澎湖縣：澎湖縣文化局出版，2001 年 12 月。

47. 郭金龍等撰述，施添福總編纂：《臺灣地名辭書·卷六澎湖縣》，南投市：臺灣文獻館，2002 年 6 月。

48. 國家圖書館編：《臺灣歷史人物小傳——明清暨日據時期》，臺北市：國家圖書館，2003 年 12 月。

49. 許雪姬總策畫：《臺灣歷史辭典》，臺北市：行政院文化建設委員會，2004 年。

50. 劉敬等纂修：《金門縣志》，北京市：九州出版發行，2004 年。

51. 高啓進、陳益源、陳英俊：《開澎進士蔡廷蘭與《海南雜著》》，澎湖縣：澎湖縣文化局，2005 年。

52. 許雪姬總編纂：《續修澎湖縣志》，澎湖縣：澎湖縣政府，2005 年。

53. 陳鼎盛、陳國彥：《西瀛之美：百題百調唱和詞文集》，澎湖縣：澎湖縣文化局，2005 年 2 月。

54. 李良輝、曾清涼：《澎湖群島島嶼數量委託清查計畫》，澎湖縣：澎湖縣

政府，2005 年 12 月。

55. 林文鎮編著：《吉貝石滬記憶圖像》，澎湖縣：澎湖采風文化學會，2006年。

56. 陳益源：《蔡廷蘭及其《海南雜著》》，臺北市：里仁書局，2006 年。

57. 鄭紹裘：《懷古述舊話澎湖》，澎湖縣：澎湖縣政府文化局，2007 年再版。

58. 林正三總編纂、許惠玟執行編輯：《瀛社會志》，臺北市：文史哲出版社，2008 年 10 月。

59. 林友笛著、鄭定國主編：《林友笛詩文集》，臺北市：文史哲出版社，2008年。

## （二）相關文學理論與文學批評等

1. 彭國棟撰：《廣臺灣詩乘》，臺北市：臺灣文獻委員會，1956 年。

2. 黃慶萱：《修辭學》，臺北市：三民書局，1975 年。

3. 陳香：《臺灣竹枝詞選集》，臺北市：臺灣商務印書館，1983 年。

4. Harold Bloom 原著，徐文博譯：《影響的焦慮》，臺北市：久太出版，1990年。

5. 劉登翰等編：《臺灣文學史》，福州市：海峽文藝出版社，1991 年。

6. 黃得時：《評論集》，臺北縣：臺北縣立文化中心出版，1993 年。

7. 文崇一：《歷史社會學——從歷史中尋找模式》，臺北市：三民書局，1995 年 11 月。

8. 沈謙：《修辭學》，臺北市：國立空中大學出版，1995 年。

9. 施懿琳、許俊雅、楊翠：《臺中縣文學發展史》，臺中縣：臺中縣文化局，1995 年。

10. 陳昭瑛：《臺灣詩選注》，臺北市：正中書局，1996 年。

11. 陳捷：《清代臺灣方志研究》，臺北市：臺灣學生書局，1996 年。

12. 翁聖峰：《清代臺灣竹枝詞之研究》，臺北市：文津出版社，1996 年 4 月。

13. 江寶釵：《嘉義地區古典文學發展史》，嘉義市：嘉義市立文化中心，1998 年。

14. 廖一瑾（雪蘭）：《臺灣詩史》，臺北市：文史哲出版社，1999 年 8 月。

15. 江寶釵：《臺灣古典詩面面觀》，臺北市：巨流圖書公司，1999 年 12 月。

16. 李漢偉：《樸雅吟社研究》（八十八年國科會專題研究）。

17. 施懿琳：《從沈光文到賴和——臺灣古典文學的發展與特色》，高雄市：春暉出版社，2000 年。

18. 鄭炯明編：《逆浪淘沙的台語先覺：許成章作品學術研討會論文集》，高雄市：春暉出版社，2000 年。

19. 張夢機主編：《冰心玉壺──絕句賞析》，臺北市：成陽，2000 年 10 月。

20. 張夢機主編：《世事波舟──古體詩賞析》，臺北市：成陽，2000 年 12 月。

21. 葉連鵬：《澎湖文學發展之研究》，澎湖縣：澎湖縣文化局，2001 年。

22. 陳永源主編：《澎湖海域將軍一號沈船水下考古展專輯》，臺北市：國立歷史博物館，2001 年 11 月。

23. 謝崇耀：《清代臺灣宦遊文學研究》，臺北市：蘭臺，2002 年 3 月。

24. 劉麗卿：《臺灣八景與八景詩》，臺北市：文津出版社，2002 年。

25. 陳春城：《臺灣古典詩析賞》，臺北市：河畔，2004 年。

26. 施懿琳：《傳統漢詩卷》，臺北市：玉山社，2004 年 6 月。

27. 黃美娥：《重層現代性鏡像──日治時代臺灣傳統文人的文化視域與文學想像》，臺北市：麥田出版社，2004 年。

28. 王德威編：《臺灣：從文學看歷史》，臺北市：城邦文化，2005 年。

29. 蘇碩斌：《看不見與看得見的臺北》，臺北縣：左岸文化，2005 年。

30. Paul Cloke Philip Crang Mark Goodwin 編，王志弘等譯：《人文地理概論》，臺北市：巨流，2006 年。

31. 林正三、李知灝、吳東晟輯錄：《臺灣近百年詩話輯》，臺北市：文史哲出版社，2006 年。

32. 陳香編：《多采多姿的竹枝詞》，臺北市：臺灣商務印書館，2006 年 5 月。

33. 蕭瓊瑞：《認同與懷鄉──臺灣方志八景圖研究》，臺北市：典藏藝術家庭，2006 年。

34. 李元洛：《詩美學》，臺北市：東大書局，2007 年。

35. 廖振富：《臺灣古典文學的時代刻痕──從晚清到二二八》，臺北市：國立編譯館出版，2007 年 7 月。

36. 龔師顯宗教授：《從臺灣到異域：文學研究論稿》，臺北市：文津出版社，2008 年。

## 四、單篇論文

1. 林茂生：〈跋歐清石先生的獄中吟〉，《政經報》第 1 卷第 4 號，民國 34 年（1945）12 月 10 日。

2. 莊東：〈尊孔良模〉，《建國日報》，民國 45 年（1956）11 月 20 日星期二，第四版。

3. 黃文藻:〈澎湖耆彥吳爾聰先生傳略〉,《建國日報》,民國 45 年〔1956〕11 月 20 日星期二,第四版。

4. 賴子清:〈古今臺灣詩文社(二)〉,《臺灣文獻》第 10 卷第 3 期,1959 年 9 月。

5. 陳漢光:〈臺灣八景演變〉,《觀光》(季刊),創刊號,台北:1964 年。

6. 毛一波:〈盧若騰的南澳詩〉,刊於《中央日報》第九版,民國 59 年〔1970〕10 月 23 日。

7. 吳言:〈盧若騰的澎湖詩〉,刊於《中央日報》第九版,民國 59 年〔1970〕10 月 29 日。

8. 洪炎秋:〈臺灣教育演進史略〉,收於《中原文化與臺灣》,臺北市:臺北市文獻委員會,1971 年。

9. 莊東:〈摭談澎湖八景與詩〉,《臺灣文獻》第 26 卷第 4 期與第 27 卷第 1 期合刊,1976 年 3 月。

10. 施鈺:《臺灣別錄》(原有兩卷,現僅存卷二),《臺灣文獻》第 28 卷第 3 期,1977 年 6 月。

11. 王世慶:〈蔡牽〉,《台北文獻》直字第 64 期,1983 年 3 月。

12. 冉欲達:〈影物描寫的三元素——形、色、聲〉,遼寧大學學報,1985 年 1 月。

13. 萬可經:〈澎湖抗日烈士歐清石〉,收於《臺灣光復四十週年澎湖專輯》,澎湖縣政府編,1985 年 10 月 25 日。

14. 任葵:〈臺灣八景以及高拱乾的題詠〉,《文史知識》第 5 期,1990 年。

15. 岑雪葦:〈論文學形象與內部語言的共生關係〉,杭州大學學報,1992 年 2 月。

16. 趙代君:〈論文學語言的特徵〉,南京師大學報,1992 年 4 月。

17. 高萬雲:〈漢語詩歌的語法學研究〉,河北師大學報,1993 年 2 月。

18. 唐松波:〈漢語傳統詩歌的語言風格〉,修辭學習,1993 年 3 月。

19. 劉煥輝:〈含蓄風格的語言學分析〉,南昌大學報,1994 年 1 月。

20. 康原:〈文學作品的地方特色與精神傳承〉,收於《鄉土與文學:臺灣地區區域文學會議實錄》,臺北市:文訊雜誌出版,1994 年。

21. 王浩威:〈地方文學與地方社群認同〉,收入《鄉土與文學:臺灣地區區域文學會議實錄》,臺北市:文訊雜誌出版,1994 年。

22. 竺家寧:〈語言風格學之觀念與方法〉,紀念程旨雲先生百年誕辰學術研討會論文集,1994 年 5 月。

23. 黎活仁:〈秋的時間意識在中國文學的表現——日本漢學界對於時間意識研究的貢獻〉:《漢學研究之回顧與前瞻》,北京市:中華書局出版,

1995 年。

24. 竺家寧：〈析論古典詩歌中的韻律〉，收於《兩岸暨港新中小學國語文教學國際研討會論文集》，1995 年 6 月。

25. 陳信雄：〈澎湖歷史發展的獨特性——獨特的歷史分期與特性〉，《硓𥑮石》第 1 期，1995 年 12 月。

26. 許雪姬：〈二二八事件在澎湖〉，《西瀛風物》創刊號，1996 年 6 月。

27. 鄭紹裘：〈清代媽宮舉人——曾祖父鄭步蟾（下）〉，《硓𥑮石》第 5 期，1996 年 12 月。

28. 姜裴德：〈畫可以怨否？《瀟湘八景》與北宋謫遷詩畫〉，《國立臺灣大學美術史研究集刊》第 4 卷，1997 年 3 月。

29. 鄭紹裘：〈被遺忘的澎湖抗日烈士——歐清石〉，《硓𥑮石》第 6 期，1997 年 3 月。

30. 趙炳祥：〈乘槎傳說的文化史意義考察〉，《新疆師範大學學報》（哲學社會科學版），第 1 期，1997 年。

31. 蔡丁進：〈唐朝時的澎湖——論施肩吾「島夷行」一詩〉，《當代澎湖建設與史蹟》，1997 年 6 月。

32. 宋光宇：〈解讀清末在臺灣撰作的善書《覺悟選新》〉，《硓𥑮石》第 7 期，1997 年 6 月。

33. 鄭喜夫：〈八閩通志關於澎湖之記載——兼介元代彭湖巡檢陳信惠傳二篇〉，《硓𥑮石》第 7 期，1997 年 6 月。

34. 日治時期澎湖廳官方出版、魏廷朝譯：〈《澎湖事情》第二冊之三〉，《硓𥑮石》第 11 期，1998 年 6 月。

35. 日治時期澎湖廳官方出版、魏廷朝譯：〈《澎湖事情》第二冊之四〉，《硓𥑮石》第 12 期，1998 年 9 月。

36. 鄭紹裘：〈日治時期馬公國校憶往〉，《硓𥑮石》第 12 期，1998 年 9 月。

37. 陳耀明：〈澎湖黃氏一門三秀——黃步梯、黃濟時、黃欽明〉，《硓𥑮石》季刊第 15 期，1999 年 6 月。

38. 鄭志明：〈臺灣儒學本土化的發展方向〉，收於《第二屆臺灣儒學國際學術研討會論文集》，國立成功大學中文系，1999 年。

39. 方豪：〈臺灣詩人對大陸的懷念〉，收於《方豪教授臺灣史論文選集》，臺北市：捷幼出版社，1999 年。

40. 高志彬：〈清修臺灣方志譯文篇述評〉，收於《臺灣古典文學與文獻》，臺北市：文津出版社，1999 年。

41. 日治時期澎湖廳官方出版、魏廷朝譯：〈《澎湖事情》第三冊之一〉，《硓𥑮石》第 17 期，1999 年 12 月。

42. 葉振輝：〈中法戰爭澎湖之役〉，《硓𥑮石》第 20 期，2000 年 9 月。

43. 李玉珍：〈出家入世——戰後臺灣佛教女性僧侶生涯之變遷〉，《回顧老臺灣、展望新故鄉——臺灣社會文化變遷學術研討會論文集》，國立臺灣師範大學歷史學系，2000 年 9 月。

44. 葉振輝：〈乙未中日戰爭澎湖之役〉，收於《南臺灣鄉土文化學術研討會論文集》，國立中正大學歷史學系暨研究所，2000 年 9 月。

45. 楊永彬：〈日本領臺初期日臺官紳詩文唱和〉，收於若林正文、吳密察主編：《臺灣重層近代化論文集》，臺北市：播種文化有限公司，2000 年。

46. 葉連鵬：〈澎湖女人臺灣牛——文學作品的考察〉，《硓𥑮石》第 22 期，2001 年 3 月。

47. 葉振輝：〈乙未中日戰爭澎湖之役〉，《硓𥑮石》第 22 期，2001 年 3 月。

48. 楊式昭：〈澎湖海域清代沈船將軍一號發掘的歷史意義〉，收於陳永源主編：《澎湖海域將軍一號沈船水下考古展專輯》，臺北市：國立歷史博物館，2001 年 11 月。

49. 吳品賢〈花無才思不如伊——澎湖才女蔡旨禪及其詩作探究〉，《臺灣人文》第 6 號，2001 年 12 月。

50. 胡巨川：〈澎湖縣詩社淺探〉，《硓𥑮石》第 26 期，2002 年 3 月。

51. 井原伊三太郎編、鄭紹裘譯：《澎湖島大觀（一)》，《硓𥑮石》第 26 期，2002 年 3 月。

52. 徐慧鈺：〈林豪之澎湖經歷初探——三任文石書院山長〉，收於《澎湖研究第一屆學術研討會論文輯》，澎湖縣：澎湖縣文化局，2002 年 4 月。

53. 葉振輝：〈1683 年鄭清澎湖之役勝敗分析〉，收於《澎湖研究第一屆學術研討會論文輯》，澎湖縣：澎湖縣文化局，2002 年 4 月。

54. 翁佳音：〈「荷蘭時代臺灣史」中的澎湖〉，《澎湖研究第一屆學術研討會論文輯》，澎湖縣：澎湖縣文化局，2002 年 4 月。

55. 井原伊三太郎編、鄭紹裘譯：《澎湖島大觀（二)》，《硓𥑮石》第 27 期，2002 年 6 月。

56. 井原伊三太郎、鄭紹裘譯：〈澎湖島大觀（三)〉，《硓𥑮石》第 28 期，2002 年 9 月。

57. 葉振輝：〈乙未中日戰爭澎湖之役〉，《硓𥑮石》第 28 期，2002 年 9 月。

58. 葉連鵬：〈詩中之彩——從文學色彩學理論觀蔡旨禪古典詩作之用色意涵〉，《硓𥑮石》第 28 期，2002 年 9 月。

59. 坂井一郎、何聰明譯：〈1930 年的澎湖廳〉，《硓𥑮石》第 30 期，2003 年 3 月。

60. 胡巨川：〈澎湖縣詩社再探〉，《硓𥑮石》第 30 期，2003 年 3 月。

61. 胡巨川：〈小泉政以及其《盜泉詩稿》析論〉，收錄於東海大學中國文學系編：《日治時期臺灣傳統文學論文集》，臺北市：文津出版社，2003年。

62. 葉連鵬：〈斷裂？！再生——日治時期澎湖古典文學發展析論〉，《文化研究月報》第 25 期，2003 年 3 月。

63. 戴寶村：〈海洋史視野下的澎湖〉，收於《世界海洋 vs.澎湖群島系列講座實錄》，臺南市：國立臺灣歷史博物館籌備處，2004 年。

64. 森岡緣：〈文化表象的《游草》——臺北帝國大學教授久保天隨之「大東亞」旅遊及其詩〉，收於哥倫比亞大學東亞系、哈佛大學東亞系，及蘇州大學中文系共同主辦《文學行旅與世界想像——第三屆國際青年學者漢學會議》，2005 年 6 月。

65. 柳書琴：〈「新東亞」共同體的歧義演繹：以戰爭期臺灣漢文文藝誌《風月報》、《南方》爲例〉一文（行政院國家科學委員會專題研究計畫成果報告，執行期間：2004 年 8 月 1 日至 2005 年 7 月 31 日。）

66. 井田麟鹿著、林有忠譯：〈澎湖風土記（上）〉，《硓𥑮石》第 40 期，2005 年 9 月。

67. 吳青霞：〈道光十二年（1832）澎湖一場生命的交會——以周凱、蔡廷蘭等賑災詩爲討論中心〉，《硓𥑮石》第 40 期，2005 年 9 月。

68. 潘朝陽：〈文化地理觀點中的海洋與文化〉，《海洋文化學刊》創刊號，2005 年 12 月。

69. 林耀潾：〈在邊緣的邊緣實踐——以清代臺灣澎湖文石書院山長林豪爲例的研究〉，《成大中文學報》第 13 期，2005 年 12 月。

70. 井田麟鹿著、林有忠譯：〈澎湖風土記（中）〉，《硓𥑮石》第 41 期，2005 年 12 月。

71. 井田麟鹿著、林有忠譯：〈澎湖風土記（下）〉，《硓𥑮石》第 42 期，2006 年 3 月。

72. 「風櫃尾荷蘭城堡」相關資料：《澎湖時報》，2006 年 8 月 13 日。

73. 廖振富：〈清代臺灣古典詩中的渡海經驗〉，《第二屆台北學國際學術研討會論文集》，臺北市：臺北市文獻委員會，2006 年 10 月。

74. 田啓文、歐純純：〈清代方志對南臺灣景觀的書寫——巳傳統漢詩爲研究對象〉，《2007 文學「南臺灣」學術研討會論文集》，國立中正大學中國文學系暨研究所，2007 年。

75. 陳國偉：〈臺灣區域文學史的論述與建構〉，收於林瑞明編輯：《2006 臺灣文學年鑑》，臺南市：臺灣文學館，2007 年。

76. 楊石明：〈澎湖詩社與澎湖詩人〉，收於《澎湖縣九十六年配合走讀臺灣網站鄉土教材白沙鄉與西嶼鄉篇》，澎湖縣臨門國小，2007 年。

77. 李嘉瑜：〈旅行、獵奇與懷古——久保天隨漢詩中的澎湖書寫〉，《成大中文學報》第 18 期，2007 年 10 月。

78. 張高評：〈海洋詩賦與海洋性格——明末清初之臺灣文學〉，《臺灣學研究》第 5 期，2008 年 6 月。

79. 林文龍：〈省文獻會與漢詩關係初探〉，《臺灣文獻》第 59 卷第 2 期，2008 年 6 月。

80. 何晉勳：〈六十七兩種《采風圖》及《圖考》之關係考察臺灣學研究〉，《臺灣學研究》第 6 期，2008 年 12 月。

81. 林文龍：〈詩人張達修手稿學齋旅稿初探〉，《臺灣文獻》第 60 卷第 1 期，2009 年 3 月。

82. 陳愫汎：〈清代詩中「西嶼落霞」的書寫〉，《臺灣文獻》第 60 卷第 1 期，2009 年 3 月。

83. 黃美娥：〈久保天隨與臺灣漢詩壇〉，《臺灣學研究》第 7 期，2009 年 6 月。

84. 澎湖廳編、林有忠譯：〈昭和二年澎湖廳管內概況及事物概要（二）〉，《硓𥑮石》第 55 期，2009 年 6 月。

85. 陳家煌：〈康熙時期臺灣詩中的海洋感受——以《赤嵌集》為討論中心〉，國立中山大學清代學術研究中心主辦，「多重視野的人文海洋——海洋文化學術研討會」，2009 年 10 月 24 日。

86. 李知灝：〈蛟鯨宮闕龍伯國——清代游宦文人渡臺書寫中的海洋想像〉，國立中山大學清代學術研究中心主辦，「多重視野的人文海洋——海洋文化學術研討會」，2009 年 10 月 24 日。

87. 蔡承豪：〈戰前澎湖花生的多元運用〉，收於《澎湖研究第八屆學術研討會論文輯》，澎湖縣：澎湖縣政府文化局，2009 年 12 月。

88. 何孟興：〈兩難的抉擇：看明代萬曆中期澎湖遊兵的設立（上）〉，《硓𥑮石》第 57 期，2009 年 12 月。

89. 吳培基：〈元代澎湖巡檢司考證〉，《硓𥑮石》第 57 期，2009 年 12 月。

90. 施懿琳：〈我家居金門，當門挹溟渤——林樹梅《歊雲山人詩文鈔》的海洋書寫與歷史追述〉：國立成功大學中國文學系、金門縣文化局主辦「閩南文化國際學術研討會」，2009 年。

91. 胡巨川：〈陳錫如之逝世與弔輓〉，《硓𥑮石》第 59 期，2010 年 6 月。

92. 胡巨川：〈西瀛泰斗仰梅峯〉，《硓𥑮石》第 60 期，2010 年 9 月。

93. 廖宏昌老師：〈神仙·帝王·海：秦漢帝王入海求仙之風潮〉，收於《海洋文化論集》，國立中山大學文學院出版，2010 年。

94. 劉萱萱：〈一座海洋城市的漢詩顯影：久保天隨《澎湖遊草》的馬公歷史與風土敘述〉，國立成功大學文學院暨中文系主辦「城市與文學：青年學者臺灣古典詩學術研討會」，2010 年。

95. 陳素貞：〈宋代鱗介題詠中的自然觀察與書寫〉，國立成功大學中文系舉辦之專題演講，2011 年 3 月 5 日。

# 五、學位論文

1. 周滿枝：《清代臺灣遊宦詩人及其研究》，國立政大中國文學研究所碩士論文，1980 年 6 月。

2. 施懿琳：《清代臺灣詩所反映的漢人社會》，國立師範大學國文研究所博士論文，1991 年 5 月。

3. 黃美娥：《清代臺灣竹塹地區傳統文學研究》，私立輔仁大學中文研究所博士論文，1999 年 7 月。

4. 戴雅芬：《臺灣天然災害類古典詩歌研究——清代至日據時期》，國立政治大學中等學校教師在職進修國文教學碩士學位班論文，2001 年。

5. 陳佳妏：《清代臺灣記遊文學中的海洋》，國立政大中國文學研究所碩士論文，2001 年。

6. 戴雅芬：《臺灣天然災類古典詩歌研究——清代至日據時代》，國立政治大學國文教學碩士班碩士論文，2002 年 6 月。

7. 陳速換：《久保天隨及其《澎湖遊草》研究》，國立高雄師範大學國文教學碩士班碩士論文，2003 年。

8. 張端然：《日治時期瀛社之研究》：私立中國文化大學中國文學研究所碩士在職專班碩士論文，2003 年。

9. 許玉河：《澎湖鸞堂之研究》，國立臺南師範學院臺灣文化研究所碩士論文，2004 年。

10. 魏秀玲：《蔡旨禪及其《旨禪詩畫集》研究》，國立政治大學國文學系教學碩士班碩士論文，2005 年。

11. 潘是輝：《林豪編纂地方志書的理念與實踐》，國立中正大學歷史研究所博士論文，2006 年 6 月。

12. 許惠玟：《道咸同時期（1821～1874）臺灣本土文人詩作研究》，國立中山大學中國文學系博士論文，2007 年 1 月。

13. 洪惠鈴：《蔡廷蘭研究》，私立東海大學中國文學系碩士論文，2007 年。

14. 顏菊瑩：《蕭永東研究——《以三六九小報》爲探討文本》，國立成功大學臺灣文學系碩士論文，2010 年。

15. 陳清茂：《宋元海洋文學研究》，國立中山大學中國文學研究所博士論文，2010 年。

16. 劉萱萱：《海洋、歷史與風土——臺灣古典詩中的澎湖書寫（1661～1945）》，國立中興大學臺灣文學與跨國文化研究所教學碩士在職專班碩士學位論文，2011 年。

## 六、參考網站

1. 「臺灣漢詩數位典藏資料庫」網站：http://www.literaturetaiwan.idv.tw
2. 「國家圖書館走讀臺灣」網站：http://www.walkingtaiwan.com
3. 「沿著菊島旅行」網站：http://www.phsea.com.tw
4. 「臺灣大百科全書」網站：http://taiwanpedia.culture.tw
5. 「行政院農業委員會水產試驗所」網站：http://www.tfrin.gov.tw